Let's
Premiere Pro
After Effects

영상 전문가
윤석찬, 전선우 지음

영상 프로그램의 기초가 되는 최고의 기본서

최신 버전
개정판

실전 예제로 배우는
프리미어 프로
& 애프터 이펙트

김앤북
KIM&BOOK

Let's
실전 예제로 배우는
프리미어 프로
& 애프터 이펙트

개정1쇄 인쇄 2024년 5월 2일
개정1쇄 발행 2024년 5월 8일
지은이 윤석찬, 전선우
기획 김응태
디자인 서제호, 서진희, 조아현
판매영업 김승규, 문지영

발행처 ㈜아이비김영
펴낸이 김석철
등록번호 제22-3190호
주소 (06728)서울 서초구 서운로 32, 우진빌딩 5층
전화 (대표전화) 1661-7022
팩스 02-3456-8073

ISBN 978-89-6512-945-5 13000
정가 22,000원

잘못된 책은 바꿔드립니다.

과거에 영상 제작은 소수 전문가들만의 영역이었습니다. 하지만 이제 우리 생활에서 어느 곳에서든 접할 수 있는 매체가 되었죠. 그런데 많은 사람들은 영상 제작이라는 것에 대해 어떠한 시간과 노고가 필요로 한다는 걸 모르시는 분들이 많습니다. 그래서 막상 학원에 등록하면 어려워하고 다시 처음으로 돌아가 내가 원하는 영상을 올리지 못하거나 또는 대중에게 선보일 수 있는 기회를 버리는 경우가 다반사였습니다. 2005년을 시작으로 기존 미디어 생태계는 커다란 변화를 맞이했으며 누구나 다양한 영상 콘텐츠를 제작하고 상영하는 데 제약이 되었던 많은 것들이 풀려나가며 각종 회사들부터 개인 유튜버 등 다양한 곳에서 영상 제작을 배우기 위해 학원에 등록하는 경우가 늘어나고 있습니다. 하지만 학원마다 커리큘럼이 너무 다르고 기초부터 탄탄히 배우기보다는 수강생을 모으기 위한 겉보기식의 커리큘럼이 많았습니다. 그래서 항상 수강생들에게 '선생님 수업은 어디에서 다시 들을 수 있나요?' 라는 질문을 많이 받았고 추천해줄만한 교재가 떠오르지 않아 저는 이 책을 집필하게 되었습니다. 다소 책의 시작이 지루할 수는 있겠지만 이 곳 저 곳을 돌아다니며 자료를 찾지 않아도 연속성 있는 순서대로 공부를 하고 창작을 하고자 하는 것을 만드는 데 도움이 되기를 기원하며 집필하게 되었습니다.

공동 집필 윤석찬, 전선우 / 도움 성익현

CONTENTS

I Adobe Premiere Pro CC 2024

Ⅱ Adobe After Effects CC 2024

더 멋진 내일(Tomorrow)을 위한 내일(My Career)

내 일 은 프 리 미 어

Adobe Premiere Pro CC 2024

영상이 이전보다 우리의 생활에 가깝게 다가오기 시작하였고, 영상을 통해 편집자로 취업하거나 이직을 하거나 나의 소중한 일상을 공유할 수 있게 된 만큼 영상 편집을 배우는 것은 이제 선택이 아닌 필수가 되었습니다.

많은 영상 프로그램 중 프리미어 프로는 가장 기초적인 영상 편집 소프트웨어로 직관적인 인터페이스를 가지고 있으며 다양한 영상, 음악, 사진 등을 활용해서 영상을 만들기 매우 좋은 프로그램입니다. 영상 자르기, 자막 넣기, 간단한 특수 효과 넣기 등등 많은 영역에서 계속 발전을 하고 있고 AI 사용 측면에서도 타 프로그램에 비해 월등하게 좋은 기능을 많이 가지고 있습니다.

프리미어 프로는 접근성이 어렵지만 다른 프로그램에 비해 배우기 쉬운 프로그램이기 때문에 자신감을 가지고 이 교재와 함께 학습하면 프리미어 프로의 거의 모든 기능을 배울 수 있으며 마지막에는 자신의 온전한 영상을 편집할 수 있게 될 것입니다.

프리미어 프로 핵심 단축키 모음

- 프로젝트 만들기   Ctrl + Alt + N
- 시퀀스 만들기   Ctrl + N
- 프로젝트 열기   Ctrl + O
- 프로젝트 닫기   Ctrl + W
- 프로젝트 저장   Ctrl + S
- 다른 이름으로 저장   Ctrl + Shift + S
- 캡쳐   F5
- 실행 취소   Ctrl + Z
- 다시 실행   Ctrl +Shift + Z
- 컷   Ctrl + X
- 복사   Ctrl + C
- 붙여넣기   Ctrl + V
- 삽입 붙여넣기   Ctrl + Shift + V
- 지우기   Delete
- 모두 선택   Ctrl + A
- 속도/지속 시간 조절하기   Ctrl + R
- 미리보기 렌더링   Enter
- 편집 추가   Ctrl + K
- 모든 트랙에 편집 추가   Ctrl + Shift + K
- 마커 추가   M
- 다음 마커로 이동   Shift + M
- 이전 마커로 이동   Ctrl + Shift + M
- 현재 마커 지우기   Ctrl + Alt + M
- 시작점으로 이동   Q
- 종료지점으로 이동   W
- 정지   S
- 선택 도구   V
- 자르기 도구   C
- 빠르게 영상 재생하기   L
- 오디오 게인 (오디오 소리 조절)   G

2024 프리미어 프로 새로운 기능들

✓학습 목표

프리미어 프로 2024버전의 신기능을 알아보자

프리미어 프로 2024 버전의 신기능을 알아보자

프리미어 프로는 매년 업데이트를 진행하고 있으며, 올해도 어김없이 2024버전 (v24.0)이 업데이트 되었습니다. 이에 본격적으로 책에 들어가기 전에 업데이트된 사항을 간단하게 설명해보도록 하겠습니다. 2023버전에 이어 프리미어 프로 2024버전에서는 AI 기반 기능들이 많이 업데이트 되었을 뿐만 아니라 빠르고 안정적으로 작업할 수 있는 기능들이 추가되었습니다.

텍스트 기반 편집 기능

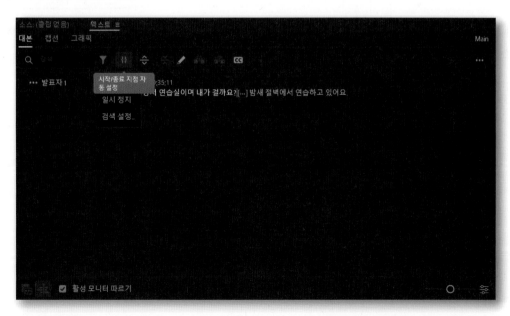

▲ 그림 0-1 speech to text 기능

계속되는 텍스트 기반 편집 기능의 발전으로 2024버전 업데이트에서는 [추임새 감지] 기능으로 "음", "어" 소리 등을 식별하여 제거할 수 있게 됩니다. 이를 통해 텍스트나 추임새를 찾아 일괄 삭제함으로써 컷 편집의 작업 시간을 단축할 수 있게 되었습니다.

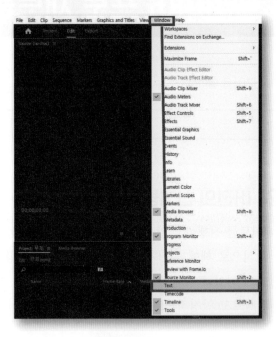

▲ 그림 0-2 speech to text 2

텍스트 기반 편집 기능을 사용하기 위해서는 Text 패널이 필요합니다. Window(창)에서 text (텍스트)를 클릭해 주면 speech to text 패널이 나오게 되며

▲ 그림 0-3 Speech to text 기능 3

text 패널에서 Captions의 transcribe sequence(받아쓰기 시퀀스)를 클릭해주면

▲ 그림 0-4 Speech to text 적용

자동으로 자막이 달리게 됩니다. Speech to text 기능을 쓰게 되면 시간 단축이 굉장히 많이 되고 원하는 자막 디자인을 적용할 수 있습니다.

오디오 자동 태그 기능

어도비의 새로운 AI 오디오 기능으로 영상의 대화, 음악, 주변 소음, 분위기 등을 자동으로 인식해서 음질 개선은 물론 오디오 유형에 가장 적합한 도구를 사용할 수 있도록 도와주는 기능입니다.

저품질 마이크로 녹음된 오디오일 경우 오디오가 훨씬 더 선명해지고 음성이 훨씬 더 뚜렷해져 대화 녹음의 품질이 향상됩니다.

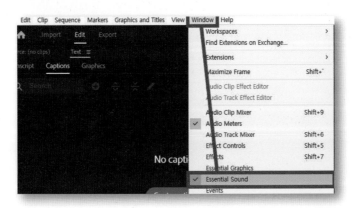

▲ 그림 0-5 오디오 자동 태그 기능 1

window(창)에서 Essential Sound(기본 사운드) 패널을 꺼낸 뒤

▲ 그림 0-6 오디오 자동 태그 기능 2

타임라인에서 오디오를 향상할 오디오 클립을 선택한 후 Essential Sound(기본 사운드) 패널에서 Auto Tag(자동 태그)를 클릭해 줍니다. 작업이 완료되면 Essential Sound 패널에 식별된 태그가 표시되며 양 컨트롤로 작업과 사용하려는 보정의 양을 조정할 수 있게 됩니다.

프로젝트 템플릿 설정

프로젝트를 템플릿으로 저장하여 새로운 프로젝트에서도 기존에 사용하던 시퀀스와 저장소를 사용할 수 있게 되었습니다. 프로젝트를 템플릿으로 저장하고 싶다면 File(파일) – Save as Template(템플릿 저장)을 선택해주시면 됩니다.

Quick Tip

템플릿을 저장하게 되면 여러 프로젝트에서 동일한 프로젝트 설정을 사용할 수 있게 됩니다.

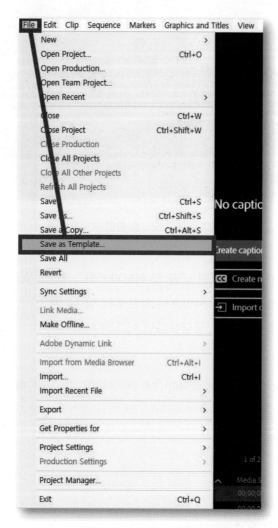

▲ 그림 0-7 프로젝트 템플릿 설정

복구 모드를 통한 프로젝트 복원

프리미어 프로 프로젝트가 예기치 않게 종료되더라도 자동 프로젝트 복구 기능을 통해 중단된 부분을 간편하게 복구할 수 있게 되었습니다. 프리미어 프로를 다시 열 때 복원 팝업이 새롭게 표시되며 [다시 열기]를 클릭하면 프로젝트가 이전 상태로 열리게 됩니다.

▲ 그림 0-8 복구 모드를 통한 프로젝트 복원

이외에도 간소화된 프록시 생성, 컬러 글꼴 및 이모티콘의 새 지원 등등 다양하게 업데이트가 되었으니 앞으로의 업데이트 사항 및 베타 사항이 추가로 궁금하다면 어도비 사이트에서 자세하게 볼 수 있습니다.

Quick Tip

복구 모드 또한 물론 좋지만 자동 저장 기능을 켜서 혹시 모를 사고를 예방합시다!

(사이트 링크 : https://helpx.adobe.com/kr/premiere-pro/using/whats-new.html)

01

더 멋진 내일(Tomorrow)을 위한 내일(My Career) **내일은 프리미어 프로**

프리미어 프로의 이해

✓학습 목표

1. 프리미어 프로 실행시켜보기
2. 프리미어 프로 프로젝트 만들어보기
3. 프리미어 프로에서 영상 자르고 붙여보기

프리미어 프로의 인터페이스와 기능 알아보기

프리미어 프로는 어도비 시스템즈가 만든 Timeline 기반의 영상 편집 응용 소프트웨어로 영화, TV, 웹 등에 최적화되어 있는 프로그램입니다. 프리미어 프로는 동영상 편집을 효과적으로 하기 위한 필수적인 기능들이 탑재되어 있으며 이를 효과적으로 다루기 위해서는 인터페이스의 용도와 그에 대한 기능을 우선적으로 알아두는 것이 좋습니다.

프리미어 프로 HOME 화면

▲ 그림 Ⅰ-1 프리미어 프로 home 화면

프리미어 프로를 실행시키면 [HOME] 상자가 나타나게 됩니다.

❶ New Project : 새로운 프로젝트 파일을 만듭니다.

❷ Open Project : 기존 프로젝트 파일을 불러옵니다.

❸ HOME : 현재 HOME 화면으로 돌아옵니다.

❹ Learn : 어도비에서 제공하는 프리미어 프로 튜토리얼을 학습하거나 실습 파일을 내려받을 수 있습니다.

❺ New team project : 새로운 팀 프로젝트 파일을 만듭니다.

❻ Open team project : 팀 프로젝트를 불러옵니다. 개인은 사용이 불가능하고 CCT(Creative Cloud for teams) 혹은 CCE(Creative cloud for enterpreise)로 업그레이드해야 사용할 수 있습니다.

❼ Open premiere rush project : 프리미어 프로 러시 프로젝트를 엽니다.

Quick Tip
가장 많이 사용되는 버튼은 ❶ New Project과 ❽ Recent 버튼입니다.

❽ Recent : 가장 최근에 연 프로젝트 파일들을 보여줍니다.

프리미어 프로 프로젝트 만들기

프리미어 프로젝트 파일에는 Sequence 및 에셋 관련 정보가 저장될 뿐만 아니라 진행되는 모든 작업 정보를 저장하기 때문에 편집을 하기 전에 프로젝트 파일을 만들어주어야 합니다.

프리미어 프로 2022(v22.3)부터는 새 프로젝트 생성 시 아래와 같이 미디어를 선택할 수 있는 창으로 변경되었습니다. 이에 2022(v22.3)이후 버전과 2022(v22.3)이전 버전에서 프로젝트를 만드는 방법을 설명해드리겠습니다.

Quick Tip
어도비 creative cloud에서 본인의 프리미어 프로 버전을 확인할 수 있습니다.

프리미어 프로 v22.3 이후 버전 프로젝트 생성하기

▲ 그림 Ⅰ-2_1. 프리미어 프로젝트 파일 설정(v22.3 상위 버전)

프리미어 프로 CC를 실행한 후 HOME 화면에서 새 프로젝트(New project)를 클릭하거나 메인 메뉴에서 File 〉 New 〉 Project를 선택합니다(단축키 : ctrl+alt+n). 그렇게 되면 New Project 창이 뜨게 되면서 새로운 프로젝트를 설정할 수 있게 됩니다.

프로젝트 설정창이 열리게 되면 ① Project Name에서 프로젝트 이름을 입력한 뒤 ② Project Location에서 프로젝트 저장 경로를 설정합니다. 마지막으로 ③ Create를 클릭하게 되면 새로운 프로젝트가 생성됩니다.

더 자세한 프로젝트 파일 설명은 아래 그림 I − 2_2를 확인하시면 됩니다.

▲ 그림 I − 2_2. 프리미어 프로젝트 파일 설정 창 (v22.3 상위 버전)

❶ Project Name(프로젝트 이름) : 새로운 프로젝트 파일의 이름을 설정합니다.

❷ Project location(프로젝트 위치) : 새로운 프로젝트 파일의 위치를 설정합니다.

❸ Project Template(프로젝트 템플릿) : 저장한 프로젝트 템플릿을 불러옵니다.

❹ Favorites : 사이드바에서 저장위치를 선택한 후 ☆ 아이콘을 선택하면 즐겨찾기 항목을 통해 빠르게 선택이 가능해집니다.

❺ Local : 프로젝트에 사용할 미디어 목록이 표시됩니다.

❻ 미디어 목록 : Local에서 선택한 위치에 저장된 미디어 목록이 표시됩니다.

❼ Create New Sequence : 해당 옵션을 켜두면 미디어 소스를 포함한 시퀀스가 자동으로 생성이 됩니다.

❽ Automatic transcription : 미디어의 음성을 텍스트로 변환하여 자동으로 대본을 만들어줍니다.

▲ 그림 Ⅰ- 2_3. 프리미어 프로젝트 파일 설정(v22.3 이전 버전)

프리미어 프로 CC를 실행한 후 HOME 화면에서 새 프로젝트(New project)를 클릭하거나 메인 메뉴에서 File 〉 New 〉 Project를 선택합니다(단축키 : ctrl+alt+n). 그렇게 되면 New Project 창이 뜨게 되면서 새로운 프로젝트를 설정할 수 있게 됩니다. New Project 창에서는 그림 Ⅰ-2의 ①과 ②만 설정하면 되지만 왜 기본값을 설정하고 넘어가는지 보도록 합시다.

❶ Name : 프로젝트 이름을 설정합니다.

❷ Location : 프로젝트 저장 경로를 설정합니다.

❸ Renderer : 비디오 재생 및 랜더링을 할 때 사용하는 엔진을 설정합니다.

▲ 그림 Ⅰ- 3 Renderer 설정

● Mercury Playback Engine GPU Acceleration (CUDA) : (기본 설정값) 그래픽카드를 사용하여 Renderer을 합니다.

● Mercury Playback Engine Software Only : 소프트웨어만을 사용하여 Renderer을 합니다.

❹ Preview Cache : Gpu를 통한 미리 보기 캐싱을 할 수 있습니다. 현재 New Project 창에서는 비활성화되어 있지만 이후 File - Project Settings에서 변경할 수 있습니다.

❺ Video - Display Format : 미디어 파일의 길이를 표시하는 방식을 설정합니다.

▲ 그림 Ⅰ - 4 video Display Format 설정

● Timecode : 미디어의 길이를 (시 : 분 : 초 : 프레임)으로 표기하는 방식입니다.

● Feet + Frames 16mm : 16mm 필름으로 촬영된 영상의 프레임으로 표기합니다.

● Feet + Frames 35mm : 35mm 필름으로 촬영된 영상의 프레임으로 표기합니다.

● Frames : 프레임으로 표기한다. 30fps Sequence를 기준으로 3초짜리 영상은 90fps로 표시합니다. (30fps*3초)

❻ Audio - Display Format : 오디오 파일의 길이를 표시하는 방식을 설정합니다.

▲ 그림 Ⅰ - 5 Audio Display Format 설정

● Audio Samples : 시. 분. 초로 오디오의 길이가 표시됩니다.

● Milliseconds : 시. 분. 초 이외에 1/1000초까지 표시됩니다.

❼ Capture

▲ 그림 Ⅰ - 6 Capture 설정

● Capture format : 프리미어 프로에서 캡처할 때 설정하는 옵션으로 DV는 최대 해상도 720X480, HDV는 1440X1080 해상도를 담을 수 있습니다. 캡처를 하지 않는다면 DV, HDV 상관없이 선택하면 됩니다.

❽ HDR 프로젝트를 작업할 때 조정하는 공간입니다(HDR=하이 다이나믹 레인지, Hight Dynamic Range). 203 (75% HLG, 59%, PQ)는 돌비비전에 추천되는 옵션으로 기본값으로 설정되어 있고 이 옵션은 SDR에서 HDR로 HDR에서 SDR로 변환 할 때 색상 공간 변화를 위해 사용됩니다.

v22.3 이전 프로젝트 생성하기_Scratch Disks 항목

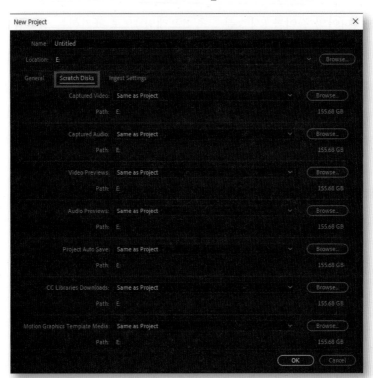

▲ 그림 Ⅰ-7 스크래치 디스크 설정

프로젝트 내부 파일(비디오 캡처, 오디오와 비디오의 미리 보기, 자동 저장)의 저장 위치를 설정하는 창으로 한 폴더로 설정해주는 것이 좋습니다. 가장 처음에는 Same as Project로 설정되어 있으며 Same as Project로 설정해 놓게 되면 프로젝트가 저장된 폴더 안에 저장이 됩니다. 이외에도 Document(내 컴퓨터 문서 폴더에 저장), custom(사용자 설정 폴더에 저장) 방법이 있습니다. 스크래치 디스크는 영상 작업할 때 생기는 잔여물이기 때문에 프로젝트가 끝나면 지워도 되는 파일입니다.

v22.3 이전 프로젝트 생성하기_Ingest Settings 항목

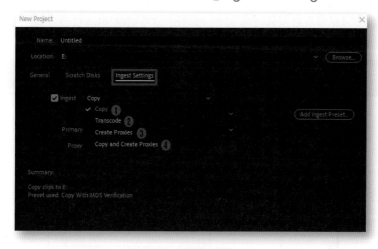

▲ 그림 Ⅰ-8 Ingest Settings

소스 파일을 가져오는 인제스트 설정을 지정해주는 창입니다.

❶ Copy : 다른 경로에 있는 소스 파일을 지정된 경로에 복사시킵니다.

❷ Transcode : 다른 코덱으로 변환시켜줍니다.

❸ Create Proxies : 프록시를 생성하는 것으로 낮은 해상도의 클립으로 변경하여 미디어에 연결시키면 인코딩 시에 원본 해상도로 출력할 수 있습니다.

❹ Copy and Create Proxies : 파일 복사 및 프록시를 생성시킵니다.

프리미어 프로 인터페이스 및 패널 살펴보기

새로운 프로젝트를 만들게 되면 아래 사진처럼 워크플로우 즉 작업 영역이 나타나게 됩니다.

▲ 그림 Ⅰ-9 첫 인터페이스 화면

프리미어 프로를 맨 처음 실행시키면 [Learning] 모드로 설정된 인터페이스 화면이 나타납니다. 프리미어 프로에는 기본적으로 8가지의 작업 영역이 저장되어 있습니다.

▲ 그림 Ⅰ - 10_1 인터페이스 창 목록

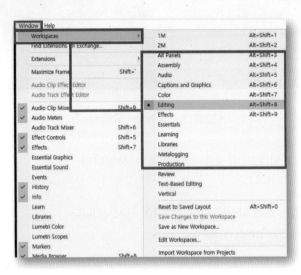

▲ 그림 Ⅰ - 10_2 인터페이스 창 목록2

❶ Learning / 학습 모드 : 어도비에서 제공하는 프리미어 프로의 튜토리얼을 보면서 따라 할 수 있는 작업 영역입니다.

❷ Assembly / 어셈블리 모드 : Project 패널이 반을 차지하는 구성으로 영상 또는 음성 소스를 관리하고 확인하기 좋은 작업 영역입니다.

❸ Editing / 편집 모드 : 프리미어 프로에서 기본적인 컷 편집을 하기 좋은 작업 영역입니다.

❹ Color / 색상 모드 : 오른쪽에 lumetri color 패널이 활성화된 구성으로 색 보정 작업에 매우 좋은 작업 영역입니다.

❺ Effect / 효과 모드 : 오른쪽에 Effect 패널이 활성화된 구성으로 효과 작업에 매우 좋은 작업 영역입니다.

❻ Audio / 오디오 모드 : 사운드 작업하기 효과적인 작업 영역입니다.

❼ Graphics / 그래픽 모드 : 오른쪽에 Essential Graphics 패널이 활성화된 구성으로 모션 그래픽 파일 적용 및 수정에 효과적인 작업 영역입니다.

❽ Libraries / 라이브러리 모드 : 오른쪽에 Libraries 패널이 활성화된 구성으로 필요한 소스를 검색 또는 추가에 효과적인 작업 영역입니다.

▲ 그림 Ⅰ - 11 Editing 패널

가장 기본적으로 편집에 사용되는 작업 영역은 Editing 모드이기 때문에 그림 Ⅰ-10의 ③ Editing 모드로 패널 소개를 해보도록 하겠습니다. 패널 소개는 크게 12가지의 패널과 도구 패널 그리고 타임라인 패널 총 3부분으로 나누어 설명하겠습니다.

▲ 그림 Ⅰ - 11_2. source 패널

❶ Source 패널 (Shift+2) : 선택한 소스를 프리뷰 또는 편집하는 패널입니다. 소스를 패널에서 편집해서 Timeline에 삽입할 수 있습니다.

▲ 그림 Ⅰ – 11_3. effect control 패널

❷ Effect Control 패널 : 영상이나 소스에 이펙트를 적용할 수 있는 패널로 크기를 키우거나 위치를 이동시키
거나 애니메이션을 적용할 수 있는 패널입니다.

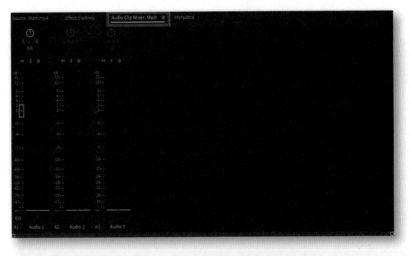

▲ 그림 Ⅰ – 11_4. Audio Clip Mixer 패널

❸ Audio Clip Mixer 패널 : 선택한 오디오 클립의 볼륨, 밸런스 등 믹싱을 제어할 수 있는 패널입니다.

▲ 그림 Ⅰ- 11_5. Metadata 패널

❹ Metadata 패널 : 영상의 이름, 정보, 작성자 등이 기록되는 패널입니다. 정보는 xmp 형식으로 저장됩니다.

▲ 그림 Ⅰ- 11_6. Program 패널

❺ Program 패널 (monitor) : Sequence의 소스를 프리뷰 해주는 패널로 실제 편집하는 화면을 보여주는 패널입니다. +를 통해 Program 패널에 여러 가지 기능을 불러오거나 제거할 수 있습니다.

▲ 그림 Ⅰ - 11_7. Project 패널

❻ Project 패널 : 프로젝트에서 사용한 모든 소스들이 보여지는 패널입니다. 또한 새로운 시퀀스나 색상매트 등을 만들 수 있습니다.

▲ 그림 Ⅰ - 11_8. Media Browser 패널

❼ Media Brower 패널 : 컴퓨터에 있는 파일을 검색하여 보여줄 수 있는 패널입니다. 미디어 브라우저 패널 에서 Timeline 패널로 바로 파일을 드래그해서 사용할 수 있습니다.

▲ 그림 Ⅰ – 11_9. Libraries 패널

❽ Libraries 패널 : 어도비 스톡 또는 내 라이브러리에 저장되어 있는 소스들을 불러올 수 있는 패널입니다.
어도비 컬러나 스톡에서 저장한 색이나 소스들을 동기화하여 사용할 수 있습니다.

▲ 그림 Ⅰ – 11_10. Info 패널

❾ Info 패널 : 선택한 소스에 관련된 정보를 보여주는 패널입니다. 소스의 시간 정보, 트랙 정보 등을 확인할
수 있습니다.

▲ 그림 Ⅰ－11_11. Effect 패널

⓾ Effect 패널 : 프리미어 프로에 탑재되어있는 효과들이 모여 있는 패널입니다. 비디오 효과와 오디오 효과, 트랜지션 등 다양한 이펙트들을 적용할 수 있습니다.

▲ 그림 Ⅰ－11_12. Markers 패널

⓫ Markers 패널 : Timeline 작업 중에 표시한 마커들을 볼 수 있는 패널입니다.

▲ 그림 Ⅰ- 11_13. History 패널

⑫ History 패널 : 작업한 내역을 보여주고 이전 작업 내역으로 되돌릴 수 있는 패널입니다.

도구 패널은 영상 작업할 때 가장 필요한 도구들로 이루어져 있습니다. 클립을 선택하거나 자르는 편집 도구, 확대 이동하는 제어 도구 등이 모여 있는 패널입니다. 편집에 직접 사용되는 도구인 만큼 각 도구의 기능을 잘 알아두는 것이 좋습니다.

▲ 그림 Ⅰ- 12 도구 패널

❶ Selection Tool (V) : 가장 기본적인 도구로 Timeline 패널에서 클립 및 소스를 선택하고 이동하는 등 많은 작업에 사용되는 도구입니다.

❷ Track Select Forward Tool (A) : 선택한 클립 기준으로 뒤에 모든 클립을 선택할 때 사용하는 도구입니다.

❷-2 Track Select Backward Tool (shift + A) : 선택한 클립 기준으로 앞에 모든 클립을 선택할 때 사용하는 도구입니다. (❷를 꾹 누르면 보인다)

❸ Ripple Edit Tool (B) : 잔물결 편집 도구. 좌우 클립에 영향 없이 선택한 클립의 길이를 조절할 수 있습니다.

❸-2 Rolling Edit Tool (N) : 롤링 편집 도구. 좌우 클립에 영향을 주면서 선택한 클립의 길이를 조절할 수 있습니다.

❸-3 Rate Edit Tool (R) : 속도 조정 도구. 영상의 길이를 줄이거나 늘여서 클립의 재생속도를 조절하는 도구입니다. (길이를 늘이면 재생속도가 느려지며 길이를 줄이면 재생속도가 빨라진다)

❹ Razor Tool (C) : 클립을 자르는 도구입니다.

❺ Slip Tool (Y) : 밀어넣기 도구. 좌우 클립에 영향 없이 소스의 시작 및 끝 시간 위치를 변경하는 도구입니다.

❺-2 Side Tool (U) : 밀기 도구. 좌우 클립에 영향을 주면서 소스의 시작 및 끝 시간 위치를 변경하는 도구입니다.

❻ Pen Tool (P) : 키 프레임 생성 도구. Timeline에 다양한 키(키 프레임)을 찍을 수 있습니다.

❼ Rectangle Tool : 사각형 도구. Program 패널에 사각형 추가하는 도구입니다.

❼-2 Ellipse Tool : 타원 도구. Program 패널에 원형을 추가하는 도구입니다.

❽ Hand Tool (H) : 손 도구. Timeline 패널을 이동할 때 사용합니다.

❽-2 Zoom Tool (Z) : 줌 도구. Program 패널 화면을 확대 또는 축소할 때 사용하는 도구입니다.

❾ Type Tool (T) : 문자 도구. 간단하게 자막을 넣을 때 사용하는 도구입니다.

❾-2 Vertical Type Tool : 세로 문자 도구. 간단하게 세로로 자막을 넣을 때 사용하는 도구입니다.

다음으로 알아볼 Timeline 패널은 실질적으로 영상 편집이 이뤄지는 공간으로 소스를 불러오고 배치하는 패널입니다. 직접 편집 작업을 하는 곳이고 다른 패널에 비해 가장 많이 사용하는 패널입니다.

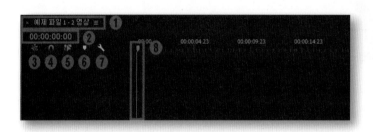

▲ 그림 I - 13 Timeline 패널

❶ Sequence Name : 현재 작업하고 있는 Sequence 이름을 보여줍니다.

❷ Current Time : 현재 위치한 영상 시간(프레임)을 보여줍니다.

❸ Insert and Overwrite sequences as nests or individual clips : 활성화하면 Nest Sequence로 붙여지고 비활성화할 경우 Nest Sequence 안의 소스들로 붙여집니다.

❹ Snap : 자석 기능으로 소스를 붙이거나 연결할 때 경계선에 쉽게 붙도록 도와줍니다.

❺ Linked Selection : 링크되어있는 소스들이 같이 이동을 할지 따로 움직일지 설정을 해줍니다.

❻ Add Marker : Timeline에 마커를 지정하는 도구로 작업 기준선이 위치한 곳에 마커를 삽입할 수 있습니다.

❼ Timeline Display Settings : 타임 라인에 표시할 내용을 설정할 수 있습니다.

❽ Current Time indicator : 현재 작업 중인 시간 또는 프레임 위치를 표시하는 막대입니다.

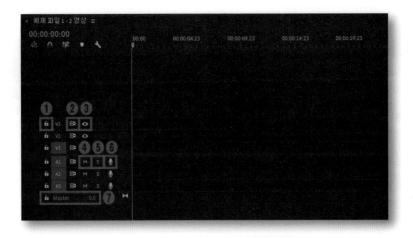

▲ 그림 Ⅰ - 14 Timeline 패널 2

v1, v2, v3, a1, a2, a3를 트랙이라고 부르며 트랙은 영상이나 음성 소스들이 들어가는 공간입니다. 트랙은 총 2개 Video Track과 Audio Track로 나누어져 있으며 1번 트랙(V1)이 가장 하위 트랙으로 숫자가 높을수록 상위 소스로 인식이 되어 우선하여 표시됩니다. 또한, 한 트랙당 중복적으로 여러 개의 소스를 넣을 수는 없으므로 주의하셔야 합니다.

❶ Toggle Track Lock : 지정된 트랙 안에 있는 소스를 수정할 수 없게 잠그는 도구이다. 트랙을 잠그면 빗금으로 표시되면서 잠근 된 트랙은 작업이 불가능해집니다.

❷ Toggle Sync Lock : 다른 트랙의 자르기 또는 이동 등의 영향을 받지 않게 설정하는 도구입니다.

❸ Toggle Track Output : 지정된 트랙 속 소스가 보이지 않도록 설정하는 도구입니다.

❹ Mute Track : 지정된 오디오 트랙의 음원이 들리지 않도록 설정하는 도구입니다.

❺ Solo Track : 지정된 오디오 트랙의 음원만 들리도록 설정하는 도구입니다.

❻ Voice-over record : 지정된 트랙에 실시간으로 녹음해서 오디오 소스를 넣을 수 있습니다.

❼ Master : 오디오 마스터 볼륨을 조정할 수 있습니다.

프리미어 프로를 이용한 편집의 기초 이해하기

Sequence 만들고 설정하며 프리미어 프로에 영상 불러오기

프로젝트 생성 후 바로 영상을 편집할 수 없습니다. 프로젝트는 프리미어 프로의 모든 작업이 기록되는 공간이기 때문에 우리는 편집을 하기 위한 공간 Sequence 라는 것을 만들어야 합니다. 즉 프로젝트에 Sequence를 만들어야 영상 작업이 가능해지는 것입니다.

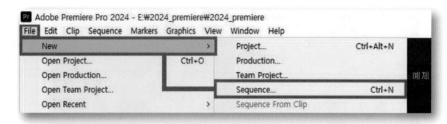

▲ 그림 Ⅰ – 15 Sequence 생성

시퀀스를 만들기 위해 프리미어 프로 작업 영역에서 Ctrl+N (단축키) 또는 File-New-Sequence를 클릭합니다. 시퀀스를 키게 되면 굉장히 많은 사전 시퀀스 프리셋들을 볼 수 있습니다.

▲ 그림 Ⅰ – 15-1 시퀀스 목록

여러분들이 시퀀스로 작업하기 위해서는 어떤 포맷으로 작업할 것인가를 설정해줘야 합니다. Sequence 사전 설정 창에서 기존에 프리미어 프로에 저장된 설정을 선택할

Quick Tip

단축키를 사용한다면 작업 속도가 훨씬 빨라질 수 있습니다.

수 있고 원하는 설정이 없으면 직접 설정할 수 있습니다. 현재 저장된 시퀀스들은 카메라 종류에 맞춰서 설정된 것이기 때문에 우리는 FULL HD 유튜브 설정에 맞춰 한번 Sequence를 직접 만들어보겠습니다.

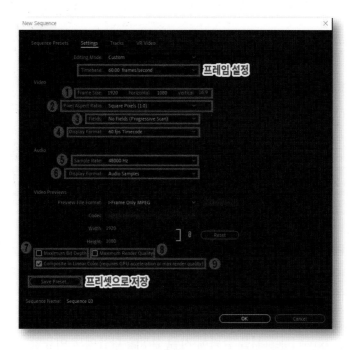

▲ 그림 Ⅰ-16 Sequence Settings

Editing Mode는 사용자 설정인 custom으로 설정해주고 Timebase를 60 frame으로 설정해줍니다. frame은 1초당 연속된 사진의 개수로 60fps(frames)면 1초에 60장의 사진을 붙여 촬영한 영상입니다.

유튜브 설정에 맞춘 시퀀스 설정값은 위 Ⅰ-16 그림을 참고해주시면 됩니다. Frame size를 1920 그리고 1080으로 설정해주고 Pixel Aspect Ratio는 square Pixels로

Quick Tip
60프레임으로 설정하면 30프레임보다 훨씬 부드러운 영상을 만들 수 있습니다.

Fields는 no fields로 display format은 60fps로 설정해줍니다. 설정 후에도 변경할 수 있으므로 대략 설정해보도록 하겠습니다.

Video 항목

❶ Frame Size : 영상의 프레임 크기를 설정합니다.

❷ Pixel Aspect Ratio : 화면을 구성하는 픽셀의 종횡비를 설정하는 값으로 주로 square pixels(1.0)로 설정합니다.

❸ Fields : 프로그레시브와 인터레이스 방식을 설정하는 값으로 프로그레시브 방식은 화질이 뛰어나지만, 용량이 크며 인터레이스 방식은 화질이 저하되지만 낮은 용량으로 출력됩니다. [No Field]가 프로그레시브 방식이며 PC 사양에 따라 [Upper Field First]나 [Lower Field First]를 선택할 수도 있습니다.

❹ Display Format : New project를 만들 때 만들었던 포맷 설정했던 것과 같습니다.

Audio 항목

❺ Sample Rate : 오디오 주파수를 설정합니다.

❻ Display Formate : Video의 Display Format과 같은 옵션으로 오디오의 시간 정보를 변경하는 설정입니다.

Video Previews 항목

비디오의 포맷, 크기, 코덱을 설정하는 항목입니다.

❼ Maximum Bit Depth : 비트 뎁스를 최대로 설정하는 옵션입니다.

❽ Maximum Render Quality : 랜더링 품질을 최대로 설정하는 옵션입니다.

❾ Composite in Linear Color : 색상을 혼합하는 옵션입니다.

설정을 마무리한 후 [Save Preset]을 클릭해 지금 설정을 다음에도 이용할 수 있게 저장을 해줍니다.

▲ 그림 Ⅰ - 16-1 Save Preset

설정값이 저장되면 [Sequence Preset] 탭으로 이동이 되며 아래 Custom 폴더에 방금 설정한 youtube preset이라는 Sequence 프리셋이 추가됩니다.

▲ 그림 Ⅰ – 16-2 저장된 프리셋

youtube sequence(방금 만든 시퀀스)를 클릭하고 아래 Sequence Name에서 시퀀스 이름을 설정한 뒤 ok를 클릭합니다.

Timeline에 영상 삽입하기

프리미어 프로 프로젝트와 Sequence를 만들었으면 [예제 파일 1번] 폴더에 저장된 영상들을 불러올 겁니다. 폴더에서 편집할 영상을 모두 선택 후 [Project] 패널로 드래그합니다.

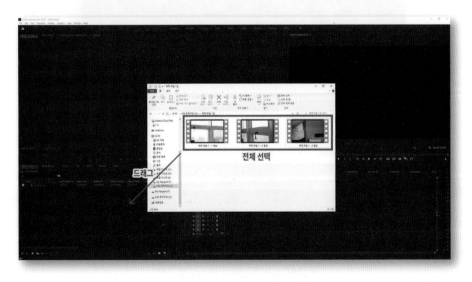

▲ 그림 Ⅰ – 17 영상 불러오기

기본 형식은 icon view로 큰 아이콘 형식으로 되어 있지만, 아래에 list view 설정을 클릭하면 자세히 볼 수 있습니다. 프로젝트 패널에는 영상에 들어가는 소스들이 많이 들어갈 것이기 때문에 list view로 보는 것이 효과적입니다.

Quick Tip

목록 형식으로 바꾸게 되면 더 많은 소스를 한눈에 확인할 수 있게 됩니다.

▲ 그림 Ⅰ - 18 아이콘에서 목록 형식으로 바꾸기

영상을 이제 Timeline 패널에 넣어서 편집을 시작해 보도록 하겠습니다.

▲ 그림 Ⅰ - 19 Timeline으로 드래그

영상을 편집하기 위해서 편집할 영상을 모두 선택한 후 Timeline 패널에 드래그를 할 겁니다.

▲ 그림 Ⅰ - 20 Sequence 경고창

만약 경고창이 뜨게 된다면 영상과 Sequence의 설정값이 다른지 확인해주셔야 합니다. 그림 I
– 21를 봤을 때 영상은 23.97프레임이고 시퀀스는 60프레임으로 만들었기 때문에 경고창이 뜨
게 된 것입니다.

▲ 그림 I – 21 Sequence 설정값 1

창에서 Change sequence settings를 누르면 Sequence가 영상에 맞춰서 23.97프레임으로 바
꿔고

▲ 그림 I – 22 Sequence 설정값 2

창에서 Keep existing settings를 누르면 Sequence는 변경되지 않고 그대로 적용되게 됩니다.

▲ 그림 I – 21 Sequence 설정값 1

일단 우리는 Sequence Settings을 변경하고 시작을 해보도록 하겠습니다.

Timeline의 영상 편집하기 (자르기)

▲ 그림 Ⅰ-23 방금 불러온 영상들

Timeline에 영상을 불러왔으면 필요 없는 부분을 잘라 볼 겁니다. 하지만 지금 Timeline을 봤을 때 예제 파일의 음성(방금 불러온 영상의 음성)의 데시벨 높이가 잘 보이지 않으니 확대를 해줄 겁니다.

▲ 그림 Ⅰ-24 영상 크게 보기

확대해서 잘 보고 싶은 곳에 마우스 커서를 위치시키고 alt+마우스 휠을 위로 올려줍니다. 숫자 0 옆에 있는 +(=)와 - 키로도 조절이 가능합니다. 그렇게 되면 음성의 파장이 양 옆으로 크게 늘어나게 됩니다.

▲ 그림 Ⅰ-25 확대 완료된 화면

그 다음 소리의 파장 높이를 잘 보기 위해 트랙의 높이를 늘려주도록 하겠습니다.

▲ 그림 Ⅰ-26 트랙 높이 늘리기

영상의 음성이 들어있는 A1 즉 오디오 1트랙의 높이를 늘리기 위해 A1에 마우스 커서를 두고 alt+마우스 휠을 위로 올려줍니다. 그렇게 되면 트랙의 높이가 늘어나면서 데시벨의 높이가 잘 보이게 됩니다.

같은 장면을 10초 동안 보거나 NG가 난 장면을 볼 사람은 없습니다. 영상의 높이와 넓이를 늘려서 소리의 파장이 잘 보이게 됐으면 필요한 부분을 남기고 필요 없는 부분을 삭제하는 '컷편집'을 배워보도록 하겠습니다.

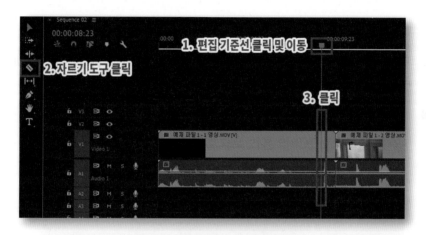

▲ 그림 Ⅰ - 27 영상 자르기

[Timeline] 패널에서 편집 기준선을 00:00:08:23으로 이동합니다. 편집 기준선을 옮기기 위해서는 편집 기준선의 파란색 선을 클릭해서 이동하거나 위에 있는 파란색 오각형을 클릭해서 이동하면 됩니다.

편집 기준선을 자르고 싶은 곳에 위치를 시켰으면 자르기 도구를 클릭 (단축키 C) 후 편집 기준선에 있는 클립을 클릭해 주면 영상 클립이 잘리게 됩니다.

▲ 그림 Ⅰ - 28 영상 자르기 비교

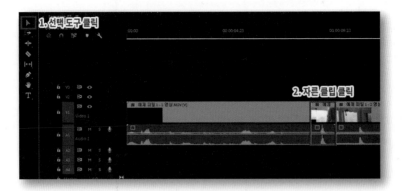

▲ 그림 Ⅰ- 29 클립 지우기

자른 클립을 시우기 위해서는 선택 도구를 클릭 한 다음(단축키 V) 자른 클립을 선택해 줍니다.

▲ 그림 Ⅰ- 30 클립 지우기 2

클립이 선택되었다면 Delete를 눌러 클립을 지워줍니다. 삭제된 공간은 공백으로 남게 됩니다.

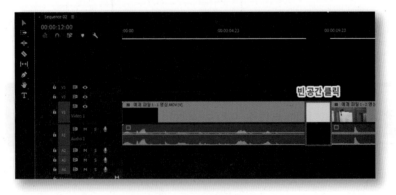

▲ 그림 Ⅰ- 31 빈 공간 클릭

공백을 지우기 위해서 공백 즉 빈 공간을 클릭 한 다음 Delete를 통해 클립 사이의 공백을 지워
줍니다.

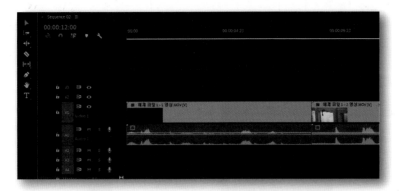

▲ 그림 Ⅰ-32 자르기 완성

기본적인 영상 컷 편집이 완료되었습니다! 이처럼 영상의 필요한 부분을 남기고 필요 없는 부분을 자르기 도구로 지워봅시다!

Quick Tip

자르고 싶은 영상을 클릭한 후 alt+back space를 누르면 영상이 지워지면서 빈 공간도 함께 지워지게 됩니다.

Clear Comment

음성과 영상 따로 자르기

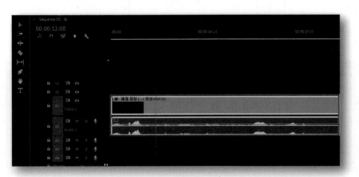

▲ 그림 Ⅰ-33 연결된 영상과 음성

영상을 맨 처음 불러오게 되면 영상과 음성이 연결되어 같이 움직이게 됩니다. 영상과 음성을 따로 편집하거나 개별적으로 움직이게 하고 싶다면 연결 해제시키고 싶은 클립을 클릭 – 오른쪽 클릭 – Unlink를 누르면 영상의 비디오와 음성을 따로 조정할 수 있습니다.

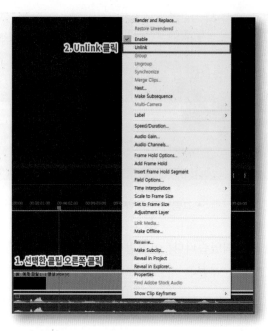

▲ 그림 Ⅰ-34 연결된 영상과 음성 해제하기

클립의 in과 out 직관적으로 자르는 방법

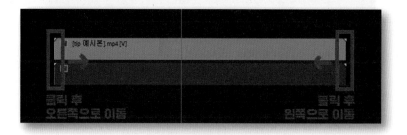

▲ 그림 Ⅰ-34-1 클립의 in과 out 직관적으로 자르는 방법

클립 양쪽을 잡고 드래그하면 클립의 in과 out 즉 시작과 끝의 길이를 조절할 수 있습니다.

실습1 영상(1), 실습1 영상(2), 실습1 영상(3)을 모두 다운 받은 후 하나의 폴더에 넣어줍니다. 그 다음 영상 3개를 project 패널에 넣어줍니다.

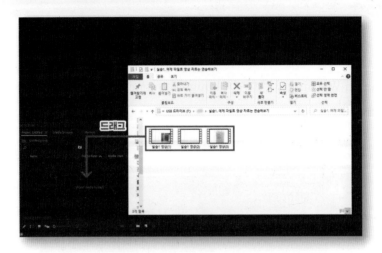

▲ 그림 Ⅰ- 34-2 영상을 프리미어 프로로 불러오기

ctrl+n을 눌러서 아까 만든 유튜브 시퀀스로 설정해주고 시퀀스 이름을 적은 뒤 ok를 눌러 시퀀스를 만들어줍니다.

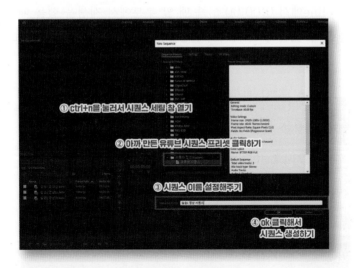

▲ 그림 Ⅰ- 34-3 시퀀스 만들기

그 후 편집할 영상 (실습 영상(1), 영상(2), 영상(3))을 모두 선택한 후 Timeline 패널에 드래그를 해주고

▲ 그림 Ⅰ-34-4 Timeline으로 드래그

만약 Clip Mismatch Warning이 뜬다면 Change sequence settings를 눌러 시퀀스를 영상에 맞게 변경을 해줍니다.

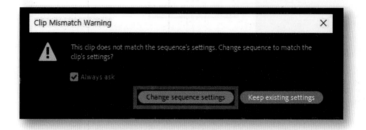

▲ 그림 Ⅰ-34-5 Clip Mismatch warning

영상 중에 NG 장면 또는 너무 길게 촬영된 장면을 짧게 자르거나 지우는 영상 컷편집을 해보도록 하겠습니다. Timeline에서 0:00:00초 즉 맨 앞 부분에서 재생을 했을 때 같은 장면이 48초 동안 지속되는 것을 볼 수 있습니다. 따라서 실습1 영상(1)을 3초 정도로 줄여보도록 하겠습니다.

편집 기준선을 3초로 이동시킨 후

▲ 그림 Ⅰ-34-6 편집 기준선 이동

자르기 도구를 클릭하고 편집 기준선 즉 실습1 영상(1)의 3초 부분을 클릭해서 잘라줍니다.

▲ 그림 Ⅰ-34-7 자르기 도구로 영상 자르기

실습1 영상(1)에서 3초부터 48초까지는 같은 장면이 중복되는, 즉 필요 없는 부분이기 때문에 도구 패널에서 선택 도구를 눌러 필요 없는 클립을 클릭한 후 Delete를 눌러 지워줍니다.

▲ 그림 Ⅰ-34-8 필요 없는 부분 지우기

삭제된 공간이 공백으로 남아있기 때문에 플레이하게 되면 검정색 화면으로 남아있게 됩니다. 공백을 지우기 위해 방금 삭제한 클립이 있던 빈 공간을 클릭한 다음 delete를 눌러 클립 사이의 공백을 지워줍니다.

▲ 그림 Ⅰ-34-9 빈 공간 지우기

그렇게 되면 실습1 영상(1)이 3초 길이의 영상으로 만들어지게 됩니다. 이와 똑같이 실습1 영상 (2)도 짧게 필요한 부분만 남겨보도록 하겠습니다.

실습1 영상(2)는 0분 3초부터 1분 19초까지 NG 장면이기 때문에 잘라줘야 합니다. 동일하게 편집 기준선을 1분 19초로 이동시킨 후 자르기 도구를 클릭하고 편집 기준선 즉 실습1 영상(2)의 1분 19초 부분을 잘라줍니다.

▲ 그림 Ⅰ - 34-10 자르기 도구로 영상 자르기 (2)

그 다음 선택 도구를 눌러 필요 없는 클립을 클릭한 후 Delete를 눌러 지워줍니다. 아까 실습1 영상(1)과 동일하게 공백을 지우기 위해 빈 공간을 클릭 한 다음 Delete를 통해 클립 사이의 공백을 지워줍니다

▲ 그림 Ⅰ - 34-11 필요 없는 부분 지우기 (2)

▲ 그림 Ⅰ - 34-12 빈 공간 지우기 (2)

이렇게 되면 3초 영상 하나, 36초 영상 하나, 22초 영상 하나가 남게 됩니다.

실습1 영상(2) 부분을 보게 되면 물병, 컵, 시럽 원액 3개의 등장 타이밍 중간 부분이 굉장히 길게 되어 있습니다. 그래서 이렇게 비어 있는 부분이나 지루함을 느낄 것 같은 부분은 더 잘라주는 것이 좋습니다.

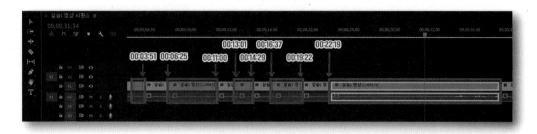

▲ 그림 Ⅰ- 34-13 세밀하게 자르기

그림 Ⅰ-34-13처럼 빨간색 부분은 상품을 준비하거나 변화가 없는 부분이므로 자르기 도구를 통해 잘라준 다음 클립을 지워보면

▲ 그림 Ⅰ- 34-14 컷편집 완성

필요한 부분만 보여주게 되는 영상의 컷편집이 완성됩니다.

영상에 배경음악과 효과음 넣기

Back Ground Music 줄여서 bgm, 브금이라고 부르는 배경음악은 영상이나 이미지가 화면에 나올 때 배경으로 삽입되는 음악을 뜻합니다.

높은 음조의 빠른 리듬을 가진 사운드는 긴장감과 긴박함을 유발하고 때로는 신나는 상황을 연출할 수 있습니다. 이에 반해 낮은 음조의 느린 리듬을 가진 사운드는 잔잔함과 신비로움을 유발시켜 다양한 효과를 연출할 수 있습니다. 즉, 같은 상황임에도 배경음에 따라 분위기가 완전히 변하기 때문에 편집할 때 영상 분위기에 맞는 적절한 배경음악을 넣어줘야 합니다. 효과음과 배경음악을 다운받을 수 있는 유용한 사이트는 6장에서 확인 가능합니다.

Quick Tip

효과음을 사용하는 이유

효과음이라고 하면 예능에서 웃는 소리, 야유 소리 또는 지하철 소리, 기계음 소리 등등을 떠올릴 수 있습니다. 편집 과정에서 영상에 다양한 소리를 넣음으로써 생생하게 동영상의 현장감을 전달할 수 있고 자료나 하이라이트 부분에서 강조를 할 수 있습니다.

이번에는 영상에 효과음과 배경음악을 넣어보도록 하겠습니다. 실습2. 컷편집 한 것에 배경음, 효과음 넣어보기의 배경음악과 효과음 파일을 각각 다운받아 준비해주시고 아까 컷편집한 프로젝트 파일을 열어보도록 하겠습니다.

효과음과 배경음악은 음성파일이기 때문에 V1, V2와 같은 비디오 트랙이 아닌 A1, A2와 같은 오디오 트랙에 넣어야 합니다. A1에는 편집한 영상의 오디오가 있기 때문에 A2에 효과음을 A3에 배경음악을 넣어보겠습니다.

영상을 넣었던 방법과 동일하게 프로젝트 패널에 불러온 다음

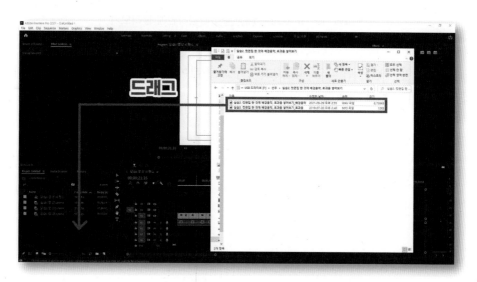

▲ 그림 Ⅰ - 35 효과음 배경음악 가져오기

Quick Tip

파일의 이름이 프로젝트 패널에서 다 안 보일 때

▲ 그림 Ⅰ - 36 이름 자세하게 보기

파일 이름이 프로젝트 패널 오른쪽에 가려져서 안 보인다면 프로젝트 패널 오른쪽 끝을 잡고 늘려줍니다.

그 다음 프로젝트 패널에 있는 효과음을 A2 트랙에 배경음악을 A3트랙에 각각 드래그해서 넣어주도록 하겠습니다.

▲ 그림 Ⅰ - 37 효과음 배경음악 타임라인에 불러오기

효과음과 배경음악을 넣은 뒤 타임 바를 0초에 두고 플레이를 하면 영상이 재생되면서 배경음악과 효과음이 들리는 것을 확인할 수 있습니다.

02

프리미어 프로에서 효과 적용하기

✓학습 목표
1. 프리미어 프로에서 효과 적용해보기
2. 프리미어 프로에서 영상에 애니메이션 넣어보기
3. 프리미어 프로에서 색 보정하기

프리미어 프로에 있는 기본 효과 익히기

프리미어 프로에서 기본적으로 제공하는 효과를 통해 영상을 꾸며보겠습니다. 프리미어 프로에서 넣을 수 있는 효과는 모두 [Effect] 패널에서 검색 가능하며 효과를 영상이나 음성에 끌어다가 넣으면 적용이 됩니다.

Quick Tip

더 다양하고 재미있는 효과를 넣고 싶으면 같은 어도비 프로그램인 애프터 이펙트를 이용하시면 됩니다.

오디오 효과

프리미어 프로에서 제공하는 오디오 이펙트는 영상의 음성을 더욱 풍성하게 해주거나 노이즈(잡음)를 조절해주고 음성변조 하는 등 다양하게 오디오에 효과를 넣을 수 있게 해줍니다.

[영문 버전 오디오 이팩트]

- Audio Effects
  - Amplitude and Compression
    - Amplify
    - Channel Mixer
    - Channel Volume
    - DeEsser
    - Dynamics
    - Dynamics Processing
    - Hard Limiter
    - Multiband Compressor
    - Single-band Compressor
    - Tube-modeled Compressor
  - Delay and Echo
    - Analog Delay
    - Delay
    - Multitap Delay
  - Filter and EQ
    - Bandpass
    - Bass
    - FFT Filter
    - Graphic Equalizer (10 Bands)
    - Graphic Equalizer (20 Bands)
    - Graphic Equalizer (30 Bands)
    - Highpass
    - Lowpass
    - Notch Filter
    - Parametric Equalizer
    - Scientific Filter
    - Simple Notch Filter
    - Simple Parametric EQ
    - Treble
  - Modulation
    - Chorus/Flanger
    - Flanger
    - Phaser
  - Noise Reduction/Restoration
    - Automatic Click Remover
    - DeHummer
    - DeNoise
    - DeReverb
  - Reverb
    - Convolution Reverb
    - Studio Reverb
    - Surround Reverb
  - Special
    - Binauralizer - Ambisonics
    - Distortion
    - Fill Left with Right
    - Fill Right with Left
    - GuitarSuite
    - Invert
    - Loudness Radar
    - Mastering
    - Panner - Ambisonics
    - Swap Channels
    - Vocal Enhancer
  - Stereo Imagery
    - Stereo Expander
  - Time and Pitch
    - Balance
    - Mute
    - Volume

[한글 버젼 오디오 이팩트]

- 오디오 효과
  - 진폭 및 압축
    - Amplify
    - Channel Mixer
    - 채널 볼륨
    - DeEsser
    - Dynamics
    - Dynamics Processing
    - Hard Limiter
    - Multiband Compressor
    - Single-band Compressor
    - Tube-modeled Compressor
  - 지연 및 에코
    - 멀티탭 지연
    - Analog Delay
    - 지연
  - 필터 및 EQ
    - 서흠
    - 간단한 파라메트릭 EQ
    - 밴드패스
    - 로우패스
    - FFT Filter
    - Graphic Equalizer (10 Bands)
    - Graphic Equalizer (20 Bands)
    - Graphic Equalizer (30 Bands)
    - Notch Filter
    - Parametric Equalizer
    - Scientific Filter
    - 하이패스
    - 고음
    - 단순 노치 필터
  - 변조
    - Chorus/Flanger
    - Flanger
    - Phaser
  - 노이즈 감소/복원
    - Automatic Click Remover
    - DeHummer
    - DeNoise
    - DeReverb
  - 반향
    - Convolution Reverb
    - Studio Reverb
    - Surround Reverb
  - 특수
    - 반전
    - 오른쪽과 왼쪽 채우기
    - Binauralizer - Ambisonics
    - 채널 교체
    - Distortion
    - GuitarSuite
    - 음향강도 레이더
    - Mastering
    - Panner - Ambisonics
    - Vocal Enhancer
    - 왼쪽과 오른쪽 채우기
  - 스테레오 이미지
    - Stereo Expander
  - 시간 및 피치
    - Pitch Shifter
    - 음소거
    - 균형
    - 볼륨

▲ 그림 Ⅱ - 01 오디오 이팩트 목록

① Amplitude and Compression

- Amplify : 증폭 효과로 오디오를 증폭시키거나 감소시켜줍니다.

- Channel Mixer : 채널 혼합기입니다. 좌, 우 채널의 스테레오 또는 서라운드 균형을 변경합니다. 한쪽에서만 소리가 들리게 할 수 있고 음향 비율을 서로 바꿀 수도 있습니다.

- Channel Volume : 채널 볼륨으로 각 채널의 볼륨을 독립적으로 제어할 수 있는 효과입니다.

- DeEsser : 치찰음 및 고주파 사운드를 제거할 수 있습니다.

- Dynamics : 다이나믹 계열의 이펙트인 자동게이트(AutoGate)이며 압축기(Compressor), 확장기(Expander), 제한기(Limiter)를 하나로 모아놓은 이펙트입니다. 자동 게이트는 지정된 레벨 이하로 떨어지면 잘라내는 효과, 압축기는 작은 사운드를 크게 높이고 큰 사운드를 작게 낮추는 효과입니다.

- Dynamics Processing : 동적 처리. 압축기, 제한기, 확장기를 사용할 수 있습니다. 압축기 및 제한기로 설정할 경우 동적 볼륨 레벨을 일관된 볼륨 레벨로 만들고 확장기로 사용할 경우 낮은 레벨의 신호 레벨을 감소시켜 동적 범위를 증가시킵니다.

- Hard Limiter : 선택적 제한으로 임계값 이상으로 상승하는 오디오를 감소시켜주는 효과입니다.

- Multiband Compressor : 멀티 밴드 압축기로 네 개의 다른 주파수 밴드를 개별적으로 압축할 수 있으며 저장된 다양한 설정 옵션으로 조절할 수 있습니다.

- Single-band Compressor : 싱글 밴드 압축기로 인지 음량을 증가시키고 일관된 볼륨 레벨을 만듭니다. 다양한 설정 옵션으로 조절할 수 있습니다.

- Tube-modeled Compressor : 튜브 모델 압축기로 오디오를 밝게 만드는 미묘한 왜곡을 만들어내는 효과입니다.

② Delay and Echo

- Analog Delay : 아날로그 지연으로 따뜻한 느낌을 주는 아날로그 방식의 지연 효과입니다.

- Delay : 지연효과로 지정한 시간 이후에 동일한 소리를 재생하는 효과입니다.

- Multitap Delay : 멀티탭 지연으로 딜레이 효과를 최대 4개까지 추가하는 효과입니다.

③ Filter and EQ

- Bandpass : 밴드 패스로 외부에서 발생하는 주파수 또는 주파수 밴드를 제거해주는 효과 입니다.

- Bass : 저음효과로 저음의 주파수(200Hz 이하)를 높이거나 낮출 수 있는 효과입니다.

- FFT Filter : FFT 필터로 특정 주파수를 삭제하거나 증폭하는 커브 곡선을 손쉽게 제어할 수 있는 효과입니다.

- Graphic Equalizer (10 ~30 Bands) : 그래픽 이퀄라이저 효과로 특정 주파수 밴드를 증 폭하거나 잘라내어 10개의 밴드로 나누어 조정할 수 있는 효과입니다.

- Highpass : 히이패스 효과로 지정된 주파수 미만의 주파수를 제거하는 효과입니다.

- Lowpass : 로우패스 효과로 지정된 주파수보다 큰 주파수를 제거하는 효과입니다.

- Notch Filter : 노치 필터 효과로 최대 6개의 주파수 밴드를 제거할 수 있는 효과입니다.

- Parametric Equalizer : 파라메트릭 이퀄라이저 효과로 톤 이퀄라이제이션을 최대한으 로 제어할 수 있는 효과입니다.

- Scientific Filter : 과학적 필터 효과로 오디오를 세부적으로 조작할 수 있는 효과입니다. 수학적으로 정의된 그래프를 이용하기에 전자 장비를 이용한 작업에 적합한 효과입니다.

- Simple Notch Filter : 심플 노치 필터 효과로 지정된 주변 주파수를 제거하는 효과입니 다.

- Simple Parametric EQ : 심플 파라메트릭 효과로 지정된 주변 주파수를 증폭하거나 줄 이는 효과입니다.

- Treble : 높은 주파수의 레벨을 높이거나 낮추는 효과입니다.

④ Modulation

- Chorus / Flanger : 코러스/플랜저 효과로 오디오에 코러스 또는 플랜저 효과를 적용할 수 있습니다. 코러스는 음성 또는 악기 소리가 동시에 재생되도록 하는 것이고 플랜저는 위상차를 만들어 내는 것을 말합니다.

- Flanger : 플랜저 효과로 입력 신호와의 아주 짧은 시간차를 이용하여 교묘한 위상차를 만 들어내는 효과입니다.

- Phaser : 페이저 효과로 스테레오 이미지를 대폭 바꿔서 이질적인 사운드를 만들어내는 효과입니다.

⑤ Noise Reduction/Restoration

- Automatic Click Remover : 자동 클릭 제거 효과로 스테레오 이미지를 대폭 바꿔서 이질적인 사운드를 만들어냅니다.

- Dehummer : 좁은 주파수 밴드 및 해당 고주파를 제거하여 조명 및 전자 기기의 전원선 잡음 문제를 해결시켜주는 효과입니다.

- Denoise : 노이즈 제거 효과로 오디오 파일의 노이즈를 줄이거나 완전히 제거해주는 효과입니다. 원치 않는 허밍, 히스, 팬, 에어컨 또는 다른 배경 노이즈 등이 노이즈에 해당되며 노이즈 감소 정도를 설정할 수 있습니다.

- Dereverb : 반향 제거 효과로 반향 프로필을 제거하고 반향의 양을 조정하는 데 도움이 됩니다. 넓은 공간에서 소리가 울리는 현상을 억제시킬 때 자주 사용하는 효과입니다.

⑥ Reverb

- Convolution Reverb : 컨볼루션 반향 효과로 기본 리버브 효과보다 더 복잡한 사운드를 연출하는 효과입니다.

- Studio Reverb : 스튜디오 반향 효과로 소리에 울림 효과를 넣을 수 있는 효과입니다.

- Surround Reverb : 서라운드 반향 효과로 5.1 채널 오디오에 적용하는 리버브 효과입니다.

⑦ Special

- Binauralizer - Ambisonics : VR 영상에 사용하는 효과로 입체감을 표현하는 오디오를 컨트롤하는 효과입니다.

- Distortion : 왜곡 효과로 오디오 사운드를 왜곡시키는 효과입니다.

- Fill Left with Right : 오른쪽으로 왼쪽 채우기 효과로 오른쪽 채널의 오디오 클립을 왼쪽으로 복사하는 효과입니다. 즉 오른쪽 음성으로 양쪽 소리가 재생되게 만드는 효과입니다.

- Fill Right with Left : 왼쪽으로 오른쪽 채우기 효과로 왼쪽 채널의 오디오 클립을 오른쪽으로 복사하는 효과입니다. 즉 왼쪽 음성으로 양쪽 소리가 재생되도록 만드는 효과입니다

- GuitarSuite : 기타 세트 효과로 기타 트랙의 사운드를 최적화하고 변경하는 효과입니다.

- Invert : 반전 효과로 오디오 채널의 위상을 반전시키는 효과입니다.

- Loudness Radar : 음향 강도 레이더 효과로 클립, 트랙 또는 Sequence의 오디오 레벨을 측정하는 효과입니다.

- Mastering : 마스터링 효과로 최종 오디오를 최적화하는 효과입니다.

- Panner - Ambisonics : VR 영상에 사용하는 효과로 오디오의 위치를 비디오에 맞출 때 사용하는 효과입니다.

- Swap Channels : 채널 교체 효과로 왼쪽과 오른쪽 오디오 채널 정보를 교체하는 효과입니다.

- Vocal Enhancer : 보컬 향상 효과로 음성의 남성 또는 여성의 목소리 품질을 향상시켜주는 효과입니다.

⑧ Stereo Imagery

- Stereo Expander : 스테레오 확장기 효과로 스테레오 오디오를 확장하거나 축소해 현장감을 증폭 혹은 축소하는 효과입니다.

⑨ Time and Pitch

- Pitch Shifter : 피치 변환 효과로 오디오 신호의 높낮이를 조절하여 음성을 변조시키는 효과입니다.

- Balance : 오른쪽과 왼쪽의 볼륨을 제어하는 효과입니다.

- Mute : 뮤트 효과로 오디오를 음소거하는 효과입니다.

- Volume : 볼륨 효과로 오디오의 볼륨을 조절하는 효과입니다.

오디오 트랜지션

① Crossfade

- Constant gain : 오디오에 페이드 인, 페이드 아웃이 적용됩니다.

- Constant Power : 오디오가 자연스럽게 이어지는 전환 효과가 적용되는 효과로 가장 많이 쓰이는 오디오 트랜지션입니다. ①번의 오디오가 밑의 오디오에 작게 겹쳐서 들어가고 ②번에 해당하는 오디오가 위의 오디오에 작게 겹쳐서 들어가는 효과입니다. 넣게 되면 끊기는 오디오 소리가 자연스럽게 이어지는 오디오 소리로 연결됩니다.

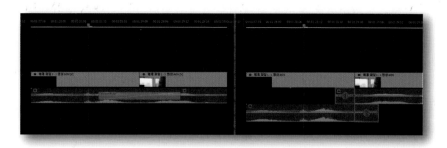

▲ 그림 II-02 Constant Power

- Exponential Fade : constant gain 및 power와 비슷한 효과이지만 첫 번째 오디오와 두 번째 오디오의 겹치는 부분이 존재하지 않는 오디오 전환 트랜지션 효과입니다.

비디오 효과

① Adjust

- convolution Kernel : 각 픽셀의 값을 변화, 블러나 엠보스 적용할 때 사용합니다.

- Extract : 화면의 컬러를 제거하면서 흑백으로 텍스쳐된 이미지를 생성시키고, 그레이 레벨의 범위를 조정하여 화면의 화이트나 블랙을 반대로 전환할 수 있습니다.

- Levels : 화면의 밝기를 조정하는 이펙트, 컬러, 감마, 밝기, 화면 반전 기능을 사용할 수 있는 효과입니다.

- Lighting Effects : 화면의 한 부분을 강조할 때 사용합니다.

- ProcAmp : 영상의 색상, 채도, 밝기 조정하는 효과입니다.

② Blur & sharpen

- Camera Blur : 이미지가 흐려지는 효과로 초점이 나간 상태로 보이게 해줍니다.

- Channel Blur : 채널별로 Blur, RGB, Alpha 별로 blur 효과 지정, 방향 지정이 가능하게 해주는 효과입니다.

- Compound Blur : 흐림 레이어 또는 흐림 효과 맵이라고도 하는 컨트롤 레이어의 광도 값을 기반으로 효과 레이어의 픽셀을 흐리게 해줍니다. 이 효과는 문지르기와 지문을 시뮬레이션하거나 연기 또는 열 같은 대기 조건으로 인해 발생하는 시각적 변화를 시뮬레이션하는 데 유용하고 특히 [뒤틀기 노이즈] 효과를 사용하여 생성되는 것과 같은 애니메이션이 적용된 흐림 레이어의 경우 매우 효과적입니다.

- Directional Blur : 마치 사물이 움직이는 듯한 느낌의 효과를 줍니다.

- Gassuian Blur : 이미지를 흐리게 하고 부드럽게 표현하며 노이즈를 제거할 수 있습니다. 주로 브이로그의 얼굴, 상표 가리는 데에 사용합니다.

- Reduce interlace Flicker : 상하로 나뉘어 흐림 효과를 줍니다.

- Sharpen : 화면 내 물체의 대비를 증가시켜서 이미지를 더 거칠게 만듭니다.

- Unsharp mask : 색상 사이의 대비를 높입니다.

③ Channel

- Arithmetic : 이미지의 빨강, 녹색, 파랑 채널에서 색감을 바꾸는 효과입니다.

- Blend : 두 이미지를 밝기와 생성 값 연산으로 섞어주는 효과입니다.
  - Cross-fade : 디졸브 트랜지션과 유사
  - Color only, Tint only : 색상만 섞기
  - Darken, Lighten : 이미지의 어두운 부분, 밝은 부분만 섞기

- Calculaitons : 특정 클립의 채널을 다른 클립의 채널과 결합합니다.

- Invert : 색상을 반전시켜주는 효과입니다.

- Set matte : 클립의 알파 채널(매트)을 다른 비디오 트랙에 포함된 클립의 채널로 바꿉니다. 그러면 매트가 이동하는 것처럼 표시됩니다.

- Solid Composite : 원본 소스 클립 뒤에 단색 합성을 빠르게 만들 수 있는 효과입니다.

④ Color Correction

- ASC CDL : RGB 값을 Slope, Offset, Power로 조절하는 효과입니다.

- Brightness & Contrast : 밝기와 대비 등을 조절하는 효과입니다.

- Change Color : 색상을 조절하여 바꾸거나 채도를 조절할 수 있는 효과입니다.

- Change to Color : Change Color와 기능은 동일하나 변경할 색상을 선택하는 효과입니다.

- Channel Mixer : RGB 색상을 개인 채널별로 색상을 변화할 수 있는 효과입니다.

- Color Balance : 클립의 Shadow, Midtone, Hightlight 영역의 RGB값을 조절하여 보정 하는 효과입니다.

- Equalize : 클립 내의 색상과 밝기를 균등하게 조절하는 효과입니다.

- Leave Color : 선택한 색상을 제외한 모든 색상을 흑백으로 조절하는 효과입니다.

- Lumetri Color : Lumetri Color 패널과 동일한 효과입니다.

- Tint : 어두운 영역과 밝은 영역을 지정한 색상과 강도로 변환해주는 효과입니다.

- Video Limiter : 방송 송출에 적합하도록 영상의 밝기를 제한하는 효과입니다.

⑤ Distort

- Corner Pin : 클립의 모서리에 생성되는 핀으로 클립을 자유롭게 변형할 수 있는 효과입니다.

- Lens Distortion : 클립을 렌즈의 곡률로 왜곡시키는 효과입니다.

- Magnify : 클립의 한 부분을 돋보기 형태로 확대하는 효과입니다.

- Offset : 클립을 반복시켜 잔상을 일으키는 효과입니다.

- Rolling Shutter Repair : DSLR, 미러리스, 스마트폰 등으로 촬영된 영상의 지연시간으로 생긴 왜곡을 보정하는 효과입니다.

- Spherize : 클립의 특정 부분을 구 형태로 왜곡하는 효과입니다.

- Transform : 클립을 2차원 형태로 변형할 수 있습니다. 위치, 크기, 불투명도, 빛 비틀기 등을 표현할 수 있는 효과입니다.

- Turbulent Displace : 클립에 펄럭이는 왜곡을 적용하는 효과입니다.

- Twirl : 회오리 형태의 왜곡을 적용하는 효과입니다.

- Warp Stabilizer : 촬영된 영상의 흔들림을 보정하는 효과입니다.

- Wave Warp : 물 안에 있는 듯한 느낌을 내는 효과입니다.

⑥ Generate

- 4-Color Gradient : 네 가지 색상의 그라데이션을 생성하는 효과입니다.

- Cell Pattern : 클립에 다양한 형태의 작은 패턴으로 클립 전체를 덮는 효과입니다.

- Checkerboard : 클립에 체스판 형태의 패턴을 생성하는 효과입니다.

- Circle : 클립에 원을 생성하는 효과입니다.

- Ellipse : 클립에 고리 형태의 원을 생성하는 효과입니다.

- Eyedropper Fill : 포인트가 위치한 지점의 색상을 화면 전체에 적용하는 효과입니다.

- Grid : 설정이 가능한 격자무늬를 생성하는 효과입니다.

- Lens Flare : 카메라 렌즈 플레어 효과를 생성하는 효과입니다.

- Lightning : 번개 효과를 생성하는 효과입니다.

- Paint Bucket : 포인트가 위치한 특정 영역을 단색으로 채우는 효과입니다.

- Ramp : 시작 색과 끝 색을 지정한 후 직선, 방사형 그라디언트를 생성하는 효과입니다.

- Write-on : Brush Position에 key frame을 적용하여 붓으로 칠한 느낌을 내는 효과입니다.

⑦ Image Control

- Black & White : 클립을 흑백으로 보정하는 효과입니다.

- Color Balance (RGB) : 클립에 RGB값을 조절하는 효과입니다.

- Color Pass : Color에서 지정한 색상을 제외한 나머지 모든 색상을 흑백으로 변환시키는 효과입니다.

- Color Replace : 클립의 특정 색을 다른 색으로 변환시키는 효과입니다.

- Gamma Correction : 클립의 감마값으로 전체 명도를 조정하는 효과입니다.

⑧ Immersive Video

- VR Blur : 클립이 흐려지는 효과입니다.

- VR Chomatic Aberrations : 클립의 색 수치를 조정하는 효과입니다.

- VR De-Noise : 클립의 노이즈를 제거하는 효과입니다.

- VR Digital Glitch : 클립에 글리치 효과를 적용합니다.

- VR Fractal Noise : 클립에 옵션을 조절하여 구름과 같은 효과를 표현하는 효과입니다.

- VR Glow : 광원을 밝게 만드는 효과입니다.

- VR Plane to sphere : 클립을 VR 영상으로 연동하기 위해서 왜곡을 조정하는 효과입니다.

- VR Projection : 공 모양 VR 영상에서 정면이 될 부분을 조정하여 적용하는 효과입니다.

- VR Rotate sphere : 클립에 회전 효과를 적용하는 효과입니다.

- VR Sharpen : 클립의 선명도를 증가시키는 효과입니다.

⑨ Keying

- Alpha Adjust : 알파채널의 투명도를 조절하는 효과입니다.

- Color Key : Key color에서 지정한 색상을 제거하는 효과입니다.

- Difference Matte : 이동하는 개체 뒤에 고정된 배경을 삽입하는 효과입니다.

- Image Matte Key : 매트로 사용되는 이미지 클립의 명도 값에 비례하여 배경 클립을 표시하는 효과입니다.

- Luma Key : 지정된 명도의 레이어 영역을 모두 투명화 시키는 효과입니다.

- Non Red Key : RED 영역이 아닌 부분을 제거하는 효과입니다.

- Remove Matte : 클립에서 키를 만들 때 배경이 된 화이트, 블랙 색상을 제거하는 효과입니다.

- Track Matte Key : 소스와 클립을 연동하여 투명영역을 설정하고 이동하는 효과입니다.

- Ultra key : Key color에서 지정한 색상의 투명도를 조절하는 효과입니다.

⑩ Noise & Grain

- Dust & Scratches : 클립의 노이즈 등을 제거하는 번짐 효과입니다.

- Median : 클립의 픽셀을 인접한 픽셀의 RGB 값으로 대체하여 영상의 노이즈를 제거하는 효과입니다.

- Noise : 노이즈를 생성하는 효과입니다.

- Noise Alpha : 알파 채널에 노이즈를 생성하는 효과입니다.

- Noise HLS : 색상, 밝기, 채도의 세 가지 노이즈를 생성하는 효과입니다.

- Noise HLS Auto : 위와 동일하지만 클립을 재생했을 때 노이즈 애니메이션을 생성하는 효과입니다.

⑪ Obsolete

- Auto Color : 클립의 색상을 자동으로 조절해주는 효과입니다.

- Auto Contrast : 클립의 대비값을 자동으로 조절해주는 효과입니다.

- Auto Levels : 클립의 RGB 채널 값을 자동으로 변경해주는 효과입니다.

- Fast Blur : 수평, 수직 방향의 간단한 블러 효과입니다.

- Fast Color Corrector : 색상, 채도, 명도 등을 빠르게 보정해주는 효과입니다.

- Luma Corrector : 색상 값을 하이라이트, 미드톤, 쉐도우로 분리하여 보정하는 효과입니다.

- Luma Curve : 색상 값을 곡선 형태로 보정하는 효과입니다.

- RGB Color Corrector : RGB 각 채널을 하이라이트, 미드톤, 쉐도우로 분리하여 보정하는 효과입니다.

- RGB Curves : RGB의 각각 채널 정보를 통해 곡선 형태로 보정하는 효과입니다.

- Shadow/Highlight : 클립의 어두운 부분과 밝은 부분을 보정하는 효과입니다.

- Three-Way Color Corrector : 클립의 색, 명도, 채도 등을 보정하는 효과입니다.

- Video Limiter : 중복

⑫ Stylize

- Alpha Glow : 알파채널의 가장자리 주위에 색상을 추가하는 효과입니다.

- Brush Strokes : 클립에 거친 브러쉬 효과를 적용하는 효과입니다.

- Color Emboss : 클립 속 경계 부분에 입체감을 부여하는 효과입니다.

- Emboss : 위와 비슷하지만, 색상을 회색으로 바꾸는 효과입니다.

- Find Edges : 사물의 경계선을 나타내는 효과입니다.

- Mosaic : 모자이크 효과를 추가하는 효과입니다.

- Posterize : 클립 내의 색상 수를 변경하는 효과입니다.

- Replicate : 클립을 복제하는 효과입니다.

- Roughen Edges : 영상의 테두리를 적용하는 효과입니다.

- Solarize : 클립의 반전된 색상을 섞는 효과입니다.

- Strobe Light : 색상을 지정하여 플래시 이펙트를 내는 효과입니다.

- Texturize : 특정 클립을 지정하여 현재 클립에 선택한 텍스쳐의 질감이 나타날 수 있게 하는 효과입니다.

- Threshold : 고 대비 효과를 적용하는 효과입니다.

⑬ Time

- Echo : 클립에 잔상효과를 부여하는 효과입니다.

- Posterize Time : 클립의 프레임을 조정하는 효과입니다.

⑭ Transform

- Auto Reframe : 클립을 분석하여 Sequence 크기가 바뀌어도 자동으로 클립을 시퀀스

크기에 자동으로 맞춰주는 효과입니다.

- Crop : 클립의 가장자리를 기준으로 원하는 방향의 백분율을 지정하면 잘라주거나 확대해 주는 효과입니다.
- Edge Feather : 클립의 네 면에 페더 효과가 들어간 검은색의 테두리가 형상되는 효과입니다.
- Horizontal Flip : 클립을 왼쪽이나 오른쪽으로 뒤집어주는 효과입니다.
- Vertical Flip : 클립을 위아래로 뒤집어주는 효과입니다.

⑮ Transition

- Black Dissolve : 임의의 블록에서 클립이 사라지게 만드는 전환 효과입니다.
- Gradient Wipe : A클립을 점점 지우면서 B클립으로 변해가는 전환 효과입니다.
- Linear Wipe : 지정된 방향으로 A클립을 지우면서 B클립으로 전환하는 효과입니다.
- Radial Wipe : A클립을 지정한 각도를 기준으로 회전하여 B클립으로 전환하는 효과입니다.
- Venetian Blinds : A클립 위로 B클립의 영상으로 전환되는 효과입니다.

⑯ Utility

- Cineon Converter : Cineon 프레임의 색상 변환을 보다 자세하게 제어할 수 있도록 하는 효과입니다.

⑰ Video

- Clip Name : 비디오 안에 클립 이름을 표시하는 효과입니다.
- SDR Conform : 밝기, 대비 등을 조절할 수 있는 효과입니다.
- Simple Text : 클립 내에서 영상에 오버레이 되는 텍스트를 넣을 수 있는 효과입니다.
- Timecode : 비디오 안에 타임코드를 표시하는 효과입니다.

비디오 트랜지션

① 3D Motion

- Cube Spin : 정육면체를 회전시켜 장면을 전환하는 효과입니다.
- Flip Over : 화면을 180° 회전하여 장면을 전환하는 효과입니다.

② Dissolve

- Additive Dissolve : 밝은 부분을 극대화하여 장면을 전환하는 효과입니다.

- Cross Dissolve : 앞(A) 클립의 뒷부분과 뒷(B) 클립의 앞부분을 살짝 넣는 효과이다. 클립 A를 페이드아웃하면서 클립 B를 페이드 인하며 자연스럽게 장면을 전환하는 효과입니다.

- Dip to Black : 앞 클립 A를 검정으로 페이드한 다음 검정에서 뒷 클립 B로 페이드하는 전환 효과입니다.

- Dip to White : 앞 클립 A를 하얀색으로 페이드한 다음 하얀색에서 뒷 클립 B로 페이드하는 전환 효과입니다.

- Film Dissolve : 필름을 겹치는 듯한 효과를 주며 전환하는 효과입니다.

- Impact Dissolve : 클립 A를 페이드아웃하면서 클립 B를 페이드 인하며 자연스럽게 장면을 전환하는 효과입니다.

- Morph Cut : 클립과 클립 사이에 몰핑 효과를 주며 전환하는 효과입니다.

- Non-Additive Dissolve : 디졸브 효과를 불규칙적으로 주며 전환하는 효과입니다.

③ Immersive Video

- VR Chorma Leaks : 빛이 노출되는 효과가 적용되며 자연스럽게 전환하는 효과입니다.

- VR Gradient Wipe : 그라디언트 속성을 활용하여 자연스럽게 전환하는 효과입니다.

- VR Iris Wipe : 원형 형태로 전환하는 효과입니다.

- VR Light Leaks : 빛이 누출되듯이 화면이 전환하는 효과입니다.

- VR Light Rays : 빛이 쏘아지듯이 화면이 전환하는 효과입니다.

- VR Mobius Zoom : 카메라를 줌 하듯이 화면이 전환하는 효과입니다.

- VR Random blocks : 무작위로 화면 블록이 등장하면서 전환하는 효과입니다.

- VR spherical Blur : 화면이 원형으로 비틀려 등장하며 전환하는 효과입니다.

④ Iris

- Iris Box : 중앙에서 사각형이 열리거나 닫히면서 전환되는 효과입니다.

- Iris Cross : 중앙에서 십자가로 열리거나 닫히면서 전환되는 효과입니다.

- Iris Diamond : 중앙에서 다이아몬드 모양으로 열리거나 닫히면서 전환되는 효과입니다.

- Iris Round : 중앙에서 원형 모양이 열리거나 닫히면서 전환되는 효과입니다.

⑤ Page Peel

- Page Peel : 페이지 벗기기로 종이가 넘어가듯이 영상이 전환되는 효과입니다. 페이지 넘기기보다 입체감 있게 넘어가는 효과입니다.

- Page Turn : 페이지 넘기기로 종이가 넘어가듯이 영상이 전환되는 효과입니다.

⑥ Slide

- Band Slide : 양쪽에서 띠가 교차하면서 영상이 전환되는 효과입니다.

- Center Split : 중앙에서 네 개의 사각형이 나오면서 전환되는 효과입니다.

- Slide : 다음 등장하는 장면이 밀어 나오면서 전환되는 효과입니다.

- Split : 중앙에서 절반으로 나누어져 열리거나 닫히면서 전환되는 효과입니다.

⑦ Wipe : Slide와 유사하지만, 화면을 밀어내지 않고 닦이면서 전환된다.

- Band Wipe : 양쪽에서 띠가 교차하면서 영상이 전환되는 효과입니다.

- Barn Doors : 중앙에서 절반으로 나누어져 열리거나 닫히면서 전환되는 효과입니다.

- Checker Wipe : 체크무늬 모양으로 화면이 닦이면서 전환되는 효과입니다.

- CheckerBoard : 체크무늬 모양으로 화면이 나타나면서 전환되는 효과입니다.

- Clock Wipe : 시계 모양 또는 반 시계 모양으로 화면이 닦이면서 전환되는 효과입니다.

- Gradient Wipe : 코너에서 다음 영상이 서서히 나타나면서 전환되는 효과입니다.

- Inset : 코너에서 다음 영상이 삽입되면서 전환되는 효과입니다.

- Paint Splatter : 페인트가 튀기듯이 다음 영상이 삽입되면서 전환되는 효과입니다.

- Pinwheel : 바람개비처럼 회전하며 다음 영상이 삽입되면서 전환되는 효과입니다.

- Radial Wipe : 코너에서 방사형으로 다음 영상이 회전 삽입되면서 전환되는 효과입니다.

- Random Blocks : 체크무늬 모양으로 다음 영상이 임의적으로 나타나면서 전환되는 효과입니다.

- Random Wipe : 체크무늬 모양으로 다음 영상이 임의적으로 채워지면서 전환되는 효과입니다.

- Spiral Boxes : 나선형으로 다음 영상이 채워지면서 전환되는 효과입니다.

- Venetian Blinds : 베니스식 차양의 형태로 전환되는 효과입니다. 세로 블라인드가 나타 나는 형식으로 생각하면 됩니다.

- Wedge Wipe : 부채꼴 모양으로 다음 영상이 채워지면서 전환되는 효과입니다.

- Wipe : 오른쪽에서 왼쪽 또는 왼쪽에서 오른쪽으로 다음 영상이 채워지면서 전환되는 효 과입니다.

- Zig-Zag Blocks : 지즈재그로 다음 영상이 채워지면서 전환되는 효과입니다.

⑧ Zoom

- Cross zoom : 이전 영상이 확대되었다가 다음 영상이 축소되면서 전환되는 효과입니다.

기본 효과를 활용한 다양한 영상 제작해보기

① Gaussian Blur, 사람들 모자이크 하기

- Gaussian Blur 즉 가우시안 흐림 효과는 화면을 흐리게 만드는 효과입니다.

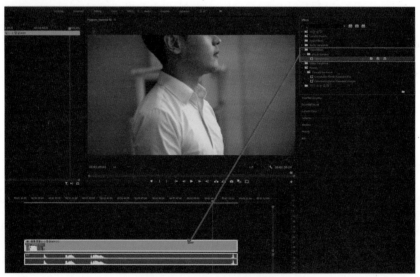

▲ 그림 Ⅱ-3 가우시안 흐림 적용 방법

- 가우시안 흐림 효과를 화면에 적용하기 위해서는 effect 패널에서 Gaussiann Blur를 검 색한 후 효과를 적용하고 싶은 클립에 Gaussiann Blur를 드래그해서 적용합니다.

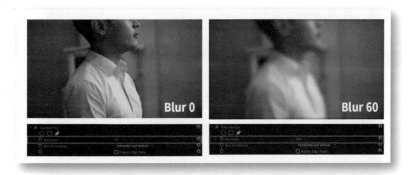

▲ 그림 Ⅱ - 4 가우시안 흐림 비교

● 그런 다음 [Effect control]창에서 blurness의 숫자를 조절하여 가우시안 흐림 효과의 양을 조절합니다. blurness의 수치가 커지면 커질수록 화면이 더 뿌옇게, 흐리게 변화됩니다.

● 만약에 특정한 공간에 가우시안 흐림 효과를 적용하고 싶으면 마스크를 이용하면 됩니다. (마스크에 대한 설명은 2-(2)에서 자세하게 볼 수 있습니다.)

▲ 그림 Ⅱ - 5 가우시안 흐림 마스킹

② Black & white, 영상에 흑백 효과 넣어보기

● black&white는 영상에 검은 어두운 효과를 넣는 것입니다. 간단하게 흑백 검정 효과를 넣고 싶을 때 이 효과를 적용하면 좋습니다.

▲ 그림 II-6 흑백효과

③ Crop, 영상을 자유롭게 자르기

● Crop을 영상에 적용하게 되면 영상의 위, 아래, 오른쪽, 왼쪽을 자를 수 있게 됩니다. right, left, top, bottom에 숫자 %를 늘리게 되면 % 크기에 따라 영상이 잘리게 됩니다.

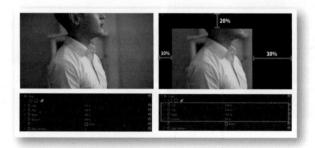

▲ 그림 II-8 자르기 효과

● 예를 들어 영상 전체의 오른쪽 10%를 자르고 싶을 때 right 숫자를 0에서 10으로 변경해 주면 영상의 오른쪽 10%가 지워지고 빈 공간으로 남게 됩니다.

④ Ultra key, 영상에 크로마키 효과 적용하기

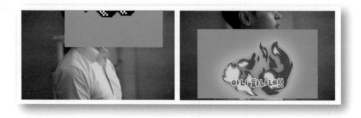

▲ 그림 II-9 울트라키 예시 - 원본

▲ 그림 II - 10 울트라키 예시

● 유튜브 영상을 보실 때 불이 피어오르는 효과나 8비트 선글라스가 떠다니는 소스들을 보신 적이 있으실 겁니다. 이 소스 같은 경우 뒤에 초록색 크로마키(초록색 화면)를 지워서 소스만 남기는 방법을 사용하는데 이는 Ultra key효과를 이용하면 편리하게 원하는 색을 지울 수 있습니다.

● 뒤에 초록색 배경 또는 파란색 배경으로 된 소스를 유튜브나 다운 사이트에서 내려받은 다음 영상 위 트랙에 불러와 줍니다. 그 다음 Ultra key, 즉 울트라 키를 초록색 배경이 있는 영상에 적용해줍니다.

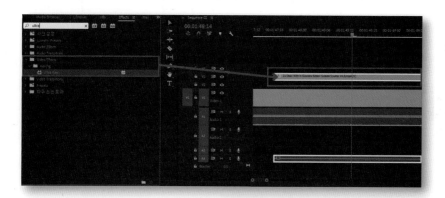

▲ 그림 II - 11 울트라키 적용

▲ 그림 II - 12 울트라키 적용 방법

● [Effect Control] 패널을 보면 Ultra Key 항목이 생길 텐데 ①번에 있는 스포이드로 소스

의 초록색을 찍으면 영상에 있는 초록색이 사라지게 됩니다. (파란색을 찍으면 파란색이 사라지게 됩니다) 만약에 초록색이 잘 사라지지 않는다면 ②번의 옵션들을 조정해서 깔끔하게 초록색이 사라지도록 해줍니다.

⑤ studio reverb, 음성에 울림 소리 적용하기

- 이 효과는 음성에 적용하는 효과로 음성에 울림소리가 나게 하는 효과입니다.

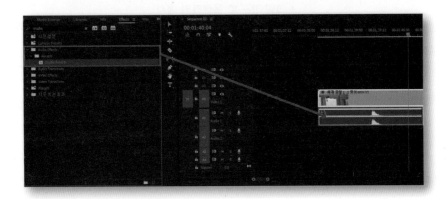

▲ 그림 II - 13 스튜디오 반향 적용 방법

- 다른 효과 적용 방법과 같이 studio reverb를 음성에 적용한 다음 [Effect Control] 패널에서 edit를 눌러 스튜디오 반향 창이 나오도록 합니다. 창에서 edit - (Default)를 누르게 되면 프리미어 프로에서 기본적으로 내장되어 있는 옵션이 뜨게 됩니다. 여기에 있는 효과만으로도 충분히 울림소리를 적용할 수 있지만 따로 Room size, Decay 등등을 조절하여 원하는 울림효과 설정이 가능합니다. 가장 많이 사용하는 항목은 Great Hall과 Drum plate small입니다.

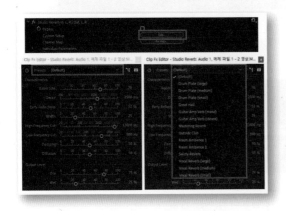

▲ 그림 II - 14 스튜디오 반향 적용 방법 2

Quick Tip

[Effect] 패널 하단의 폴더 버튼을 클릭하여 폴더를 생성할 수 있습니다. 이 폴더에 자주 쓰는 효과들을 모아놓을 수 있습니다.

프리미어 프로를 이용해 애니메이션 적용하기

이번에는 프리미어 프로 [Effect Control] 패널을 이용하여 position(위치), Scale(크기), Rotation(회전) 등의 수치 조정을 통해 영상 클립을 변형시켜 봅니다. 또한, 이를 이용하여 오른쪽에서 왼쪽으로 영상이 이동하거나 점점 커지는 영상 애니메이션 또한 만들어보도록 하겠습니다.

영상 위치 및 크기 변경하기

Timeline에 예제 파일 2-1 영상을 불러와 줍니다. [Timeline] 패널에서 비디오 1번 트랙에 있는 예제 파일 2-1 영상 클립을 선택하면 [Effect control] 패널이 활성화 됩니다.

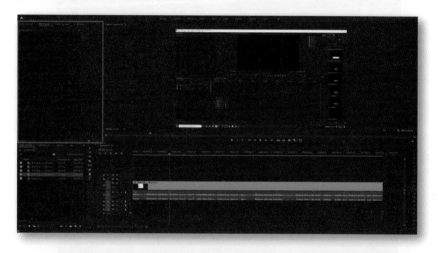

▲ 그림 Ⅱ- 15 Project 클립 선택 안 된 효과 컨트롤 패널

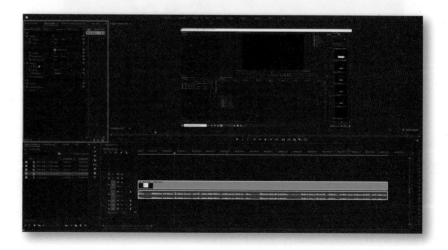

▲ 그림 Ⅱ- 16 Project 클립 선택된 효과 컨트롤 패널

활성화가 된 후 [Effect control] 패널을 보면 position이나 scale 항목이 숨겨져 있을 수가 있는 데 (프리미어 프로를 처음 키면 항목이 숨겨져 있음), 그럴 때는 Motion 옆에 있는 〉 모양의 화살표를 눌러주면 숨겨진 항목들이 보이게 됩니다.

▲ 그림 Ⅱ-17 Motion 활성화

영상 클립이 선택된 상태에서 [Effect control] 패널을 보면 총 7개의 항목을 볼 수 있는데

▲ 그림 Ⅱ-18 Effect Control 패널

❶ Position / 위치 : X Y 값을 조정하여 영상의 위치를 변경할 수 있습니다. 파란색 숫자를 클릭해서 숫자를 변경하거나 클릭 후 양옆으로 움직이면 숫자가 변경됩니다.

❷ Scale / 비율 조정 : 영상의 크기를 변경할 수 있습니다. 100은 영상의 100% 크기이며 100에서 작아질수록 영상의 크기가 작아지고 100에서 커질수록 영상의 크기가 커집니다.

▲ 그림 II – 19 Scale 균일 비율 1

▲ 그림 II – 20 Scale 균일 비율 2

Scale에서 Uniform Scale 체크 박스에서 체크를 해제하게 되면 왼쪽 그림과 같이 높이와 넓이의 크기 비율을 따로 설정할 수 있으며 1번과 2번을 비교했을 때 2번은 높이가 50, 넓이가 200이므로 옆으로 긴 영상이 만들어지게 됩니다.

❸ Rotation / 회전 : 영상의 회전도를 변경할 수 있습니다.

❹ Anchor Point / 기준점 : 영상의 기준점을 변경할 수 있습니다. Anchor Point를 클릭 하면 영상 중앙에 십자가 모양이 생기면서 기준점을 바꿀 수 있습니다. 기준점을 변경한다면 Scale 과 Rotation 되는 기준점이 바뀝니다. 영상 애니메이션을 넣었을 때 기준점을 변경한다면 애니메이션이 바뀔 수 있으니 주의해야 합니다.

❺ Anti-flicker Filter : 깜빡임 현상을 줄여주는 옵션입니다. 플리커 현상을 억제해 주는 효과입니다.

❻ Opacity : 소스 불투명도를 조절하는 옵션으로 마스크를 추가할 수 있습니다.

❼ Speed : 소스의 길이를 표시하는 옵션입니다.

실습 3 영상 위치 및 크기 변경하기

영상 상단에 로고 배치하기

실습3 예제 파일 로고1을 불러와 봅시다. 로고는 그림 파일이기 때문에 A1, A2와 같은 오디오 트랙이 아닌 V1, V2와 같은 비디오 트랙에 넣어야 합니다. V1에는 편집한 영상이 있기 때문에 V2또는 V3에 로고(사진)을 넣어보겠습니다. 영상 넣은 것과 동일하게 프로젝트 패널에 불러온 다음 드래그해서 비디오 트랙에 넣어줍니다.

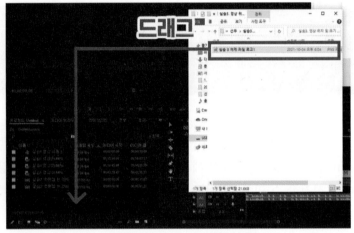

▲ 그림 II – 20-1 로고 불러오기

▲ 그림 II – 20-2 로고 타임라인에 불러오기

로고를 타임라인에 불러오게 되면 이렇게 중앙에 배치가 되어 있게 됩니다.

▲ 그림 Ⅱ- 20-3 로고를 넣었을 때 화면

로고는 나만의 영상이라는 표시와 전문성 때문에 넣는데 전체 영상에 방해가 되지 않도록 왼쪽 상단에 위치하곤 합니다. 그래서 우리는 로고를 방금 배운 effect control 패널을 이용하여 중앙에 있는 로고를 왼쪽 상단으로 이동해보도록 하겠습니다.

로고를 클릭해서 effect control 효과 컨트롤 패널을 활성화시키고 우선 크기를 조정해보도록 하겠습니다.

scale/비율 조정 섹션에서 100의 숫자를 50으로 변경하여 크기를 작게 줄여줍니다.

그 다음 position/위치 조정 섹션에서 x값을 960에서 200으로 y값을 540에서 95으로 설정하여 왼쪽 상단에 위치시켜 줍니다. 숫자는 파란색 숫자를 클릭해서 숫자를 변경하거나 숫자를 꾹 누른 채로 왼쪽 오른쪽으로 이동하며 숫자를 변경합니다.

추가적으로 불투명도를 100%에서 70%로 낮춰서 영상에서 잘 안보이도록 설정해줍니다.

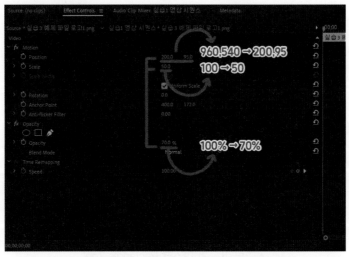

▲ 그림 Ⅱ- 20-4 로고 effect control 변경 사항

로고를 맨 처음 불러왔을 때

위치, 비율조정, 불투명도 조절 후

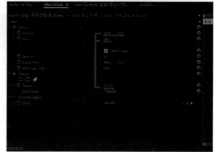

▲ 그림 II - 20-5 변경 전 변경 후

▲ 그림 II - 20-6 jpeg와 png 차이

영상 마스크 활용하기

▲ 그림 II - 21 마스크 Rectangle Tool

마스크를 쓰면 특정 부분만 보이게 하거나 보이지 않게 할 수 있습니다.

[Effect Control] 패널에서 opacity 창을 보면 동그라미, 네모 그리고 팬툴이 있는데 이 중 하나를 클릭하게 되면 선택한 클립에 도형이 생기고 효과 컨트롤 패널에 MASK 옵션이 추가되며 [Effect Control] 패널에 마스크 옵션이 활성화됩니다.

▲ 그림 II-22 마스크 X VS 마스크 O

▲ 그림 II-23 마스크 옵션

▲ 그림 II-24 마스크 범위 제어

마스크는 4개의 점이 기본적으로 설정이 되며 추가를 하거나 제거를 할 수 있으며 이 섬을 이동해서 마스크의 범위를 제어할 수 있습니다.

❶ Mask Path : 마스킹을 트래킹하는 옵션으로 key frame을 적용해서 마스크의 위치에 애니메이션을 넣을 수 있습니다.

❷ Mask Feather : 마스크의 외곽선의 부드러움을 조절하는 옵션으로 0에 가까워질수록 마스크의 선이 선명해지고 숫자가 커질수록 외곽선이 부드러워집니다.

❸ Mask Opacity : 마스크가 지정된 영역의 불투명도를 조절하는 옵션입니다.

❹ Mask Expansion : 마스크의 범위를 확장하거나 축소할 수 있는 옵션입니다.

❺ Inverted : 마스크 영역 반전을 선택하는 옵션입니다.

Quick Tip

Mask Feather를 올리게 되면 외곽선이 부드러워지면서 좀 더 자연스러운 마스크 연출이 가능해집니다. 주로 10~20 정도로 설정합니다.

가우시안흐림 효과와 마스크기능을 활용해서 사람 얼굴만 모자이크하기

실습4. 가우시안 흐림 효과와 마스크기능 활용해서 사람 얼굴만 모자이크하기의 예제파일 '실습 4. 사람 얼굴 사진'과 '실습4. 사람 얼굴 영상'을 다운받아봅시다.

프로젝트를 하나 새로 생성해주고 시퀀스는 유튜브 시퀀스로 생성해줍니다. 그 다음 '실습4. 사 람 얼굴 사진'과 '실습4. 사람 얼굴 영상'을 프로젝트 패널에 넣어주고 '실습4. 사람 얼굴 사진' 을 V1에 올려놓습니다. (실습 3 참고) 시퀀스보다 사진이 크므로 사진 전체가 보이도록 사진의 크기를 100에서 50으로 줄여주도록 합니다.

▲ 그림 Ⅱ-24-1 모자이크 사진 크기 변경

사람 얼굴에만 가우시안 흐림 효과를 넣어보도록 하겠습니다. effect(효과 패널)에서 Gaussian blur 가우시안 흐림 효과를 검색해준 다음 효과를 '실습4. 사람 얼굴 사진'에 넣어줍니다.

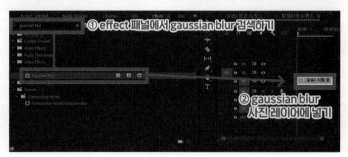

▲ 그림 Ⅱ-24-2 사진에 gaussian blur 효과 넣기

그 다음 effect control의 Gaussian blur효과 속 Bluriness 즉 흐림 효과를 0에서 150으로 준
뒤에

▲ 그림 Ⅱ- 24-3 bluriness 변경

현재 가우시안 흐림 효과가 전체 사진에 적용이 되어 있기에 얼굴에만 흐림 효과가 적용될 수 있
도록 흐림 효과에 마스크를 씌워줄 겁니다. fx Gaussian blur 아래에 있는 펜툴을 선택한 다음

▲ 그림 Ⅱ- 24-4 마스크 펜툴 도구 선택

program 패널에서 얼굴 주변을 클릭해서 마스크를 따 줍니다.

▲ 그림 Ⅱ- 24-5 마스크 따기

그렇게 되면 효과에 마스크가 적용이 되며 얼굴에만 가우시안 흐림 효과가 들어가게 됩니다. 이 상태에서 경계선을 부드럽게 만들어주기 위해 Mask Feather값을 61로 올려주게 되면

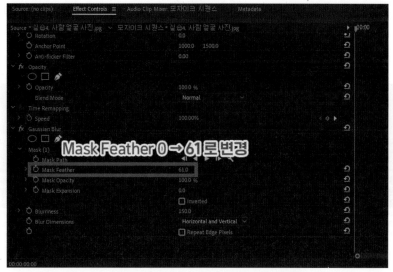

▲ 그림 Ⅱ – 24-6. mask feather값 올리기

얼굴 주변이 부드럽게 되면서 완성이 됩니다.

▲ 그림 Ⅱ – 24-7. 사진 모자이크하기 완성

이번에는 사진이 아닌 영상에 얼굴을 따라가는 모자이크 효과를 넣어보도록 하겠습니다. V1에 '실습4. 사람 얼굴 영상'를 넣은 다음 사진에 했던 것과 동일하게 effect/효과 패널에서 Gaussian blur 가우시안 흐림 효과를 검색해준 다음 효과를 '실습4. 사람 얼굴 영상'에 넣어줍니다.

그 다음 흐림 효과를 0에서 40으로 준 뒤에 얼굴에만 흐림 효과가 적용될 수 있도록 흐림 효과에 마스크를 씌워줍니다. (위 사람 사진에 모자이크 적용하기와 동일하게 하시면 됩니다)

그렇게 되면 효과에 마스크가 적용이 되며 내가 지정된 곳에만 가우시안 흐림 효과가 들어가게 됩니다. 하지만 사진과 다르게 영상은 물체 또는 얼굴이 움직이기 때문에 마스크 위치에 애니메이션을 넣어줘야 합니다.

5초 때의 가우시안 흐림 마스크   18초 때의 가우시안 흐림 마스크

▲ 그림 Ⅱ - 24-8. 영상에 마스크를 적용했을 때

얼굴에 마스크 효과가 따라가게 하려면 mask path에 key frame을 이용하여 애니메이션을 넣어줘야 하는데 그렇게 되면 시간이 굉장히 오래 걸리기 때문에 마스크 트래킹 효과를 통해 자동으로 프리미어 프로가 인식을 해서 얼굴 또는 물체를 따라가게 해보도록 하겠습니다.

fx Gaussian blur 효과 창에서 Mask path를 찾아준 뒤 플레이 버튼을 클릭해줍니다. (그림 Ⅱ - 24-9참고) 로딩창을 기다리면 자동으로 키프레임이 찍히게 되며 자동으로 마스크가 얼굴을 따라다니게 됩니다.

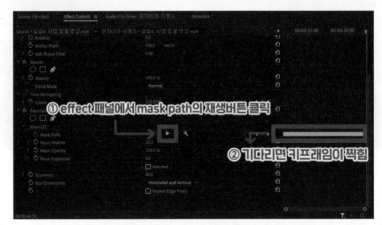

▲ 그림 Ⅱ - 24-9. 마스크가 얼굴을 따라가게 하기

key frame 설정하기

[Effect Control] 패널에서 위치, 크기, 회전 변경하는 방법을 응용하여 key frame이라는 기능을 통해 애니메이션을 만들어볼 겁니다. key frame이란 이펙트의 위치를 찍는 기준점이 되는 속성값의 변화 값입니다.

▲ 그림 II – 25 key frame 옵션

❶ 애니메이션을 on/off 하는 아이콘으로 **하얀색이면 애니메이션이 비활성화**되어 있는 것이고 **파란색이면 애니메이션이 활성화**되어 있는 것입니다. 활성화에서 비활성화로 변환하게 되면 key frame이 모두 삭제됩니다.

❷ 이전 key frame으로 이동됩니다.

❸ 현재 위치에 key frame이 생성됩니다.

❹ 되돌리는 버튼으로 이 버튼을 누르게 되면 원본 상태로 되돌아가게 됩니다.

❺ key frame은 이펙트를 적용하거나 끝나는 기준점이 되는 것으로 ❸을 누르거나 위치, 크기, 회전 등의 값을 변경하게 되면 자동으로 찍히게 됩니다.

> **Quick Tip**
>
> ①~⑤ 모두 중요하니 애니메이션 들어가기 전에 잘 알아두시면 좋습니다!

key frame을 활용하여 모션 작업해보기

위에서 배운 key frame을 활용하여 영상에 애니메이션을 넣어보도록 하겠습니다.

원하는 클립이나 영상을 선택하면 [Effect control] 패널이 활성화됩니다. 일단 우리는 영상이 오른쪽으로 사라지는 애니메이션을 한번 만들어보겠습니다.

▲ 그림 II – 26 key frame 생성하기

화면이 중앙에서 오른쪽으로 사라지게 하기 위해선 하얀색 스탑워치를 클릭해 애니메이션을 활성화해줍니다. 애니메이션을 활성화하면 자동으로 현재 위치에 다이아몬드 모양의 key frame이 찍히게 됩니다. 이렇게 애니메이션 시작 위치를 찍었으면 이제 3초 뒤로 이동해서 오른쪽으로 나가는 key frame을 찍어볼 겁니다.

▲ 그림 II – 27 오른쪽으로 이동하는 애니메이션 만들기

첫 key frame에서 3초 정도 뒤로 위치시킨 다음 position의 x값을 (2889,540)으로 바꿔줍니다. 그러면 key frame이 총 2개 즉 (960,540) 한 개 (2889,540) 한 개가 찍히게 됩니다. 이는 position (960,540)에서 (2889,540)으로 이동하는 애니메이션이 생성되는 겁니다.

영상에서 캐릭터 움직이기

실습5에서는 key frame을 이용하여 영상에서 캐릭터가 움직이도록 해보겠습니다. 실습5 강아지 이미지를 다운 받아 프리미어 프로에 올려준 다음 이미지가 왼쪽에서 오른쪽으로 이동하기 위해 이미지를 왼쪽 하단에 위치시켜 줍니다. 이미지를 왼쪽 하단에 위치시켜주기 위해 이미지를 클릭한 후 effect control 패널에 가서 position의 값을 (960,540)에서 (280,690)으로 이동시켜줍니다. (숫자를 클릭해서 수를 변경)

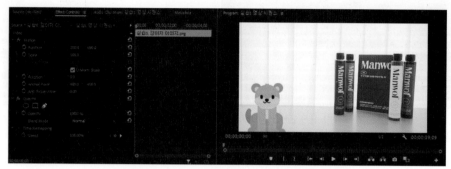

▲ 그림 II – 27–1 이미지 왼쪽 하단에 위치시키기

이미지가 왼쪽 하단에 이동되었다면 key frame을 찍어주기 위해 애니메이션을 켜주도록 하겠습니다.

왼쪽에서 오른쪽으로 이동하는 것은 position 즉 위치 값을 변경하는 것이기 때문에 position 왼쪽의 스톱워치를 눌러서 position의 애니메이션을 활성화 시켜줍니다.

스톱워치를 활성화 시켜주면 자동으로 현재 위치 key frame이 찍히게 되며 현재 0초에 position 좌표 (280, 690) 위치가 저장됩니다.

▲ 그림 II – 27–2 강아지 이미지 애니메이션 활성화

그 다음 타임바를 3초 뒤로 이동시키고 캐릭터를 화면의 오른쪽에 위치시키도록 변경하겠습니다. position의 값을 (280,690)에서 (1460,690)으로 변경해줍니다 (이전과 동일하게 숫자를 클릭해서 수를 변경시켜줍니다). 그렇게 되면 (1460,690) 좌표 key frame이 현재 시간에 찍히게 되고 우리는 첫 키프레임인 (280,690)에서 두 번째 키프레임인 (1460,690)으로 이동하는 애니메이션을 만들어준 겁니다.

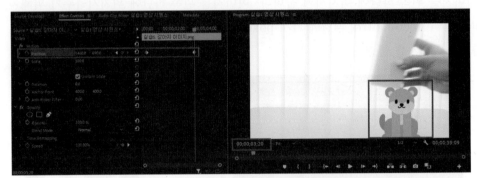

▲ 그림 Ⅱ – 27–3 강아지 이미지 애니메이션 두 번째

프리미어 프로를 이용한 색 보정해보기

영상에서 색은 시각적 효과를 주며 전달하고자 하는 메시지를 부각하는 중요한 요소입니다. 프리미어 프로는 영상의 색을 보정할 수 있는 효과를 제공하는데 이 효과를 '루메트리 컬러'(Lumetri Color)라고 합니다. 이번 장에서는 루메트리 컬러의 기능을 알아보고 영상의 색을 보정하는 방법에 대해 알아볼 겁니다!

조정 레이어 사용하기

조정 레이어(Adjustment Layer)를 사용하면 영상 원본의 색감과 톤을 훼손하지 않고 색을 조정할 수 있어 유연한 보정이 가능하며 만약 보정 결과가 마음에 들지 않을 경우, 조정 레이어를 삭제하고 다시 조정 레이어를 생성해 영상의 색 보정을 할 수 있습니다. 그리고 조정 레이어를 중첩해서 사용하여 단계별로 색 보정을 한다면 더욱 유연한 색 보정을 진행할 수 있습니다. 루메트리 컬러를 이용해 색 보정을 하기 전 조정 레이어를 생성하고 적용하는 방법을 알아보도록 하겠습니다.

▲ 그림 Ⅱ - 28 Color 작업 영역

먼저 색 보정에 적합한 작업 영역인 Color 작업 영역으로 이동 후 왼쪽 아래에 있는 [Project] 패널에서 마우스 오른쪽을 클릭 – 새로 만들기(New) – 조정 레이어(Adjustment Layer)를 클릭하면 [그림 Ⅱ - 29]와 같은 창을 볼 수 있습니다.

▲ 그림 Ⅱ－29 Adjustment Layer 생성 창

① Width, Height : 영상의 가로, 세로의 길이를 의미합니다. 특별한 상황이 아니라면 수정하지 않습니다.

② Timebase : 1초당 몇 프레임으로 출력할지를 설정합니다. 보통 Sequence에 맞추어져 제시되는데 특별한 경우가 아니라면 수정하지 않습니다.

③ Pixel Aspect Ratio : 영상의 프레임을 이루고 있는 픽셀의 비율을 뜻합니다. Square Pixels(1.0)의 의미는 픽셀의 모양이 정사각형처럼 가로와 세로가 1대1인데 특별한 경우가 아니라면 수정하지 않습니다.

[그림 Ⅱ－29]의 창에서 확인(OK)를 클릭하면 [그림 Ⅱ－30]와 같이 조정 레이어가 생성됩니다.

▲ 그림 Ⅱ－30 Project 패널에 조정 레이어 생성

조정 레이어를 드래그하여 Timeline에 올리면 [그림 Ⅱ－31]과 같이 조정 레이어가 적용됩니다.

▲ 그림 II-31 Timeline에 조정 레이어 적용

이제 조정 레이어 속에 다양한 효과를 삽입하여 영상 작업을 할 수 있게 되었습니다.

루메트리 컬러로 색 보정하기

루메트리 컬러(Lumetri Color)는 프리미어 프로에서 제공하는 색 보정 기능이며 직관적인 인터페이스를 제공하여 처음 영상의 색을 보정해보는 사람도 손쉽게 사용할 수 있습니다. 프리미어 프로를 실행한 후 작업 영역에서 Color 탭을 클릭하게 되면 다음과 같은 화면이 출력됩니다. 루메트리 컬러는 선택되어 있는 비디오 클립을 기준으로 적용이 되기 때문에 색 보정을 진행할 시 조정 레이어를 선택한 상태에서 진행 합니다. 프리미어 프로를 실행 후 작업 영역에서 Color 탭을 클릭하면 [그림 II-32]와 같은 화면이 출력됩니다.

▲ 그림 II-32 루메트리 컬러 화면

Color 탭을 클릭하면 새로운 패널들을 볼 수 있는데 어떤 기능을 하는지 알아보겠습니다.

① Lumetri Scope : 영상의 색과 밝기를 그래프로 표현하여 영상의 색 보정을 도와주는 패널입

니다. 프리미어 프로는 Waveform, Vector Scope, Parade, Histogram을 제공하며 마우스 오른쪽을 클릭하여 원하는 패널들을 불러 작업을 할 수 있습니다. Lumetri Scope에서 제공하는 그래프들은 다음과 같습니다.

([그림 Ⅱ - 33]은 Lumetri Scopes 패널에서 오른쪽 클릭 후 모든 옵션을 활성화한 화면입니다)

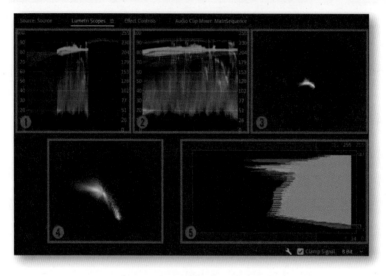

▲ 그림 Ⅱ- 33 루메트리 스코프

(왼쪽부터 1, 2, 3, 4, 5)

❶ Parade : RGB 퍼레이드 범위(RGB parade scope)라고 불리며 비디오 신호의 밝기 레벨을 아래에서 위로 보여줍니다. RGB 퍼레이드 스코프를 사용하면 각 색상 채널을 빨강, 초록, 파랑으로 분리하여 볼 수 있습니다.

❷ Waveform : 영상의 색과 밝기를 그래프로 보여주는 것이며 컴퓨터의 입장으로 보고 있는 영상이라고 이해하면 쉽습니다. 앞서 본 Parade와 유사한 점을 많이 볼 수 있으며 이 그래프를 보며 색 보정을 진행한다면 영상의 화이트밸런스, 밝기 등을 올바르게 조정할 수 있습니다.

❸❹ Vector Scope(HLS, YUV) : 영상의 색 정보를 볼 수 있는 원 모양의 그래프이며 루메트리 스코프는 두 가지 모드를 제공하는데 HLS는 색조, 밝기 및 채도 정보를 볼 수 있으며 YUV 모드는 영상의 색상 및 채도 레벨이 맞는지 확인할 수 있는 그래프입니다.

❺ Histogram : 히스토그램은 보정 하려는 영상의 어두운 영역, 중간 영역과 밝은 영역의 픽셀에 대한 분포도를 볼 수 있어 촬영된 영상 상태를 개략적으로 알 수 있습니다. 루메트리 스코프에서 제공하는 히스토그램은 영상의 밝은 영역, 중간 영역 그리고 어두운 영역을 비롯한 색조값과 영상의 노출값을 볼 수 있습니다.

② Lumetri Color: Color 탭 우측 위쪽 패널에 있으며 영상의 색 보정을 할 수 있는 패널입니다.

▲ 그림 II - 34 루메트리 컬러 Basic

Basic Correction

● Input LUT : LUT(Look Up Table)를 적용할 수 있으며 이때 LUT는 영상의 필터라고 생각하면 이해하기 쉽습니다.

● HDR White : HDR 모드로 작업할 경우 활성화되며 노출이 강해져(밝기가 과할 경우) 하얀색이 된 부분을 조절해주는 옵션입니다. 해당 옵션을 사용하기 위해선 HDR 모드로 색보정 작업을 진행해야 하며 해당 패널의 메뉴버튼을 눌러 High Dynamic Range 박스를 체크하여 활성화 할 수 있습니다. 단 HDR을 활성화 할 경우 Creative 탭과 Look 항목의 사용이 제한됩니다.

● WB Selector : 화이트밸런스를 자동으로 맞춰주는 도구이며 스포이드를 누른 후 영상에서 원하는 부분을 클릭하면 그에 맞춰 아래 Temperature 값이 변경됩니다.

● Temperature : 영상의 색 온도를 조절할 수 있으며 화이트밸런스를 맞출 때 많이 사용됩니다. 만약 프로그램 내에서 자동으로 화이트밸런스를 맞춰주는 것을 원하면 위의 WB Selector을 사용하면 됩니다.

Quick Tip

영상을 색 보정할 때 밝기의 순서는 어두운 순서부터 Blacks → Shadows → Exposure(Midtones) → Highlights → White입니다.

● Tint : 영상의 색조를 조절할 수 있습니다.

● Exposure : 영상의 노출을 조절할 수 있으며 전체적인 밝기를 조절할 수 있다고 이해하면 좋습니다.

● Contrast : 영상의 밝은 부분과 어두운 부분의 대비를 조절할 수 있습니다.

● Highlights : 영상의 밝은 부분의 밝기를 조절할 수 있습니다.

● Shadows : 영상의 어두운 부분의 밝기를 조절할 수 있습니다.

● Whites : 영상의 하얀 영역에 대한 밝기를 조절할 수 있습니다.

● Blacks : 영상의 검은 영역에 대한 밝기를 조절할 수 있습니다.

● HDR Specular : HDR 모드로 작업할 때 밝은 영역의 화이트밸
런스를 조절할 수 있습니다.

● Saturation : 영상의 채도를 조절할 수 있습니다.

Quick Tip

'화이트밸런스를 보정한다'는 본래 영상
에서 흰색 물체로 보일 물체가 조명에 의
해 받은 영향을 보정하여 흰색으로 보이
게 하는 기능입니다.

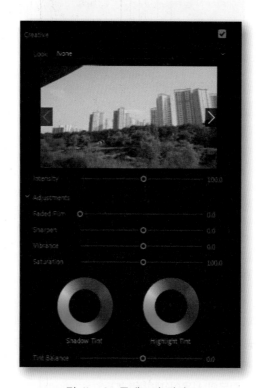

▲ 그림 II – 35 루메트리 컬러 Creative

Creative

● Look : 영상에 원하는 필터를 넣을 수 있습니다. Basic에 위치한 Input LUT와 동일한 기능이며 LUT 미리
보기 화면을 한번 클릭하여 LUT를 적용할 수 있습니다.

● Intensity : 적용한 Look의 강도를 설정할 수 있습니다.

● Faded Film : 어두운 부분의 밝기를 강제로 올려 역광에서 촬
영한 듯한 느낌을 재현합니다.

● Sharpen : 영상의 선명도를 설정할 수 있으며 값을 올린다면
선명하게, 값을 낮추면 부드러운 효과를 줍니다.

Quick Tip

만약 색 보정에 자신이 없다면 우선 프리
미어 프로에서 제공하는 Look 프리셋을
사용한 후 색보정을 진행하면 색 보정을
쉽게 할 수 있습니다.

● Vibrance, Saturation : Vibrance와 Saturation은 영상의 전체적인 채도를 조절할 수 있지만 다른 점이 있는데 Vibrance를 조절할 경우 기본적인 색 계조를 유지하면서 채도를 조절하지만, Saturation의 경우 색 계조를 무시한 상태에서 채도를 조절합니다.

● Shadow Tint : 영상의 어두운 부분에 대한 색조(Tint)를 조절할 수 있습니다.

● Highlight Tint : 영상의 밝은 부분에 대한 색조(Tint)를 조절할 수 있습니다.

● Tint Balance : Creative 탭에서 적용한 Shadow Tint와 Highlight Tint의 강도를 조절할 수 있습니다.

Quick Tip

Saturation, Vibrance를 함께 조합하여 사용하면 생동감 있는 색 보정을 할 수 있습니다.

Curves

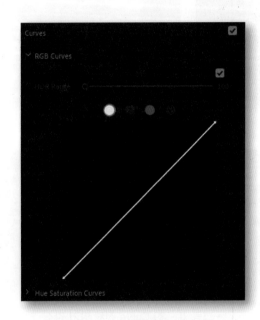

▲ 그림 II – 36 루메트리 컬러 Curve

1. RGB Curves

RGB Curves는 사진, 영상 보정에서 자주 사용되는 기능입니다. 커브 그래프의 가로축은 입력 픽셀들의 밝기, 세로축은 출력 픽셀들의 밝기를 뜻하며 만약 조정한 커브의 결과가 마음에 들지 않으면 커브 위의 점을 더블클릭하여 커브를 초기화를 할 수 있습니다. 하얀 버튼으로 영상의 밝기를 변경할 수 있습니다. 아래 그림들을 보며 커브에 대해 이해할 수 있도록 해봅시다.

▲ 그림 II-37 Curve 기본

▲ 그림 II-38 Curve 전체 밝기 증가

▲ 그림 II-39 Curve 전체 밝기 감소

▲ 그림 II-40 S Curve

[그림 Ⅱ- 37]은 커브를 적용하지 않은 원본 영상입니다. [그림 Ⅱ- 37]에서 커브의 중앙을 클릭한 후 위쪽으로 올린다면 [그림 Ⅱ- 38]과 같이 그래프가 위쪽으로 올라가 있는 모습을 볼 수 있는데 이는 '원본 영상의 밝기를 전체적으로 밝게 조절하겠다.'라는 의미입니다. 반면 [그림 Ⅱ - 39]의 경우 그래프가 아래쪽으로 내려가 있는 모습을 볼 수 있는데 이는 '원본 영상의 밝기를 전체적으로 어둡게 조절하겠다.'라는 의미입니다. 그렇다면 [그림 Ⅱ- 39]의 그래프는 어떤 의미일까요? [그림 Ⅱ- 39]의 그래프는 [그

Quick Tip

Curves에서는 빨강, 초록, 파랑색 버튼을 클릭하여 커브를 조작하면 버튼의 색조에 맞는 색을 조절할 수 있는데 빨강은 Red (왼쪽 영역), Cyan(오른쪽 영역), 초록은 Green(왼쪽 영역), Magenta(오른쪽 영역), 파랑은 Blue(왼쪽 영역), Yellow(오른쪽 영역)으로 색을 조절할 수 있습니다. 커브를 여러 가지 방법으로 조작하여 유연한 영상 색 보정을 할 수 있도록 합니다.

림 Ⅱ- 37]과 [그림 Ⅱ- 38]를 합쳤는데 '원본 영상에서 어두운 부분은 어둡게, 밝은 부분은 밝게 조절하겠다.'라는 의미이며 [그림 Ⅱ- 39]의 커브 모양을 'S 커브'라고 합니다.

2. Hue vs Sat, Hue, Luma

Hue vs Sat, Hue, Luma 기능은 특정 색의 색조, 채도, 광도를 조절할 수 있습니다. 만약 이 기능을 이용하며 조절하려는 색을 정확하게 찾고 싶다면 그래프 오른쪽 위에 있는 스포이트를 클릭하여 원하는 색에 클릭하면 자동으로 색 범위가 지정되고 특정 색을 조절할 수 있습니다. 또한, shift를 누르면서 그래프를 움직이면 왼쪽, 오른쪽으로 움직이지 않는데 이는 작업 중 혼선을 주는 것을 방지합니다. 아래 예시를 통해 해당 기능을 알아봅니다.

▲ 그림 Ⅱ- 41 루메트리 컬러 Hue vs Sat 채도 증가 화면

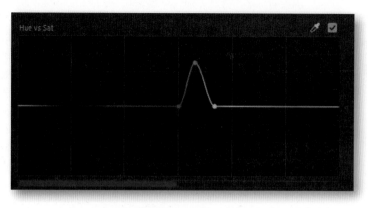

▲ 그림 Ⅱ- 42. 루메트리 컬러 Hue vs Sat 채도 증가 그래프

[그림 Ⅱ- 41, 42]은 주황색 사탕의 색을 강조하기 위해 주황색을 조절한 그래프입니다. 이때 주황색 사탕의 색과 주변의 색도 함께 강조된 것을 볼 수 있는데 이는 사탕의 색을 강조하면서 비슷한 색이 함께 강조되었기 때문입니다. 그래프의 폭이 좁으면 좁을수록 최대한 선택한 색만을 강조하게 되지만 부자연스러운 영상이 되며 그래프의 폭이 필요 이상으로 넓다면 원하지 않는 색까지 강조될 수 있습니다. 따라서 Hue vs Sat 사용 시 각 점의 폭과 그래프와 모니터를 보며 강조하고자 하는 색이 자연스럽게 강조되는지 확인해야 합니다. 다음 이미지는 주황 계열의 색을 강조하지 않기 위해 설정한 그래프입니다.

▲ 그림 Ⅱ- 43 루메트리 컬러 Hue vs Sat 채도 감소 화면

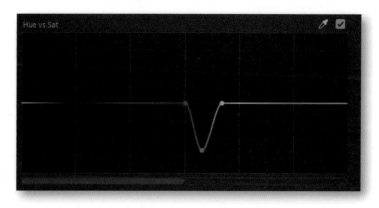

▲ 그림 Ⅱ- 44 루메트리 컬러 Hue vs Sat 채도 감소 그래프

3. Hue vs Hue

영상 내 특정 색을 선택하여 색조를 조절할 수 있습니다. 만약 색조를 조절하고 싶은 색을 정확하게 찾아 조절하고 싶다면 그래프 오른쪽 위에 있는 스포이트를 클릭하여 조절하고 싶은 색을 클릭하면 자동으로 지정이 됩니다. 이후 조작 방법은 Hue vs Sat 조절과 같습니다.

▲ 그림 Ⅱ- 45 루메트리 컬러 Hue vs Hue 조절 화면

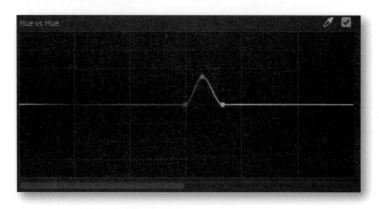

▲ 그림 Ⅱ - 46 루메트리 컬러 Hue vs Hue 조절 그래프

[그림 Ⅱ - 45]는 주황색 사탕의 색조를 조정한 그래프입니다. Hue vs Sat에서 이야기한 것과
같이 그래프의 모양과 실제 출력되는 영상을 번갈아 보며 원하는 색감이 나올 수 있도록 합니다.

4. Hue vs Luma

영상 내 특정 색의 밝기를 조절할 수 있습니다. 만약 밝기를 조절하고 싶은 색을 정확하게 찾
아 조절하고 싶다면 그래프 오른쪽 위에 있는 스포이트를 클릭하여 조절하고 싶은 색을 클릭
하면 자동으로 지정이 됩니다. 이후 조작 방법은 Hue vs Sat과 같습니다.

▲ 그림 Ⅱ - 47 루메트리 컬러 Hue vs Luma 조절 화면

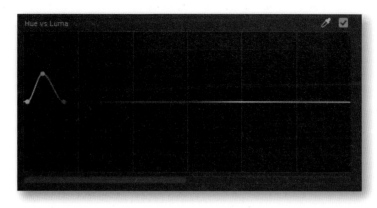

▲ 그림 Ⅱ- 48 루메트리 컬러 Hue vs Luma 밝기 조절 그래프

하늘색 사탕의 밝기를 조정한 그래프입니다. Hue vs Luma 그래프를 사용할 때 색의 밝기를 일정이상 조절하면 영상에 위화감이 생겨 과도한 조정을 지양하도록 합니다.

5. Luma vs sat

Luma vs sat는 특정 밝기의 채도를 조절하는 기능을 제공하는데 아래 예시를 통해 한번 알아보겠습니다.

▲ 그림 Ⅱ- 49 루메트리 컬러 Luma vs Sat 조절 화면

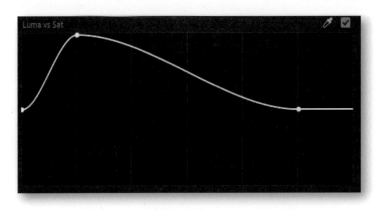

▲ 그림 II – 50 루메트리 컬러 Luma vs Sat 조절 그래프

예시 화면을 보면 영상의 어두운 부분은 채도가 올라갔습니다. Luma vs Sat 왼쪽부터 오른쪽까지는 밝기에 대한 수치이며 아래에서 위로 올라갈수록 채도는 올라가는데 왼쪽에 가까이 있는 곳을 클릭하여 조절할 경우 어두운 부분에 대한 채도를 조절하며 오른쪽에 가까이 있는 곳을 클릭하여 조절할 경우 밝은 부분에 대한 채도를 조절하는 것입니다. 이를 기억하며 Luma vs Sat 그래프를 이용해 유연한 색 보정을 할 수 있습니다.

6. Sat vs Sat

Sat vs Sat는 Hue vs Sat의 직접 색을 골라 해당 색의 채도를 조절하는 반면, Sat vs Sat는 채도의 정도를 기준으로 하여 해당 범위의 채도를 조절하는 기능을 제공합니다. 아래 예시를 통해 한번 알아보겠습니다.

▲ 그림 II – 51 루메트리 컬러 Sat vs Sat 조절 화면

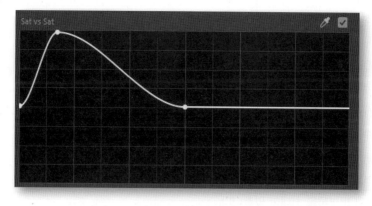

▲ 그림 II – 52 루메트리 컬러 Sat vs Sat 조절 그래프

위의 예시 이미지를 보면 채도가 낮은 부분이 채도가 높아진 것을 볼 수 있습니다. Sat vs Sat 그래프는 왼쪽에서 오른쪽으로 갈수록 원본 영상의 채도의 강도를 의미하며 아래에서 위로 올라갈수록 보정될 결과에 대한 채도를 의미합니다. 즉, 위 이미지의 경우 상대적으로 범위에 대한 채도를 높여 전체적으로 채도가 높은 영상이 되었습니다.

Color Wheels & Match

Color Wheels & Match에는 2가지 기능을 제공하고 있습니다. 1번째는 추가 색 보정 기능이며 2번째는 2개의 다른 영상의 색감을 일정 수준으로 맞춰주는 기능을 제공하고 있습니다. 단, Color Match 기능은 완벽하지 않으므로 Color Match 기능만 사용하기보다 기능사용 후 Lumetri Scope를 보며 최대한 색감을 맞추도록 합니다.

▲ 그림 II – 53 컬러 매치

● Color Match: 서로 다른 영상의 색감을 자동으로 맞춰주는 기능을 제공합니다.

● HDR White: HDR 기능을 활성화했을 시 활성화되며 Basic 탭에서 제공하는 HDR White 기능과 동일한 기능을 제공합니다.

● Comparison View: 기준이 되는 영상과 색감을 맞춰야 하는 영상을 함께 볼 수 있습니다.

● Face Detection: Color Match 기능을 사용할 때 영상 속 인물이 있다면 그 인물의 얼굴을 인식하여 색감을 일치시키고자 하는 영상에 인물의 피부톤을 최대한 맞춥니다.

● Apply Match: 출력 화면 왼쪽에 있는 reference의 색과 오른쪽에 위치한 current의 색을 최대한 비슷하게 맞춰줍니다.

● Color Wheels: 영상의 색을 추가로 조절할 수 있는 기능입니다. 원형 모양의 옆 bar 형식의 조절창으로 밝기를 조절할 수 있으며 원형모양 밝기를 지정할 색을 정할 수 있습니다.

● Shadows: 영상의 어두운 부분의 톤을 조절할 수 있습니다.

● Midtones: 영상의 중간밝기 부분의 톤을 조절할 수 있습니다.

● Highlights: 영상의 밝은 부분의 톤을 조절할 수 있습니다.

HSL Secondary

HSL Secondary는 특정한 색 범위를 선택하고 그 색에 대해 정밀한 조절을 할 수 있는 기능을 제공하고 있는데 예를 들면 인물의 피부색만을 따로 선택하여 인물의 피부톤을 보정을 하거나, 또는 특정 사물의 색만을 강조할 수 있습니다. 위의 Hue vs Sat, Hue, Luma는 색 범위 선택을 직접 선택하기 어렵지만 HSL Secondary는 선택한 색 범위를 직접 볼 수 있어 정밀한 색 보정을 할 수 있습니다.

▲ 그림 II - 54 HSL Secondary

● Set Color: 선택하려는 색을 지정할 수 있습니다. 스포이트 도구를 이용하여 원하는 색을 클릭하면 HSL 바에 변화가 생기는데 해당 바를 조정하며 색의 범위을 지정할 수 있습니다.

● Denoise: 지정된 색 영역에 대한 노이즈를 줄여주며 영역을 부드럽게 만들어줍니다.

● Blur: 지정된 색 영역에 대해 블러를 부여하여 영역을 부드럽게 만들어줍니다.

● Correction: 지정한 색 영역에 대한 색을 조절할 수 있으며 Color Wheels와 기능은 같습니다.

▲ 그림 Ⅱ − 55 HSL Correction

● Temperature: 지정한 색 영역에 대한 온도를 조절할 수 있습니다.

● Tint: 지정한 색 영역에 대한 색조를 조절할 수 있습니다.

● Contrast: 지정한 색 영역에 대한 대비를 조절할 수 있습니다.

● Sharpen: 지정한 색 영역에 대한 선명도를 조절할 수 있습니다.

● Saturation: 지정한 색 영역에 대한 채도를 조절할 수 있습니다.

예제를 통해 HSL Secondary를 다루는 방법을 알아보도록 하겠습니다. 우선 예제 영상을 불러온 후 루메트리 컬러로 진입합니다. 그 후 HSL Secondary를 클릭하여 [그림 Ⅱ − 56] 패널이 보이도록 합니다. 예제에서는 인물이 착용하고 있는 의상 색을 변경하기 하기 위해 Set Color에 위치한 스포이트를 클릭하여 인물이 입고 있는 분홍색 의상에 클릭합니다. 선택된 영역을 확인하기 위해선 하단에 있는 Color/Gray 항목 옆 체크박스를 활성화 하면[그림 Ⅱ − 57]처럼 볼 수 있습니다. 그 후 Set Color에 위치한 스포이트의 더하기, 빼기 모양을 이용하여 필요없는 부분, 필요한 부분을 더하거나 빼며 H, S, L에 위치한 세모 모양의 도형을 이용하여 선택 범위를 결정해줍니다. 이후 Refine 메뉴에 있는 Denoise, Blur 기능을 이용해 선택한 색의 경계면이 자연스러워질 수 있도록 조절합니다.

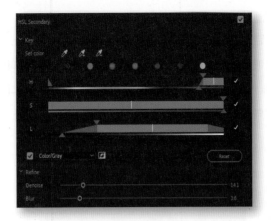

▲ 그림 II- 56 색 지정 화면

▲ 그림 II- 57 Color/Gray 체크박스 활성화 화면

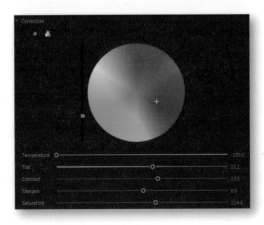

▲ 그림 II- 58 HSL Correction 조절 화면

이후 [그림 Ⅱ- 58]의 메뉴를 조절하며 원하는 색이 나오게끔 합니다. 예제는 분홍색 상의가 보라색 상의로 변하게 조절합니다. 모든 작업을 마치면 [그림 Ⅱ- 56]에 있는 Color/Gray 체크박스 항목을 해제한 후 결과를 확인합니다.

Quick Tip

위 예제에서 배운 내용을 활용하여 인물의 피부톤을 조절할 수 있습니다.

▲ 그림 Ⅱ- 59 HSL Secondary 적용 결과 화면

Vignette

영상에 비네팅 효과를 주는 옵션입니다. 비네팅은 촬영 시 주변부의 광량 저하로 인해 영상의 바깥쪽이 어두워지거나 검게 가려지는 현상입니다.

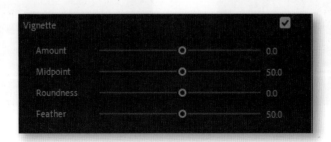

▲ 그림 Ⅱ- 60. 비네팅 효과

● Amount: 비네팅의 밝기를 조절합니다. 왼쪽으로 갈수록 검은색, 오른쪽으로 갈수록 흰색의 비네팅을 볼 수 있습니다.

● Midpoint: 비네팅이 생기는 구역을 조절합니다. 왼쪽으로 갈수록 비네팅 구역이 넓어지며 오른쪽으로 갈수록 비네팅 구역이 좁아집니다.

● Roundness: 비네팅 효과의 모양을 조절합니다. 왼쪽으로 갈수록 사각형으로 변화하며 오른쪽으로 갈수록 원형으로 변화합니다.

● Feather: 비네팅의 가장자리가 퍼지는 정도를 조절합니다. 왼쪽으로 갈수록 퍼지는 정도가 줄어들며 오른쪽으로 갈수록 부드럽게 퍼진다. 보통 왼쪽으로 이동하는 경우는 적습니다.

Quick Tip

비네팅이 생기는 경우는 촬영 당시 렌즈가 카메라에 맞지 않는 경우입니다. 의도적인 비네팅을 넣어 촬영하는 것도 좋지만 해당 옵션에서 후보정으로 비네팅을 넣어도 좋으므로 가능한 촬영 시 비네팅 현상이 일어나지 않게 촬영하는 것이 좋습니다.

Clear Comment

Lumetri Color 설정 저장 및 불러오기

지금까지 우리는 Lumetri Color에 대해 알아봤습니다. 이제 우리는 기존에 작업했던 설정값을 저장하고 다른 작업을 할 때 기존 설정값을 불러오는 방법을 알아보겠습니다.

▲ 그림 II- 61 루메트리 컬러 기본 인터페이스

▲ 그림 II- 62 루메트리 컬러 LUT 불러오기

Lumetri Color 탭([그림 II- 61] 참조)에서 Lumetri Color 옆에 있는 3개의 줄표시를 클릭하면 다양한 선택 창이 출력되는데 Export.look, 혹은 Export.cube를 선택한 후 원하는 이름으로 입력한 후 저장합니다. 저장한 LUT 파일, 혹은 다른 곳에서 다운로드한 LUT 파일을 불러오려면 Creative 탭 진입 후 Look을 클릭하면 [그림 II- 62]같이 선택창이 나오는데 Browse를 클릭하여 저장했던 LUT 파일을 불러옵니다.

이렇게 프리미어 프로에서 제공하는 기능인 'Lumetri Color'의 기능을 이용한 영상의 색 보정 방법을 알아봤습니다. 무엇보다 중요한 것은 현장에서 촬영 시 가능한 올바른 설정으로 촬영을 진행하고 색 보정을 진행해야 여러분이 원하는 방향대로 색 보정을 할 수 있습니다.

다양한 자막 만들어보기

✓학습 목표

1. 프리미어 프로에서 자막 만들어보기
2. 프리미어 프로 프로젝트 영상에 자막 넣어보기
3. 어도비 포토샵을 연동해서 자막 넣어보기

기본 텍스트 기능을 통한 자막 만들기

프리미어 프로에서는 기본적인 자막을 넣을 수 있는 기능이 탑재되어 있습니다. 또한, 타 어도비 프로그램, 예를 들면 포토샵 / 애프터 이펙트 / 일러스트레이터와의 호환성이 매우 잘 되어 있으므로 여러 가지 프로그램을 이용해 자막을 넣을 수 있습니다. 편집의 종류에 따라 자막을 넣는 양과 디자인이 다르지만 기본적으로 자막을 넣게 되면 시·청각적으로 활성화되면서 더 다양한 인지능력을 발휘할 수 있으며 영상을 더 풍부하게 이해할 수 있게 됩니다.

프리미어 프로에서는 일반적으로 도구 패널에 있는 타이포 도구(T) 또는 TEXT 패널의 기능을 활용하여 생성합니다. 우리는 도구 패널에 있는 타이포 도구를 이용하여 여러 가지 자막을 만들어보도록 하겠습니다.

Quick Tip

기존 자막 작업에 사용하던 레거시 타이틀 기능은 2023버전부터 사용이 불가능하게 되었습니다.

Title 기능 익히기

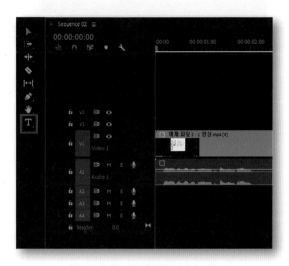

▲ 그림 Ⅲ-1 Title 자막 위치

도구 패널의 T를 누르거나 단축키 t를 눌러 타이포 도구로 변경한 다음 프로그램 패널에 클릭을 합니다.

▲ 그림 Ⅲ-2 자막 생성

프로그램 패널을 클릭하게 되면 화면에 빨간색 네모 박스가 생기면서 타이핑을 할 수 있게 됩니다. 빨간색 네모 박스에 타이핑을 하게 되면

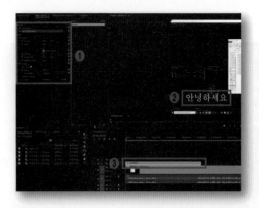

▲ 그림 III− 3 Title 자막 생성 후

①과 같이 [Effect Control] 패널이 활성화가 되며 ②번과 같이 [Program] 패널에 빨간색 박스 안에 타이핑이 가능해지고 ③번과 같이 [Timeline] 패널에 자막 레이어가 생성됩니다.

[Effect Control] 패널을 자세히 보면 [text(안녕하세요)]가 새롭게 생성되어 있는데 활성화를 위해 잠겨있는 화살표(〉)를 누르게 되면 여러 가지 변경 옵션들이 나오게 됩니다. 항상 주의해야 할 것이 폰트나 글자의 색을 바꾸고 싶으면 변경하고 싶은 자막을 선택하고 변경을 해야 합니다. (전체 선택 : ctrl + a)

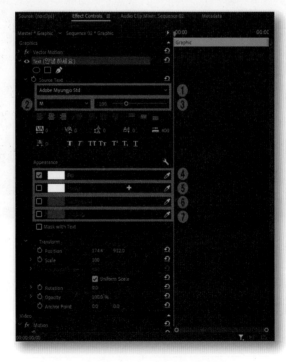

▲ 그림 III− 4 Title 자막 변경창

❶ 원하는 폰트를 설정하는 옵션입니다.

❷ 폰트의 굵기를 설정하는 옵션입니다. light - regular - bold - extra bold 등등 폰트마다 옵션이 다릅니다.

❸ 폰트의 크기를 설정하는 옵션입니다.

❹ 폰트의 색을 결정하는 옵션입니다.

❺ 폰트의 외부선을 결정하는 옵션입니다. +를 누르면 외부선을 추가할 수 있고 옆 숫자를 통해 외부선의 굵기를 조절할 수 있습니다.

❻ 자막 뒤에 들어가는 배경을 설정하는 옵션입니다.

❼ 자막에 들어가는 그림자를 설정하는 옵션입니다.

Title 기능으로 자막 응용해보기

▲ 그림 Ⅲ- 5 브이로그 자막 만들기 1-1

T를 눌러 타이포 도구를 선택한 후 [Program] 패널의 영상을 클릭합니다. [Program] 패널 중앙을 클릭하고 '안녕하세요'를 입력합니다.

▲ 그림 Ⅲ- 6 브이로그 자막 만들기 1-2

자막을 전체 선택한 다음 [Effect Control]에서 세부 조정을 합니다. 자막의 폰트는 상업적으로 무료로 사용 가능한 Nanum square(나눔 스퀘어)를 선택하였고 깔끔하게 보이기 위해 자막의 굵기를 light로 설정하였습니다.

이후 폰트의 background (배경) 항목에 체크 표시한 후 색을 검정색, opacity를 100%, size를 24로 설정합니다. Opacity는 배경의 불투명도를 size는 박스의 크기를 뜻합니다.

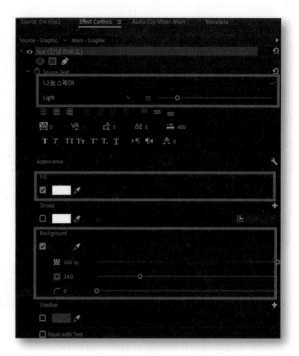

▲ 그림 Ⅲ- 7 브이로그 자막 만들기 1-3

그런 다음 V를 눌러 선택 도구로 바꾼 다음에 [Program] 패널의 자막을 선택하고 위치를 중앙으로 움직여주시면 됩니다.

▲ 그림 Ⅲ- 7-1 브이로그 자막 이동하기

Title 기능으로 자막 응용해보기 2

▲ 그림 Ⅲ– 8 브이로그 자막 만들기 2–1

T를 눌러 타이포 도구를 선택한 후 [Program] 패널의 영상을 클릭합니다. 그 다음 [Program] 패널 중앙을 클릭하고 '안녕하세요'를 입력합니다.

▲ 그림 Ⅲ– 9 브이로그 자막 만들기 1–2

자막을 전체 선택한 다음 [Effect Control]에서 세부 조정을 합니다. 자막의 폰트는 상업적으로 무료로 사용 가능한 레시피 코리아 폰트를 선택하였고 가독성을 높이기 위해 굵은 폰트를 선정 하였습니다.

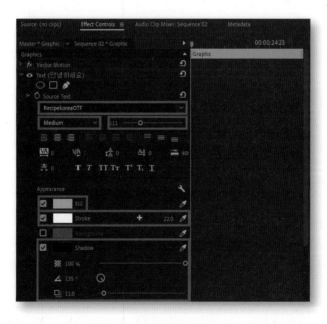

▲ 그림 Ⅲ– 10 브이로그 자막 만들기 2–3

Fill, Stroke 항목에 각각 체크 표시를 하고 원하는 색으로 바꿉니다. Stroke의 굵기는 22로 설정합니다.

Shadow 항목에 체크를 한 후 색과 Opacity, angle, size 항목을 각각 100%, 130도, 11으로 설정하면 간단한 자막이 완성됩니다.

프리미어 프로의 기능 중 하나인 Caption기능을 통해 자동 자막을 만들어보도록 하겠습니다.

우선 window창에서 Text 패널을 꺼내준 다음

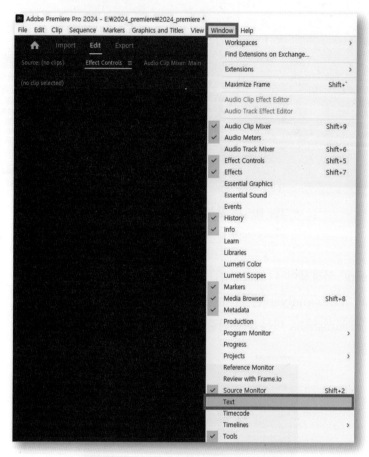

▲ 그림 Ⅲ - 11. 음성인식으로 자동자막 만들기_1

자막을 생성하려는 영상/음성 클립을 모두 선택한 다음 Text 패널에서 Transcript의 Create transcript를 클릭해줍니다.

▲ 그림 Ⅲ-12. 음성인식으로 자동자막 만들기_2

Create transcript 설정창이 나타나면 ① Language를 Korean으로, ② Audio analysis는 현재 있는 Audio 1로 설정해준 뒤, ③ Transcribe 버튼을 눌러줍니다.

Quick Tip

자동 자막을 실행하기 전에 영상 컷편집을 완료하는 것이 좋습니다.

▲ 그림 Ⅲ-13. 음성인식으로 자동자막 만들기_3

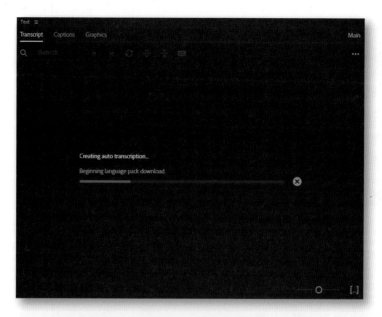

▲ 그림 Ⅲ- 14. 음성인식으로 자동자막 만들기_4

transcript가 완료되면 영상에 대한 대본이 나오게 되는데 발음의 문제, 인식의 문제 등등으로 부정확한 부분이 많기 때문에 보완하여 대사를 수정해주는 것이 좋습니다.

▲ 그림 Ⅲ- 15. 음성인식으로 자동자막 만들기_5

대본 수정이 완료 되었으면 Captions 창에서 Create captions from transcription를 클릭해 줍니다. 그 다음 Create captions를 누르게 되면

▲ 그림 Ⅲ-16. 음성인식으로 자동자막 만들기_6

자동 음성 자막이 완성이 됩니다.

▲ 그림 Ⅲ-17. 음성인식으로 자동자막 만들기_7

기본적으로 음성인식 후에 적용되는 자막은 기본적인 디자인으로 심미성과 가독성이 많이 부족합니다. 따라서 기본적으로 적용된 음성인식 자막 디자인을 수정해보도록 하겠습니다.

Window 창에서 Essential Graphics 패널을 꺼내준 뒤,

▲ 그림 Ⅲ- 18. 음성 인식 자막 디자인하기_1

① Text 패널에서 디자인을 수정하려는 자막을 클릭한 뒤, ② Essential Graphics 패널에서 Edit을 눌러주고 ③ 아래 하단에서 디자인을 수정할 수 있게 됩니다.

▲ 그림 Ⅲ- 19. 음성 인식 자막 디자인하기_2

저는 이전 문자도구에서 했던 것과 동일하게 ① 폰트를 나눔스퀘어 Light로 설정하고 크기는 48로 하였습니다. Appearance 항목에서 ② Fill을 하얀색으로 ③ Background를 검정색, 불투명도 100%, 사이즈는 22.3으로 설정해줍니다.

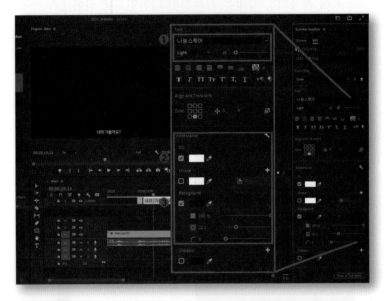

▲ 그림 Ⅲ- 20. 음성 인식 자막 디자인하기_3

레거시 타이틀을 이용한 자막 디자인하기

프리미어 프로의 기본 기능 중 하나인 레거시 타이틀은 예능 자막처럼 자막을 디자인 할 때 자주 사용하여 많이 사용되었던 텍스트 기능입니다.

하지만 오래된 코드베이스를 문제로 2022년 10월 Premiere Pro 버전 23.0에서부터 지원이 종료되어 사용할 수 없게 되었습니다. 따라서 자막을 쓰기 위해서는 Essential Graphic 패널에서 사용하는 mogrt 형식의 자막이나 문자 도구를 써야 하게 되었는데요, 만약 레거시 타이틀 기능을 사용하고 싶다면 어도비 고객센터에 문의하여 Premiere Pro 23.0 이전 버전을 내려 받아 사용하셔야 합니다.

레거시 타이틀 자막 기능 익히기

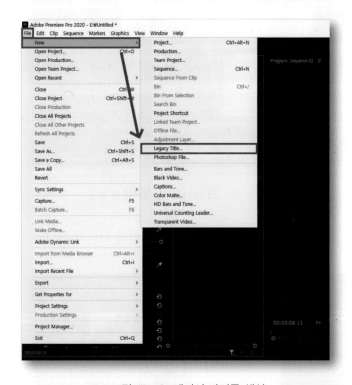

▲ 그림 Ⅲ- 21 레거시 타이틀 생성

레거시 타이틀을 생성하기 위해서는 File - New - Legacy Title을 클릭해 줍니다.

▲ 그림 III−22 레거시 타이틀 생성 박스

[New Title] 대화 상자에서의 Video Settings는 현재 Sequence에 맞게 설정이 되어 있기 때문에 Name만 설정을 해주고 OK를 클릭합니다.

▲ 그림 III−23 레거시 타이틀 옵션 박스

OK를 누르게 되면 레거시 타이틀 옵션 박스가 크게 화면에 보이게 됩니다.

▲ 그림 III−24 레거시 타이틀 자막 생성

레거시 타이틀 옵션 박스 왼쪽 위에 T를 클릭한 후에 화면을 클릭 후 자막을 입력해줍니다.

자막이 ㅁㅁㅁ로 나오게 된다면 폰트가 영어 폰트라 한글을 읽지 못하는 것이니 한글 폰트로 변경해주시면 오류가 해결됩니다.

▲ 그림 Ⅲ- 24-1. 레거시 타이틀 폰트 오류

▲ 그림 Ⅲ- 25 레거시 타이틀 자막 폰트 옵션 변경

❶ Font Family : 폰트를 변경하는 옵션입니다.

❷ Font Style : 폰트의 굵기를 조절하는 옵션입니다.

❸ Font Size : 폰트의 크기를 조절하는 옵션입니다.

❹ Aspect : 양 옆의 크기를 조절하는 옵션입니다.

❺ Leading : 자막의 행간을 조절하는 옵션입니다.

❻ Kerning : 자막의 자간을 설정하는 옵션입니다.

❼ Tracking : 자막의 자간을 설정하는 옵션입니다.

레거시 타이틀 Fill 설정

▲ 그림 Ⅲ- 26 레거시 타이틀 Fill 옵션

❶ 체크박스를 해제하게 되면 투명으로 바뀝니다.

❷ Fill Type : 색이 옵션을 결정하는 것으로 단색, 선형 그라디언트, 투명 등등을 결정할 수 있습니다.

▲ 그림 Ⅲ- 27 레거시 타이틀 Fill Type 옵션

Solid는 단색으로 색을 하나만 넣을 수 있는 옵션입니다. Gradient는 그라데이션을 적용하는 옵션으로 linear과 radial은 2가지 색을, 4 color는 4가지 색의 그라데이션을 적용할 수 있습니다. Bevel은 화면에 테두리가 생기는 옵션, Eliminate는 투명하게, Ghost는 그림자 있는 투명 옵션입니다.

▲ 그림 Ⅲ- 28 그라데이션 적용 차이

그라데이션 같은 경우 두 색의 거리가 가까워질수록 경계선이 명확해지며 이것을 이용하여 위와 같은 자막을 만들 수 있습니다.

❸ Color : 폰트의 색을 결정하는 옵션입니다.

❹ Sheen : 자막에 줄을 추가하는 옵션입니다.

▲ 그림 Ⅲ- 29 Sheen 적용 예시

Sheen 같은 경우 빛이 반짝이는 효과를 넣을 수 있습니다. Color를 노란색으로 하고 Size는 61, Angle을 43°정도로 설정을 하시면 위에 예시 그림처럼 금에 빛이 반짝이는 효과를 낼 수 있습니다.

❺ Texture : 그림을 불러와 자막에 패턴으로 이용하는 옵션입니다.

▲ 그림 Ⅲ- 30 Texture 적용 예시

텍스쳐는 내 컴퓨터에서 그림을 불러와서 자막에 패턴으로 적용할 수 있는 옵션입니다. 주로 Ⅲ - 30의 오른쪽 사진처럼 그라데이션 사진을 적용하여 색을 예쁘게 넣을 수도 있으며 Sand texture을 가져와서 모래의 질감을 표현하기도 합니다.

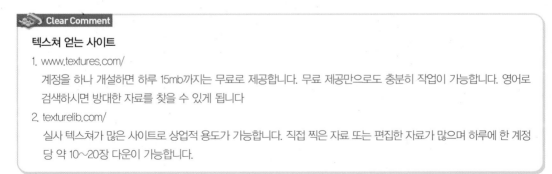

Clear Comment

텍스쳐 얻는 사이트

1. www.textures.com/

   계정을 하나 개설하면 하루 15mb까지는 무료로 제공합니다. 무료 제공만으로도 충분히 작업이 가능합니다. 영어로 검색하시면 방대한 자료를 찾을 수 있게 됩니다

2. texturelib.com/

   실사 텍스쳐가 많은 사이트로 상업적 용도가 가능합니다. 직접 찍은 자료 또는 편집한 자료가 많으며 하루에 한 계정 당 약 10~20장 다운이 가능합니다.

레거시 타이틀 outer stroke 설정

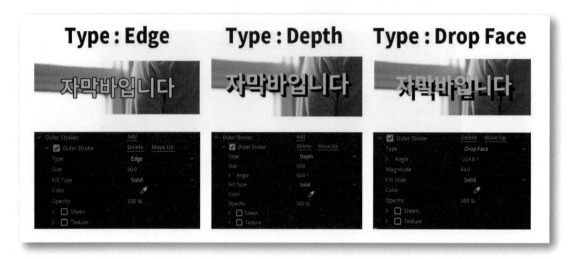

▲ 그림 Ⅲ–31 외부선 type 선택

레거시 타이틀에서는 다양한 외부선을 넣을 수 있습니다. Edge, Depth, Drop Face 이 3개의 조합으로 매우 다양한 자막을 생성할 수 있습니다.

● Edge : 자막의 외부선으로 생각하시면 편리합니다. 자막 외부에 선을 넣는 옵션으로 Size를 통해 외부선 굵기를, Fill type를 통해 외부선에 그라데이션을 넣을 수 있으며 Color를 통해 외부선의 색상을 바꿀 수 있습니다.

● Depth : 자막의 그림자라고 생각하시면 편리합니다. 자막에 그림자를 넣는 옵션으로 Size를 통해 그림자의 길이를, Angle를 통해 그림자의 방향을, Color를 통해 그림자의 색을 결정할 수 있습니다.

● Drop Face : 자막 밑에 같은 자막을 깐다고 생각하시면 편리합니다. 자막 밑에 같은 자막을 깔기 때문에 Angle과 Magnitude를 바꾸지 않으면 효과가 안 보이게 됩니다. Angle로 효과의 방향을, Magnitude로 효과의 양을 결정할 수 있습니다.

▲ 그림 Ⅲ – 32 외부선 Type 선택 예시

또한 Stroke 같은 경우 Add를 통해 하나의 자막에 여러 Outer stroke를 넣을 수 있는 데, Outer stroke type 순서에 따라 그림 Ⅲ – 32처럼 다른 디자인을 보여줄 수 있습니다.

▲ 그림 Ⅲ- 33 레거시 타이틀 선택 적용

또한 변경하고 싶은 단어 또는 자막을 드래그해서 선택 후
드래그 한 부분만 따로 변경할 수 있습니다 (그림 Ⅲ- 33
참고).

레거시 타이틀에서 도형 만들기

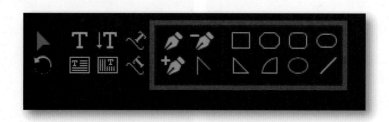

▲ 그림 Ⅲ- 34 레거시 타이틀에서 도형 만들기

왼쪽 위에 위치해 있는 Tools 패널을 이용하여 도형을 만들 수도 있습니다. 만들고 싶은 도형을
클릭하고 화면에 생성을 하면 됩니다. 만약에 직접 그리고 싶으면 팬 모양의 팬툴을 선택하시면
됩니다.

▲ 그림 Ⅲ- 35 레거시 타이틀에서의 네모 예시

레거시 타이틀의 도형에도 Fill, Outer stroke를 적용할 수 있습니다.

레거시 타이틀에서 만든 자막 영상에 적용하기

▲ 그림 Ⅲ- 36 레거시 타이틀 적용하기

자막을 다 만들고 레거시 타이틀 옵션 박스를 닫게 되면 [Project] 패널에서 **레거시 자막** 타이틀 소스를 확인할 수 있습니다.

▲ 그림 Ⅲ- 37 레거시 타이틀 적용하기 2

[Project] 패널에서 **레거시 자막** 소스를 클릭해 Timeline 비디오 2번 트랙(V2)에 배치합니다. 그렇게 되면 레거시 타이틀 자막이 비디오 화면에 보이게 됩니다.

레거시 타이틀 복사 시 주의해야 할 사항

레거시 타이틀은 일반 자막과는 다르므로 Ctrl+C, Ctrl+V 또는 C로 잘라서 사용을 하시면 오류가 생기게 됩니다.

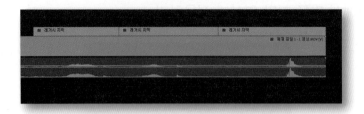

▲ 그림 Ⅲ-38 레거시 타이틀 복제 (Ctrl+C, V)

▲ 그림 Ⅲ-39 레거시 타이틀 복제 (alt+이동)

일반적으로 Ctrl+C, V를 통해 복제하거나 자르면 같은 이름으로 복제가 됩니다. 또한 **레거시 자막**을 더블클릭해서 자막을 변경하게 되면 같은 이름으로 된 레거시 타이틀 모두가 바뀌게 됩니다. 따라서 첫 번째 레거시 자막을 바꾸게 되면 뒤에 있는 두 번째 세 번째 레거시 자막 모두 동일하게 바뀌게 됩니다.

하지만 Alt+클릭 이동으로 자막 레이어를 복제하게 되면 (원본 이름) + Copy n으로 다른 이름으로 변경되어 복제됩니다. (그림 Ⅲ-39 참고). 또한, 이름이 다르므로 첫 번째 레거시 자막이 바뀌게 되어도 두 번째, 세 번째 레거시 자막은 바뀌지 않습니다.

따라서 레거시 타이틀을 복제하기 위해서는 Alt+클릭 이동으로 복제를 해야 합니다.

▲ 그림 III - 39-1 레거시 타이틀 실습 1 샘플

위 그림에 있는 레거시 타이틀을 만들어보도록 하겠습니다.

File-new-legacy title를 누른 후 자막의 이름은 '레거시 타이틀1'로 설정해주도록 하겠습니다.

▲ 그림 III - 39-2 레거시 타이틀 실습1

레거시 타이틀 설정 창이 뜨면 T를 누르고 화면을 클릭해서 '안녕하세요'를 입력해 준 다음 폰트를 변경해줍니다. 저자는 여기어때 잘난체로 설정을 해보도록 하겠습니다.

▲ 그림 Ⅲ- 39-3 문자 만들기

▲ 그림 Ⅲ- 39-4 폰트 바꾸기

폰트 변경 후 적절한 위치 이동 및 크기 변경으로 자막을 설정해준 다음

▲ 그림 Ⅲ- 39-5 자막 위치, 크기 변경

색을 넣어보도록 하겠습니다. [그림 Ⅲ－39-1 레거시 타이틀 실습 1 샘플]에서 자막의 색은 연하게 파란색으로 그라데이션이 들어갔습니다.

따라서 Fill type를 Solid에서 Linear Gradient로 변경해주고

▲ 그림 Ⅲ－39-6 그라데이션 설정1

왼쪽 색은 연한 하늘색 오른쪽 색은 하늘색으로 바꿔줍니다

▲ 그림 Ⅲ－39-7 그라데이션 설정2

색을 모두 설정했으니 그 다음 Strokes에서 외부선을 넣어보도록 하겠습니다. Strokes에서 Outer strokes를 Add 눌러서 하나 추가를 해줍니다. 레거시 타이틀 실습 1 샘플과 같이 어두운 파란색으로 설정해주고 size를 10에서 29로 늘려줍니다.

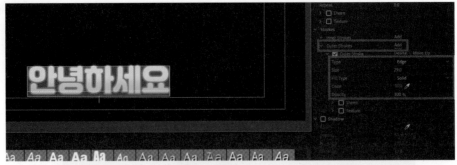

▲ 그림 Ⅲ– 39–8 stroke 설정

그 다음 레거시 타이틀 실습 1 샘플에 하얀색 외부선이 추가로 넣어있는 것을 볼 수 있습니다. Strokes에서 Outer strokes를 Add 눌러시 하나 추가 하고 하얀색으로 설정해주고 size를 10 에서 15로 늘려줍니다.

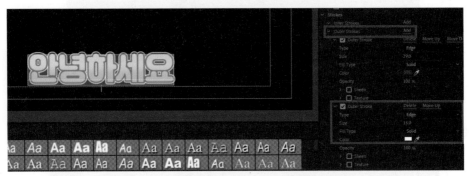

▲ 그림 Ⅲ– 39–9 stroke 추가

그러면 그림 Ⅲ– 39–1의 레거시 타이틀 실습 1 샘플과 동일한 디자인의 자막이 만들어지게 됩니다.

포토샵을 연동하여 자막 넣기

같은 어도비 프로그램이면서 전문적으로 이미지를 편집하는 프로그램, 포토샵으로 자막 넣는 방법을 알려드리겠습니다. 포토샵은 기본적으로 이미지를 편집하는 프로그램이기에 자막에 디자인적 구성을 더 풍부하게 넣을 수 있으므로 디자인적 요소를 중요시하고 싶거나 여러 가지 소스를 활용하여 자막을 제작하고 싶으면 포토샵을 추천해드립니다.

일단 포토샵에서 간단하게 자막 디자인을 불러와 보겠습니다.

▲ 그림 Ⅲ- 40 포토샵에서 자막 만들기

▲ 그림 Ⅲ- 41 포토샵에서 png 파일로 저장하기

파일 - 다른 이름으로 저장을 클릭 후 파일 형식을 png로 바꿔줍니다. psd와 png의 차이는 psd는 포토샵 고유의 파일로 저장하는 것이고 png는 배경이 투명화된 사진 파일로 저장하는 것입니다. psd로 저장하든 png로 저장하든 둘 다 프리미어 프로에 삽입할 수 있지만 psd는 파일을 저장하기 때문에 다른 자막을 저장하기 위해서는 다른 psd파일로 저장해서 삽입을 해야 합니다. 따라서 png로 저장을 하는 것이 더 편리합니다!

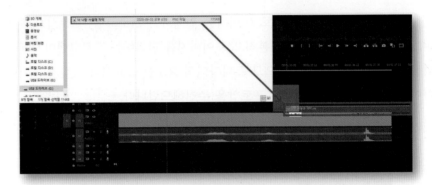

▲ 그림 Ⅲ- 42 png 파일 프리미어 프로로 가져오기

png 파일을 프리미어 프로 Timeline에 폴더에서 쭉 끌어오거나 미디어 브라우저에서 불러와 주면 이렇게 배경 투명화가 된 자막이 들어가게 됩니다.

포토샵으로 자막을 넣는 것은 자막을 예쁘게 넣을 수 있지만 수정이 힘들고 저장하는 데에 시간이 소요된다는 단점을 지니고 있습니다.

프리미어 프로로 영상 내보내기

✓학습 목표

프리미어 프로에서 만든 영상 내보내기

Export Settings 기본법 익히기

편집 작업이 모두 끝났으면 프로젝트 파일을 영상물로 내보내는 방법을 익혀보겠습니다. 프리미어 프로 2022(v22.3)부터는 내보내기 export 버튼을 클릭 시 아래와 같이 영상 출력을 크게 선택할 수 있는 창으로 변경되었습니다. 이에 2022(v22.3)이후 버전과 2022(v22.3)이전 버전에서 내보내는 방법을 설명해드리겠습니다.

2022(v22.3)이전 버전에서 내보내는 방법

▲ 그림 Ⅳ − 1 영상 내보내기

▲ 그림 Ⅳ - 2 Export settings

Export settings

▲ 그림 Ⅳ - 3 Export settings 세부사항

❶ Match Sequence Settings : 작업 중인 Sequence Settings을 그대로 적용하는 옵션입니다.

❷ Format : 확장자와 코덱의 포맷을 선택하는 옵션입니다. mp4, avi, gif 등등을 결정할 수 있습니다.

Quick Tip

H264로 설정하시면 유튜브 영상에 가장 적합한 확장자인 mp4로 랜더링 할 수 있습니다.

❸ Preset : 미리 만들어 놓은 세팅값으로 임의로 지정하게되면 custom으로 설정됩니다.

❹ Comments : 인코딩 중에 필요한 정보를 메모하는 옵션입니다.

❺ Output Name : 랜더링 되는 영상의 위치와 이름을 정할 수 있는 옵션입니다.

❻ Export video, Export audio : 랜더링 되는 영상의 비디오와 오디오의 출력 여부를 지정합니다. 체크 표시
　가 해제되면 출력이 되지 않습니다.

❼ Summary : 랜더링 되는 영상의 주요 설정값을 표시하는 공간입니다.

Export settings – Effect

▲ 그림 IV – 4 Export settings – Effects

❶ Lumetri Look / LUT : 프리미어 프로에 적용되는 색보정 프리셋을 적용하는 옵션입니다.

❷ SDR Conform : HDR 미디어를 SDR 미디어로 내보낼 때 사용하는 옵션입니다.

❸ Image Overlay : 이미지를 화면 위에 넣을 수 있는 옵션입니다.

❹ Name Overlay : Sequence의 이름이나 임의로 텍스트를 넣을 수 있는 옵션입니다.

❺ Timecode Overlay : 타임코드를 화면 위에 넣을 수 있는 옵션입니다.

❻ Time Tuner : 설정해 놓은 길이에 따라 영상의 시간을 조정하는 옵션입니다.

❼ Video Limiter : [Video Limiter] 효과를 설정에 적용하는 옵션입니다.

❽ Loudness Normalization : 오디오 평준화를 설정할 수 있는 옵션입니다.

Export settings – Video

▲ 그림 Ⅳ – 5 Export settings – video

❶ Basic Video Settings : 비디오 옵션을 설정합니다.

▲ 그림 Ⅳ – 6 Basic Video Settings

영상의 해상도, 프레임, 화면의 주사 방식, 픽셀의 가로세로 비율 등등을 설정할 수 있습니다. 체크를 표시하시면 Sequence와 동일한 설정으로 적용됩니다.

❷ Encording Settings : 인코딩 옵션을 설정합니다.

▲ 그림 Ⅳ – 7 Encoding Settings

인코딩 하드웨어와 프로 파일, 인코딩 한계를 설정하는 공간입니다.

❸ Bitrate Settings : 비트레이트 옵션을 설정합니다.

▲ 그림 Ⅳ − 8 Bitrate Settings

비트레이트 인코딩 방식을 설정하는 옵션으로 크게 CBR 과 VBR로 나뉜다. CBR은 고정 비트레이트로 일정하게 압축하는 방식이고 VBR은 가변 비트레이트로 필요한 곳

Quick Tip
유튜브 영상을 뽑을 때는 CBR 22로 하면 적당합니다.

과 적게 필요한 곳을 구분하여 효율적으로 데이터를 나누어 압축합니다. Targer Bitrate는 1초 당 처리할 데이터 값을 설정하는 것으로 숫자가 커지면 커질수록 데이터값이 커져서 용량이 커 지지만 영상 품질이 좋아진다.

❹ Advanced Settings : key frame 거리를 프레임 단위로 설정합니다.
❺ VR Video : VR 영상 출력을 선택 및 해제하는 옵션입니다.

Export settings – Audio

▲ 그림 Ⅳ − 9 Export settings − audio

❶ Audio Format Settings : 오디오 포맷을 선택하는 옵션입니다.
❷ Basic Audio Settings : 기본적인 오디오 정보를 설정하는 옵션입니다.

▲ 그림 Ⅳ − 10 basic audio Settings

오디오 코덱과 샘플링 비율, 채널 유형을 설정할 수 있는 옵션 패널로 기본적으로 ACC, 48000 Hz. Stereo로 설정되어 있습니다.

❸ Bitrate Settings : 오디오의 비트레이트를 설정하는 옵션입니다.
❹ Advanced Settings : 오디오 압축 방식 우선 순위를 설정하는 옵션입니다.

Export settings – Multiplexer

▲ 그림 Ⅳ − 11 Export settings − Multiplexer

코덱의 입력 신호를 선택할 수 있는 옵션입니다.

Export settings - Publish

▲ 그림 Ⅳ - 12 Export settings - Publish

영상을 랜더링 후 바로 사이트로 업로드 할 수 있는 기능입니다.

Export settings - 기타 기능

▲ 그림 Ⅳ - 13 Export settings 하단 옵션

❶ Use Maximum Render Quality : 영상을 최고의 화질 설정으로 랜더링 하는 옵션입니다.

❷ Use Previews : 랜더링이 진행되는 동안 왼쪽에 진행 상황이 나타납니다.

❸ Import into Project : 영상 랜더링이 끝나면 자동으로 [Project] 패널에 불러옵니다.

❹ Set start Timecode : 시작하는 타임코드를 설정합니다.

❺ Render Alpha Channel Only : 영상의 알파 채널만 랜더링 하는 옵션입니다.

❻ Time Interpolation : 부드럽고 자연스러운 영상을 만드는 옵션입니다.

❼ Estimated File Size : 랜더링 되는 영상의 예상 파일 크기를 표시합니다.

❽ Queue : 미디어 인코더로 랜더링을 보내는 버튼입니다.

❾ Export : 랜더링을 실시하는 버튼입니다.

❿ Cancel : 랜더링을 취소합니다.

▲ 그림 Ⅳ – 14 Export settings 랜더링 범위 정하기

❶ 양쪽에 있는 세모 모양을 조정하여 랜더링 할 범위를 정할 수 있습니다.
❷ 화면에 보이는 재생 위치를 정할 수 있습니다.

2022(v22.3) 이후 버전에서 내보내는 방법

▲ 그림 Ⅳ – 15. 출력 화면

2022(v22.3) 이후 버전의 Export 화면은 크게 3가지 영역으로 나누어져 있습니다. ①번 영역
에서는 완성한 영상을 랜더링하여 다양한 SNS에 바로 업로드할 수 있습니다. ②번 Setting 영
역에서는 내보내는 정보를 설정하고 프리셋을 선택할 수 있습니다. ③번 Preview 영역에서는
최종 결과물을 확인하면서 재생시간 및 출력 시 원하는 부분을 설정할 수 있습니다.

최종적으로 우리들은 Setting 공간에서 영상 내보내기 설정을 할 것이기 때문에 Setting에서
출력 설정을 알아보도록 하겠습니다.

▲ 그림 Ⅳ - 16. 영상 출력 Settings

❶ File Name : 출력할 영상의 이름을 설정합니다.

❷ Location : 출력할 영상의 위치를 설정합니다. 파란색의 파일 경로를 클릭하게 되면 위치를 수정할 수 있습니다.

❸ Preset : 출력 시 자주 사용하는 설정을 선택할 수 있습니다.

❹ Format : AVI, H264, PNG등 비디오나 이미지의 코덱을 설정합니다.

❺ Video : 출력할 영상의 비디오 코덱, 비트레이트, 해상도 등을 설정합니다.

❻ Audio : 출력할 영상의 오디오 코덱, 채널 등을 설정합니다.

❼ Multiplexer : 비디오 및 오디오 스트림에 멀티플렉스를 적용하는 항목으로 선택한 포맷에 따라 달라집니다.

❽ Captions : 자막의 출력 방식을 설정합니다.

❾ Effects : 출력할 영상에 효과를 추가적으로 적용합니다.

❿ Metadata : 비디오의 날짜, 재생 시간 등을 추가할 수 있는 기능입니다.

⓫ General : 기타 출력 설정을 설정할 수 있습니다.

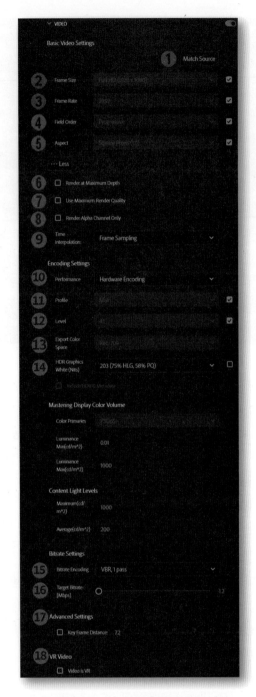

▲ 그림 Ⅳ – 17. 영상 출력의 세부 설정

❶ Match Source : 시퀀스와 동일하거나 비슷한 옵션으로 설정이 자동 적용됩니다.

❷ Frame Size : 가로세로 해상도 크기를 설정합니다.

❸ Frame Rate : 프레임(fps)를 설정합니다.

❹ Field Order : 프로그레시브와 인터레이스 방식을 설정하는 값으로 프로그레시브 방식은 화질이 뛰어나지만, 용량이 크며 인터레이스 방식은 화질이 저하되지만 낮은 용량으로 출력됩니다. [No Field]가 프로그레시브 방식이며 PC 사양에 따라 [Upper Field First]나 [Lower Field First]를 선택할 수도 있습니다.

❺ Aspect : 화면을 구성하는 픽셀의 종횡비를 설정하는 값으로 주로 square pixels(1.0)로 설정합니다.

Quick Tip
⑥과 ⑦을 체크하게 되면 랜더링 시간이 오래 걸리게 됩니다.

❻ Render at Maximum Depth : 최대 심도로 랜더링합니다.

❼ Use Maximum Render Quality : 영상의 화질을 최대로 랜더링합니다.

❽ Render Alpha Channel Only : 영상의 알파채널만 랜더링합니다.

❾ Time Interpolation : 입력프레임과 출력프레임이 일치하지 않을 때 인접 프레임을 혼합해줍니다.

❿ Performance : 하드웨어 인코딩을 사용할지 소프트웨어 인코딩을 사용할지 설정합니다.

Quick Tip
소프트웨어 인코딩을 하게 되면 인코딩 시간이 늘어날 수 있습니다.

⓫ Profile : 비트레이트의 프로파일을 설정합니다.

⓬ Level : 랜더링을 할 때 인코딩의 한계점을 설정합니다.

⓭ Export Color Space : 색상 공간을 출력하는 설정입니다.

⓮ HDR Graphics White : 밝기를 지정하는 설정입니다.

⓯ Bitrate Encoding : 비트레이트의 인코딩 방식을 설정하는 곳으로 CBR으로 할지, VBR 1pass로 할지, VBR 2pass로 할지 설정하는 공간입니다.

비트레이트 인코딩 방식을 설정하는 옵션으로 크게 CBR과 VBR로 나뉘는데 CBR은 고정 비트레이트로 일정하게 압축하는 방식이고 VBR은 가변 비트레이트로 필요한 곳

Quick Tip
유튜브 영상을 뽑을 때는 CBR 22로 하면 적당합니다.

과 적게 필요한 곳을 구분하여 효율적으로 데이터를 나누어 압축합니다. Target Bitrate는 1초당 처리할 데이터 값을 설정하는 것으로 숫자가 커지면 커질수록 데이터값이 커져서 용량이 커지지만 영상 품질이 좋아집니다.

⓰ Target Bitrate : 1초당 처리할 비트레이트 값을 설정합니다.

⓱ Advanced Settings : 키프레임 간의 거리를 설정할 수 있는 공간입니다.

Quick Tip
값이 높을수록 화질도 높아지지만 랜더링 시간과 용량이 커지게 됩니다.

⓲ VR VIdeo : VR용 영상일 때 체크해주는 설정입니다.

[Audio] 탭에서는 출력할 영상의 오디오 코덱, 채널 등을 설정합니다.

▲ 그림 Ⅳ - 18. 영상 오디오 출력의 세부 설정

❶ Audio Format Settings : 오디오 포맷을 선택하는 옵션입니다.

❷ Basic Audio Settings : 기본적인 오디오 정보를 설정하는 옵션입니다.
오디오 코덱과 샘플링 비율, 채널 유형을 설정할 수 있는 옵션 패널로 기본적으로 ACC, 48000 Hz,
Stereo로 설정되어 있습니다.

❸ Bitrate Settings : 오디오의 비트레이트를 설정하는 옵션입니다.

[Multiplexer]에서는 원하는 코덱의 입력 신호를 선택할 수 있는 옵션입니다.

▲ 그림 Ⅳ - 19. 멀티플랙서 설정

❶ Multiplexer : 설정한 코덱에서 출력할 옵션을 설정하는 곳입니다.

❷ Stream Compatibility : 호환성을 설정합니다.

[Captions]에서는 자막을 추가했을 시에 활성화되는 공간으로 자막의 출력방식을 선택할 수 있
는 옵션입니다.

▲ 그림 Ⅳ - 20. 캡션 설정

❶ Export options : 자막의 출력 방식을 선택하는 곳입니다.

❷ File formate : 자막 파일의 출력 형식을 선택합니다.

❸ Frame Rate : 자막 파일의 초당 프레임수를 선택합니다.

[Effects]에서는 출력할 영상에 여러 가지 효과를 선택할 수 있는 공간입니다.

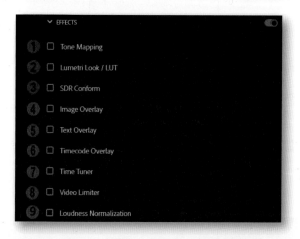

▲ 그림 Ⅳ - 21. effect 설정

❶ Tone Mapping : premiere 2024버전부터 생긴 기능으로 노출, 채도 등의 영상 전반적인 톤을 수정할 수 있습니다.

❷ Lumetri Look / LUT : 프리미어 프로에 적용되는 색 보정 프리셋을 적용하는 옵션입니다.

❸ SDR Conform : HDR 미디어를 SDR 미디어로 내보낼 때 사용하는 옵션입니다.

❹ Image Overlay : 이미지를 화면 위에 넣을 수 있는 옵션입니다.

❺ Name Overlay : Sequence의 이름이나 임의로 텍스트를 넣을 수 있는 옵션입니다.

❻ Timecode Overlay : 타임코드를 화면 위에 넣을 수 있는 옵션입니다.

❼ Time Tuner : 설정해 놓은 길이에 따라 영상의 시간을 조정하는 옵션입니다.

❽ Video Limiter : [Video Limiter] 효과를 설정에 적용하는 옵션입니다.

❾ Loudness Normalization : 오디오 평준화를 설정할 수 있는 옵션입니다.

[Metadata]에서는 출력할 영상에 날짜나 파일 형식과 같은 설명이나 정보를 입력할 수 있는 공간입니다.

▲ 그림 Ⅳ – 22. 메타데이터 설정

❶ Export options : 메타데이터의 출력 방식을 선택하는 곳입니다.

❷ Include markers : 마커의 정보를 포함시킬 수 있습니다.

❸ Set Start Timecode : 출력할 영상에 타임코드를 추가할 수 있습니다.

❹ Metadata Dialog : 영상의 정보와 같은 설명을 선택하거나 입력시킬 수 있는 공간입니다.

오른쪽 [Preview]에서는 미리보기 재생 및 출력 범위 설정 등등을 변경할 수 있는 공간입니다.

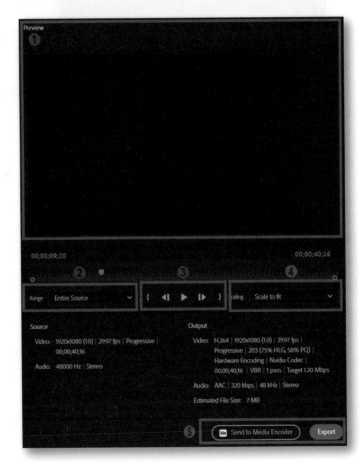

▲ 그림 Ⅳ – 23. 프리뷰 설정

❶ Preview : 출력될 영상이 미리보기로 보이는 화면입니다.

❷ Range : 출력될 영상의 범위를 설정합니다.

❸ Play Area : 재생버튼이 있는 공간입니다.

❹ Scaling : 소스의 크기를 변경할 수 있습니다.

❺ Export : 미디어 인코더로 출력을 시키거나 프리미어 프로에서 바로 출력시킬 수 있는 버튼이 있는 공간
입니다.

편집을 완료한 뒤 왼쪽 상단의 Export 버튼을 클릭하면 내보내기 창으로 이동이 됩니다.

▲ 그림 Ⅳ – 24. 실습_빠르게 랜더링하기_1

Export 설정 창에서 File Name, Location을 설정한 뒤 Preset은 Match Source - Adaptive High Bitrate으로 선택해주고 Format은 H.264(mp4형식)으로 선택해줍니다.

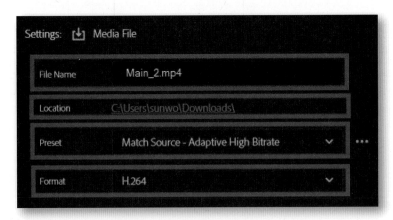

▲ 그림 Ⅳ – 25. 실습_빠르게 랜더링하기_2

마지막으로 오른쪽 하단의 파란색 Export 버튼을 눌러주면 영상이 설정한 위치에 출력이 됩니다.

▲ 그림 Ⅳ − 26. 실습_빠르게 랜더링하기_3

05

예제를 이용한 다양한 영상 만들기

✔학습 목표

1. ultra key를 이용한 트랜지션 만들기
2. 외부 Plug-in 사용해보기

Ultra key를 이용한 트랜지션 만들기

실습 프로젝트 파일을 열어보겠습니다. 현재 영상 1과 영상2를 플레이하게 되면 영상 2초의 장면과 영상 3초의 장면이 변하게 됩니다.

▲ 그림 Ⅴ-1. 영상 1과 영상 2 플레이

따라서 중간에 트랜지션을 넣어서 다른 두 장면을 이어주도록 하겠습니다. 예제 파일(실습8. transition)을 다운 받은 후 영상 1과 영상 2 사이인 03.00초에 넣어보도록 하겠습니다. 현재 V1에 영상이 있기 때문에 V2에 넣어주도록 합니다.

▲ 그림 V-2. V2에 트랜지션 올려놓기

그 다음 Ultra key를 예제 파일에 넣고 effect control 패널에서 스포이드로 초록색을 찍어주게 되면 초록색이 사라진 트랜지션이 남게 됩니다.

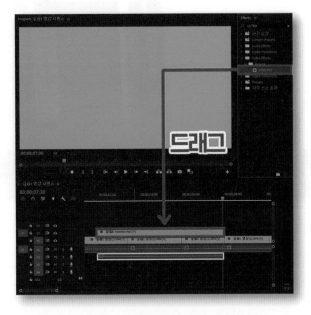

▲ 그림 V-3. 트랜지션에 Ultra key 넣기

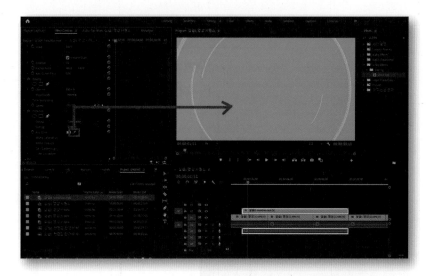

▲ 그림 Ⅴ-4. 트랜지션에 Ultra key color 색 변경하기

▲ 그림 Ⅴ-5. 트랜지션에 Ultra key 적용 완료

영상을 처음부터 플레이하게 되면 영상 1과 영상 2 사이에 전환 효과 즉 트랜지션 효과가 들어가
게 됩니다.

외부 Plug-in 사용해보기

외부 Plug-in을 사용하는 이유는 프리셋을 다양하게 사용할 수 있으며 퀄리티 좋은 소스를 편하게 사용할 수 있기 때문입니다. 프리미어 프로는 애프터 이펙트보다 Plug-in이 활성화 되어있지 않지만, 사람들이 가장 많이 사용하는 Plug-in 하나를 소개해보자 합니다.

현재 프리미어 프로 사용자들이 많이 사용하는 Plug-in은 Premiere composer라는 프로그램입니다.

주소창에 misterhorse.com 또는 구글에 premier composer을 검색한 다음 나오는 사이트에 접속을 합니다.

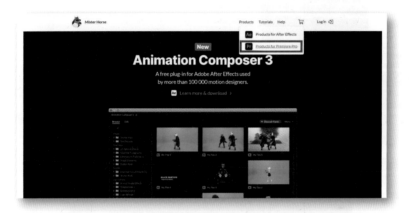

▲ 그림 V-6. premiere composer 사이트

Learn more & download 클릭 후 window 유저라면 Download for Win을, 애플 맥북 유저라면 Download for Mac을 클릭해서 다운을 받아 줍니다.

▲ 그림 V-7. premiere composer 다운

나운 후 프로그램을 설치하고

▲ 그림 Ⅴ-8. premiere composer 설치

프로그램을 열어서 로그인 및 회원 가입을 해주고 Premiere Pro 창에 가서 Premiere Composer 오른쪽의 Install을 눌러 설치를 해 줍니다.

▲ 그림 Ⅴ-9. premiere composer 설치 2

설치가 완료되었다면 다시 프리미어 프로로 돌아가 보도록 하겠습니다. 프리미어 프로를 열게 되면 Window-Extensions에 Premiere Composer가 있는 것을 확인할 수 있습니다. 만약 Extension에 Premiere Composer가 뜨지 않는다면 재설치를 해보시면 됩니다.

▲ 그림 V-10. premiere composer 설치 확인

Premiere Composer을 누르면 창이 하나가 뜨게 됩니다. 창에서 Starter Pack을 클릭해서 열어주시면 Text Boxes, Text Presets, Transitions, Social Media, Shape Elements 등등 사용할 수 있는 여러 가지 프리셋들을 볼 수 있습니다. 이 중에서 가장 많이 쓰이는 것은 Text Boxes와 Text Presets 그리고 Transitions입니다.

이 중에서 Text boxes와 Transitions를 직접 넣어보도록 하겠습니다.

▲ 그림 V-11. text boxes

text boxes에서 첫 번째 1-line Fill Text Box1-Down을 클릭해서 타임라인에 드래그 해줍니다.

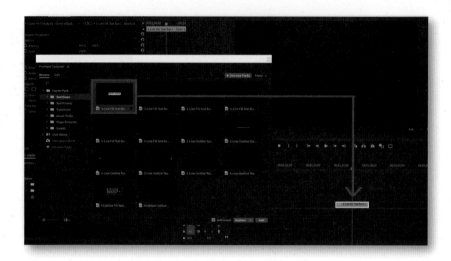

▲ 그림 Ⅴ-12. text boxes 2

넣은 text box 레이어를 클릭하면 Edit에서 안에 들어가는 자막을 변경할 수 있는 창으로 바뀌게 됩니다.

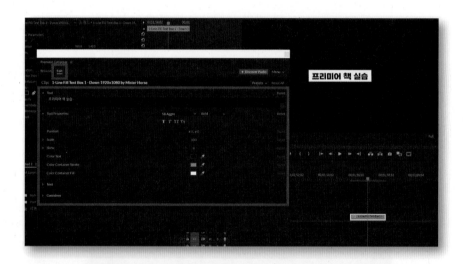

▲ 그림 Ⅴ-13. text boxes 3

두 번째 Premiere Composer에서 Transitions를 넣어보도록 하겠습니다. 우리가 앞에서 배웠던 트랜지션과 동일하게 영상과 영상 사이에 넣어주면 됩니다.

Quick Tip

Text Boxes는 주로 영상이 시작하는 인트로나 장소를 소개할 때 사용합니다.

▲ 그림 V-14. transitions

transitions 폴더를 클릭해주고

▲ 그림 V-15. transitions 2

transitions에서 세 번째 zoom In을 클릭해서 타임라인에 드래그해줍니다. 위치는 영상과 영상이 바뀌는 곳에 넣어주면 되며 V1에는 영상이 있기 때문에 V2, V3에 올려줍니다.

플레이를 하게 되면 영상1이 끝날 때 transition이 나오며 자연스럽게 영상2로 넘어가는 효과가 들어가게 됩니다.

06

유용한 사이트

✓학습 목표

1. 효과음에 유용한 사이트를 알아보자
2. 배경음악에 유용한 사이트를 알아보자
3. 자막에 유용한 사이트를 알아보자

효과음에 유용한 사이트

효과음은 시청자로부터 관심을 유지하고 동영상의 분위기를 조성하는 등 영상에 많은 부분을 차지하고 있습니다. 존재 여부, 사용방법에 따라 다르게 영상을 연출할 수 있으며 현실감을 높이기 위해 사용하기도 하지만 사람들을 집중시키기 위해 사용하는 때도 매우 많습니다.

효과음은 정말 많은 곳에서 구할 수 있기에 저자가 사용 중인 몇가지 유용한 사이트들을 소개해 볼까 합니다.

▲ 그림 VI−1. otologic 사이트

otologic 사이트 (https://otologic.jp/)

일본 사이트이라 크롬에서 접속해서 사이트 오른쪽 클릭 후 한국어 번역을 해서 보는 것이 좋습니다. 자유롭게 사용 가능한 배경음악과 효과음이 있으며 주로 디포르메 동작 카테고리에 있는 효과음으로 자막 효과음을 사용하는 편입니다.

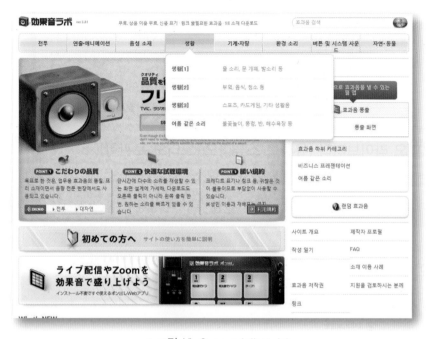

▲ 그림 VI-2. soundeffect-lab

soundeffect-lab (https://soundeffect-lab.info/)

일본 사이트이라 크롬에서 접속해서 사이트 오른쪽 클릭 후 한국어 번역을 해서 보는 것이 좋습니다. 상업적으로 사용 가능한 효과음이 있으며 주로 창문 깨지는 소리, 바닥을 걷는 소리 등등 애니메이션에서 자주 사용하는 상황별 효과음들이 매우 잘 갖춰져 있습니다.

mewpoint (https://www.mewpot.com/)

국내에서 운영하고 있으며 저작권 표시가 깔끔하게 정리되어 있어서 이용하기 편리한 사이트입니다. 유료와 무료가 적절하게 섞여 있는 사이트입니다.

▲ 그림 Ⅵ-3. 유튜브 오디오 라이브러리 음향 효과(효과음)

유튜브 오디오 라이브러리 (유튜브 스튜디오-오디오 보관함)

유튜브 오디오 라이브러리에도 효과음 섹션이 따로 존재해서 다양한 무료 효과음을 다운 받을 수 있습니다. 현장감을 극대화해주는 폭발, 연필, 문소리 등등이 잘 갖춰져 있습니다.

배경음악에 유용한 사이트

▲ 그림 Ⅵ-4. 유튜브 오디오 라이브러리

유튜브 오디오 라이브러리

유튜브에서 운영하는 음원 사이트입니다. 효과음과 동일하게 배경음악 또한 내려 받을 수 있고 노래양이 많아서 필요한 배경음악을 잘 선정해줘야 합니다. 저작권 정리가 잘 되어 있고 유튜브 에서 무료로 사용 가능한 다양한 장르의 음악이 많이 갖춰져 있지만, 노래의 양이 많아 원하는 느낌의 노래를 찾기가 힘들다는 단점을 가지고 있습니다.

▲ 그림 VI-5. 브금대통령

브금대통령

개인이 운영하는 유튜브 사이트로 유튜버들이 자주 사용할 수 있는 브금을 직접 제작해서 올려놓은 유튜브 채널입니다. 엉뚱한 느낌의 배경음악, 신나는 느낌의 배경음악, 무서운 느낌의 배경음악 등등 다양한 느낌을 주는 배경음악을 다운 받을 수 있습니다. 다만 출처를 필수적으로 영상의 더 보기 란에 작성해야 합니다.

artlist io / envato element / epidemci sound

구독방식의 유료 사이트로. 한 달에 일정한 대금을 지불하면 사이트에 있는 모든 음원을 다운 받아 사용 가능합니다. 이 사이트들 또한 장르 검색이 편리하며 유료이기 때문에 퀄리티 좋은 음원들이 많습니다.

audiojungle 오디오 정글

한 곡씩 구매할 수 있는 사이트입니다. 내가 필요한 장르의 음악을 다운 받을 수 있으며 곡마다 저작권이 다를 수 있기 때문에 잘 보고 구매를 해야 합니다. 저렴한 가격으로 내가 원하는 특정 곡만 구매할 수 있는 것이 장점입니다.

자막에 유용한 사이트

상업적으로 이용 가능한 폰트 사이트 정리

① 눈누 : 상업적으로 무료로 이용이 가능한 폰트들이 모여 있는 사이트입니다. 무료라도 유튜브에서 사용할 수 없는 폰트가 있으며 (상업적 무료 사용과 개인 무료 사용은 다름) 윈도우에 깔려져 있는 굴림체, 바탕체, 고딕체 등등은 상업적 사용이 금지되어 있습니다. 하지만 눈누에 있는 모든 폰트는 유튜브 즉 상업적으로 이용 가능한 폰트들이기 때문에 믿고 사용이 가능합니다. 눈누 상단에 모든 폰트를 클릭한 후 오른쪽에서 인기순이 아닌 조회순으로 조회하면 유튜브에서 자주 사용하는 폰트 목록들이 나오게 됩니다. 원하는 폰트를 선택 후 다운로드 비튼을 누르면 바로 다운 또는 다운받을 수 있는 자체 사이트로 이동이 됩니다. 추천하는 무료 폰트는 '레시피 코리아' 'noto sans' '배달의 민족' 폰트들 그리고 '샌드박스 어그로체'입니다.

▲ 그림 VI-6. 자막 사이트_눈누

② 산돌폰트 : 산돌 폰트는 유료 폰트로 매달 정기적으로 돈을 내고 사용해야 합니다. 약 660여종의 폰트를 사용할 수 있으며 주로 고딕, 굴림과 같이 깔끔하게 쓰기 좋은 폰트들이 있습니다.

▲ 그림 Ⅵ-7. 자막 사이트_산돌

③ 210 폰트 : 210 폰트 또한 유료 폰트로 매달 정기적으로 돈을 내고 사용해야 하는 폰트입니다. 약 990여종의 폰트를 사용할 수 있으며 고딕, 굴림 뿐만 아니라 다양하게 디자인된 폰트들이 많이 있습니다. 분노하는 느낌, 억울한 느낌, 슬픈 느낌 등을 표현할 수 있는 디자인 폰트들이 많이 있습니다.

▲ 그림 Ⅵ-8. 자막 사이트_디자인210

④ 어도비 폰트 (https://fonts.adobe.com/) : 어도비 플랜을 구독하고 있는 사람들은 누구나 사용할 수 있는 사이트로 개인적인 용도뿐만 아니라 상업적인 용도로 사용할 수 있습니다.

210, 산돌, DS 등등 유료로 사용할 수 있었던 폰트들 또한 포함이 되어 있기 때문에 어도비 플랜을 구독하고 있는 사람이라면 꼭 사용하면 좋은 폰트 사이트입니다. 다만 폰트마다 사용할 수 있는 상업적 용도가 다르기 때문에 폰트 라이선싱 부분을 필독한 뒤에 사용하는 것을 추천해드립니다.

▲ 그림 VI-9. 자막 사이트_어도비 폰트

자막 색 적용 시에 참고하기 좋은 사이트 정리

처음 디자인을 하시는 분들은 어떤 색이 예쁜 색인지, 어떤 색 조합이 좋은 지 잘 모릅니다. 따라서 처음에는 색 사이트를 참고하며 좋은 색 조합을 가져와 사용하는 것이 좋은 영상 만드는 방법 중 하나입니다.

① webgradients (https://webgradients.com/) : 자막에 그라데이션을 적용하고 싶을 때 참고하는 사이트로 주로 파스텔톤의 색상표를 많이 가지고 있다. 원하는 색상 코드를 가져와 사용하면 예쁜 색 조합을 사용할 수 있을 것이다.

▲ 그림 VI-10. 자막 그라데이션 참고_webgradients

② 어도비 컬러 (https://color.adobe.com/ko/) : 어도비에서 지원하는 사이트 중 하나로 색상 휠에서 직접 원하는 색과 옵션을 선택하여 팔레트를 만들 수 있습니다. 또한 내가 업로드한 이미지에서 색상 코드를 가져올 수 있으며 커뮤니티에서 인기 있는 색상 팔레트를 찾아보고 프리미어 프로에 불러올 수 있습니다.

▲ 그림 VI-11. 자막 색 참고_어도비 컬러

더 멋진 내일(Tomorrow)을 위한 내일(My Career)

Adobe After Effects CC 2024

애프터 이펙트는 그림, 사진, 영상, 음악 등 다양한 소스를 이용하여 하나의 결과물을 만드는 모션그래픽이라는 영상에서 절대적으로 빠질 수 없는 프로그램입니다. 그러면 '다른 영상 프로그램들과는 어떤 부분이 다른 걸까?' 라는 생각을 가져볼 수 있습니다. 애프터 이펙트는 이미 있는 영상을 가공하여 결과물을 만드는 다른 영상 프로그램들과 다르게 없는 효과 등을 레이어와 key frame을 통해 무에서 유를 창조할 수 있는 가장 좋은 프로그램입니다. 하지만 아무래도 이미 있는 것들을 가공하는 영상 프로그램에 비해서 없는 것을 만들다 보니 처음 접할 경우 난이도가 높기로 악명이 나있지만 이 교재와 함께 차근차근 진행해보면 매우 매끄럽게 따라 오고 있는 자신의 모습을 볼 수 있을 것입니다.

- Ctrl + N   컴포지션 만들기
- Ctrl + S   저장
- Ctrl + Shift + S   다름이름 저장
- Enter   선택한 레이어 이름 바꾸기
- Ctrl +]   상단 레이어 이동
- Ctrl + [하단 레이어 이동
- Ctrl + Shift +]   레이어 맨 앞으로 보내기
- Ctrl + Shift + [레이어 맨 아래로 보내기
- [타임라인 레이어 시작지점 끌고오기
-]   타임라인 레이어 끝지점 끌고오기
- V   선택 도구
- 마우스 휠 꾹 누르기   손 도구
- 마우스 휠 위 아래 돌리기   확대/축소 도구
- 스페이스바   재생/정지
- G   펜 도구
- Ctrl + T   텍스트 도구
- A   앵커포인트 (중심점)
- P   포지션 (좌표)
- R   로테이션 (회전)
- S   스케일 (크기)
- T   오퍼시티 (불투명도)
- U   메뉴 정리 및 사용 키 프레임 보기
- B   인풋 (영상의 시작지점 지정)
- N   아웃풋 (영상의 끝지점 지정)
- M   마스크
- L   오디오 레벨 조절
- L 연속 두 번   오디오 파형 보기
- J   이전 키 프레임 이동
- K   다음 키 프레임 이동
- Shift + 숫자 1~0   타임라인 마커 표시
- Ctrl + 방향키 왼쪽 또는 오른쪽   타임라인 1프레임 이동
- Ctrl + Shift + 방향키 왼쪽 또는 오른쪽   타임라인 10프레임 이동
  (또는 페이지 업 다운으로 or Shift + 페이지 업 다운으로 대체 가능합니다)
- HOME   타임라인 시작지점 이동
- END   타임라인 끝지점 이동

- Ctrl + Shift + D   타임라인 마커 기준 영상 자르기
- Ctrl + Y   솔리드 생성
- Ctrl + D   선택한 레이어 복사
- Ctrl + R   눈금자 생성
- Ctrl + Shift + C   사전구성 (프리컴프)
- Ctrl + M   렌더링 대기열
- Ctrl + Alt + M   미디어 인코더 렌더링 대기열

00

2024 애프터 이펙트 새로운 기능들

애프터 이펙트 2024 버전의 신기능을 알아보자

▲ 그림 O-1 OBJ 3D 모델 가져오기

OBJ 3D 모델 가져오기

첫 번째 새로운 기능으로 이제 After Effects에서는 GLTF 및 GLB 포맷 외에도 OBJ 포맷의 3D 모델 파일을 가져올 수 있습니다. .obj 파일 및 연결된 .mtl 파일(질감)을 가져와 컴포지션에 추가하고, 애니메이션을 적용하고, 기본 After Effects 카메라, 조명, 기타 3D 레이어와 동일한 3D 공간에서 렌더링할 수 있습니다.

▲ 그림 O-2 모션 그래픽 템플릿 미리 보기 썸네일

두 번째 새로운 기능으로 컴포지션을 [모션 그래픽] 템플릿으로 내보낼 때 새로운 비디오 미리
보기 포함 확인란을 사용하면 템플릿의 비디오 미리 보기를 썸네일로 사용할 수 있습니다.
Premiere Pro 기본 그래픽 패널에서 템플릿을 시퀀스에 적용하기 전에 썸네일 위에 마우스를
올려놓고 움직이기만 하면 미리 볼 수 있습니다.

▲ 그림 O-3 .exr 파일을 환경 조명에 사용하기

세 번째 새로운 기능으로 기존 .hdr 지원과 확장된 .exr 이미지 파일 지원을 결합하면 High
Dynamic Range 이미지 파일을 완전히 활용하여 3D 장면에 사실적인 조명, 반사, 그림자를 만
들 수 있습니다.

.exr 이미지 파일을 사용하여 환경 조명을 통한 조명을 구동하려면 해당 파일을 After Effects
로 가져와 컴포지션에 추가하고 환경 조명 소스로 지정합니다. 환경 조명은 .exr 이미지 파일에
저장된 조명 정보로 장면에 조명을 비춥니다.

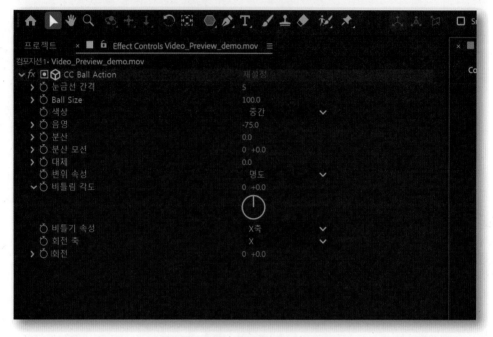

▲ 그림 0-4 Cycore Plug-in 효과 개선

네 번째 새로운 기능으로 Adobe After Effects용 Cycore Plug-in 효과는 애니메이션 워크플
로우 작업을 할 때 여러 효과를 통해 창작에 다양한 가능성을 더해 줍니다. 최신 릴리스에서는
Cycore Plug-in에서 사용자 선호도가 높은 일부 효과를 다음과 같이 개선했습니다.

- Ball Action: 효과 컨트롤에 변위, 셰이딩, 색상 등 새 컨트롤을 더해 다시 정리했습니다.

- Star Burst: 효과 컨트롤에 새로운 셰이딩 컨트롤을 더해 다시 정리했습니다.

- Particle World: 성능을 개선했습니다.

- 환경: 성능을 개선했습니다.

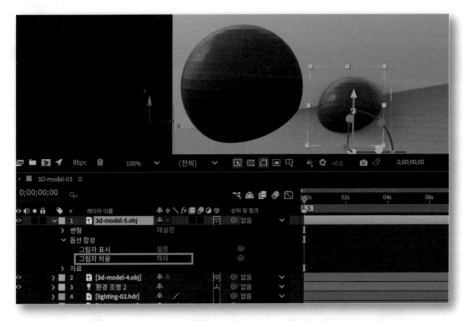

▲ 그림 O-5 3D 개체의 그림자 표시 및 허용

다섯 번째 새로운 기능으로 레이어의 합성 옵션을 사용하여 3D 개체가 그림자를 드리우고 비출지 여부를 구성할 수 있습니다. 이 속성은 컴포지션의 3D 개체 간 관계와 이 개체들이 조명 및 그림자와 상호 작용하는 방식을 정의하는 데 유용한 도구입니다.

● 그림자 표시: 레이어의 3D 개체가 그림자를 표시하도록 하려면 켜기로 설정합니다. 개체가 그림자를 표시하지만 컴포지션에 표시되지는 않도록 하려면 그림자만으로 설정합니다.

● 그림자 허용: 레이어의 3D 개체가 다른 개체의 그림자를 비출 수 있도록 하려면 켜기로 설정합니다.

MOV 컨테이너에서 H264를 인코딩할 수 있는 기능을 추가했습니다.

After Effects 기능 요약(2024년 2월 릴리스)

(https://helpx.adobe.com/kr/after-effects/using/whats-new/2024-2.html)

01

애프터 이펙트란?

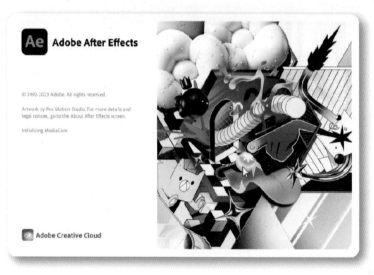

▲ 그림 Ⅰ-1 어도비 애프터 이펙트 2024

애프터 이펙트란?

먼저 시작하기 전에 애프터 이펙트라는 프로그램에 대해서 간단히 알아보도록 하겠습니다.

애프터 이펙트는 어도비사의 프로그램이며 주로 TV광고, 영화, 특수효과, 애니메이션 등 다양한 곳에서 사용되는 프로그램입니다. 그래서 우리는 이 프로그램을 흔히 일컬어 모션그래픽 디자인이라고 말하는데 이것을 단순히 해석하면 가만히 있는 이미지가 아닌 움직이는 이미지를 제작한다는 것을 알 수 있습니다. 그 외 애프터 이펙트와 함께 사용하면 효과를 극대화시킬 수 있는 프로그램으로 오토데스크사의 마야, 맥스 또는 맥슨사의 시네마4D, 그리고 후디니와 누크 등이 있으며 나의 영상 스타일에 맞춰 시너지를 주는 프로그램을 추가로 선택하면 됩니다.

애프터 이펙트에 대한 인터페이스와 기능 알아보기

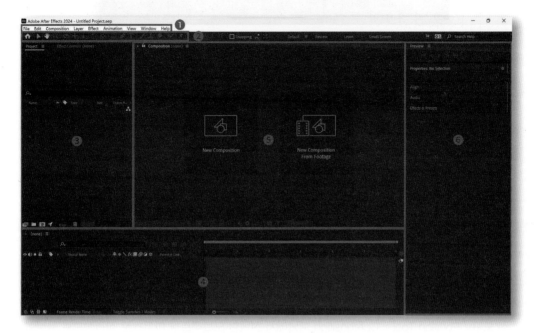

▲ 그림 Ⅰ – 2 애프터 이펙트 2024

애프터 이펙트를 실행시키면 나오는 화면의 구성입니다. 처음에 [HOME] 상자가 나오기도 하지만 크게 필요로 하는 부분이 아니기 때문에 닫아주고 진행해주면 됩니다. 시작에 앞서 애프터 이펙트의 각각 중요한 패널의 기능을 살펴보겠습니다.

각 패널의 이름과 기능

❶ 메뉴바 : 애프터 이펙트에서 필요한 다양한 UI 및 기능들을 추가할 수 있는 영역입니다.

❷ Tools 패널 : 다양한 기능들을 사용할 수 있는 도구들을 선택할 수 있는 영역입니다.

❸ Project 패널 : 파일의 관리 및 불러오기 등 전반적인 메타데이터를 관리하는 패널입니다.

❹ Timeline 패널 : Composition 패널과 가장 연관이 있는 패널이며 애프터 이펙트의 전반적인 레이어와 이펙트를 사용하여 결과물을 만드는 패널입니다.

❺ Composition 패널 : 주로 다양한 Timeline 패널에서 작업의 화면을 출력해주는 패널이며 그 외에 Tools에서 사용이 되는 도구들을 사용하기 위해 레이어 패널로 바뀌는 등 다양한 출력을 해주는 패널입니다.

❻ 기타 패널 : 메뉴바의 윈도우 탭에서 애프터 이펙트에 사용되는 다양한 기능들을 추가로 넣거나 빼기가 가능한 UI 패널이며, 작업에 최적화된 워크스페이스의 선택에 따라 수시로 바뀌는 패널영역입니다.

▲ 그림 Ⅰ-3 Tools

Tools의 기능

❶ 홈버튼 / HOME : 애프터 이펙트 실행 시 가장 처음의 [HOME]으로 돌아가는 버튼입니다. [HOME]으로 돌아가면 최근 파일에 대한 정보와 새로운 프로젝트 만들기와 파일 불러오기가 가능합니다.

❷ 선택 도구 / Selection Tool : 오브젝트의 선택 및 이동 드래그를 할 수 있게 해주는 도구입니다.

❸ 손바닥 도구 / Hand Tool : Composition 패널에서 자유롭게 작업영역을 이동하는 도구입니다.

❹ 돋보기 도구 / Zoom Tool : Composition 패널에서 자유롭게 작업영역을 확대/축소 할 수 있는 도구입니다.

❺ 카메라 회전 도구 / Orbit Around Cursor Tool : 카메라를 회전하는 도구입니다.

❻ 카메라 이동 도구 / Pan Under Cursor Tool : 카메라를 이동하는 도구입니다.

❼ 카메라 확대 도구 / Dolly Towards : 카메라를 확대하는 도구입니다.

❽ 회전 도구 / Rotation Tool : Composition 패널에서 선택한 오브젝트를 마우스로 직관적으로 돌릴 수 있는 도구입니다.

❾ 중심점 도구 / Anchor Point Tool : Composition 패널에서 선택된 오브젝트의 중심점을 옮길 수 있게 해주는 도구입니다.

❿ 도형 도구 / Figure Tool : 여러 가지 쉐이프 레이어를 만들 수 있으며 그 모양으로 사각형, 모서리가 둥근 사각형, 원형, 다각형, 별 모양 등이 있고 특정 조건에서 마스크를 만들 수 있는 도구입니다.

⓫ 펜 도구 / Pen Tool : 펜 도구를 이용하여 자유로운 모양의 셰이프 레이어 생성과 특정 조건에서 마스크를 만들 수 있는 도구입니다.

⓬ 문자 도구 / Type Tool : 화면에서 위치를 선택하여 텍스트를 생성하며 추가 메뉴로 텍스트의 방향을 가로 또는 세로로 지정할 수 있는 도구입니다.

⓭ 브러시 도구 / Brush Tool : 레이어 패널에서 그림을 그릴 수 있는 도구입니다.

⓮ 스탬프 도구 / Clone Stamp Tool : Layer 패널에서 선택한 이미지에 Alt + 클릭한 부분의 이미지를 인식하여 다른 부분에 합성하는 도구입니다.

⓯ 지우개 도구 / Eraser Tool : Layer 패널에서 드래그하여 지우는 도구입니다.

⓰ 로토 브러시 / Roto Brush Tool : 크로마키 이미지에 배경 또는 인물을 분리하여 디테일한 합성을 할 때 유용하게 사용되는 도구입니다. (크로마키 이미지는 합성을 위한 파란색 또는 녹색의 단색을 가지고 있는 배경색 말합니다.)

⓱ 퍼펫 핀 도구 / Puppet Pin Tool : 이미지에 핀을 사용하여 관절을 만들어 다양한 리깅과 모핑의 작업을 하는 도구입니다.

▲ 그림 Ⅰ-4 프로젝트 패널

프로젝트 패널의 기능

❶ Project : 프로젝트는 전체적으로 애프터 이펙트에서 불러온 파일의 메타데이터와 파일관리를 볼 수 있는 패널입니다. (메타데이터는 영상의 해상도, 길이, 음질 등)

❷ Effect Controls : 이펙트&프리셋 패널에서 사용한 이펙트와 프리셋에 효과의 디테일한 값을 수정할 수 있는 탭입니다.

❸ Search : 프로젝트 패널에서 데이터를 찾을 때 사용이 되는 기능입니다.

❹ File : 실질적으로 애프터 이펙트에 파일이 불러와지는 곳이며 파일을 불러오거나 또는 폴더를 만들어 파일을 정리를 할 수 있습니다.

❺ Folder : 파일을 정리를 할 수 있는 폴더를 만드는 기능입니다.

❻ Composition : 애프터 이펙트의 작업영역을 만드는 기능입니다.

❼ Project Settings : Video Rendering and Effects, Time Display Style, Color, Audio, Expressions등의 기능을 설정할 수 있는 메뉴입니다.

Quick Tip

컴포지션[⑥] 기능에 새로 불러온 영상파일을 드래그하여 넣어주면 영상 세팅에 맞춰 작업영역을 만들지 않아도 자동으로 세팅 값을 일치시켜 만들어줍니다.

❽ Delete selected project items : 선택한 파일을 지우는 기능입니다.

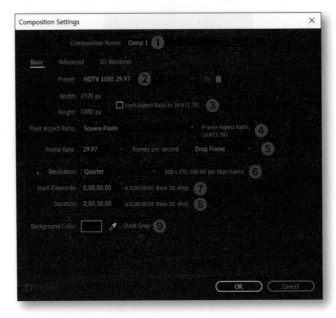

▲ 그림 Ⅰ-5 컴포지션 세팅

컴포지션 / Composition 세팅 방법

❶ Composition Name : 작업 영역의 이름을 입력하는 탭입니다.

❷ Preset : 가로, 세로 영상의 크기를 조절하는 탭입니다. 그 외에 Lock Aspect Ratio to 부분은 영상의 화면 비율을 보여주며, 체크 박스를 누르면 한쪽 부분에 맞춰 반대쪽 사이즈가 같이 수정이 됩니다. 반대로 체크 박스가 풀리게 되면 따로 따로 설정이 가능합니다.

❸ Size : 작업영역의 가로, 세로 사이즈를 조절할 수 있는 기능입니다. 그 외 추가 기능으로 Lock Aspect Ratio 기능은 가로 세로의 화면 비율을 사용자가 마음대로 조절할 수 있습니다.

❹ Pixel Aspect Ratio : 영상의 프레임을 이루고 있는 픽셀의 종횡비를 말합니다.
이 비율은 항상 Square Pixels가 되어 있지 않으면 흔히 알고 있는 화면의 비율이 유지되지 않습니다.

❺ Frame Rate : 1초당 몇 장의 이미지로 영상이 구성이 되는지 선택하는 메뉴입니다.

❻ Resolution : Composition 패널에서의 내가 보는 프리뷰 화면의 해상도를 선택하는 메뉴입니다.

❼ Start Timecode : Timeline에 시작되는 시간을 지정하는 기능입니다.

❽ Duration : 애프터 이펙트의 총 작업 영역의 시간을 지정하는 메뉴입니다.

❾ Background Color : 작업 시 작업자만이 보이는 백그라운드 색상입니다.

그 외 Frame Rate에는 사용하는 용도에 맞춰서 규격화가 되어 있으며 간단하게 정리해 보겠습니다.

● 23.97 : 영화 / 뮤직비디오 / 애니메이션

● 24 : 순수 그래픽 영상 또는 컴퓨터 녹화영상

● 29.976 : TV or 일상적인 대부분의 콘텐츠

● 30 : 순수 그래픽 영상 또는 컴퓨터 녹화영상

● 59.94 : 슬로우 모션 or 부드러운 영상

● 60 : 순수 그래픽 영상 또는 컴퓨터 녹화영상

Quick Tip
해상도는 대표적으로 720X480(SD)/1280X 720(HD)/1920X1080(Full HD)/3840X2160(4K) 의 규격으로 나뉘어 있습니다.

Quick Tip
타임코드는 0:00:00:00으로 순서대로 시간/분/초/프레임 순으로 구성이 되어 있습니다.

▲ 그림 Ⅰ-6 Timeline 패널

Timeline 패널의 기능

❶ Render Queue : 애프터 이펙트에서 영상을 출력하기 위한 세팅을 하는 탭입니다.

❷ Search : 프로젝트 패널에서 데이터를 찾을 때 사용이 되는 기능입니다.

❸ Shy switch : 스위치가 켜진 레이어를 숨겨주는 기능입니다.

❹ Frame Blend switch : 스위치가 켜진 레이어의 프레임 블랜딩 모드를 활성화 시켜주는 기능입니다.

❺ Motion Blur switch : 스위치가 켜진 레이어의 모션 블러 기능을 활성화 시켜주는 기능입니다.

❻ Graph Editor : 키 프레임의 속도를 조절하는 그래프 에디터를 켜주는 기능입니다.

❼ Hides Video : 선택한 비디오 레이어를 숨기는 기능입니다.

Mutes Audio : 선택한 음악 레이어를 음소거하는 기능입니다.

Solo : 선택한 레이어만 보이게 하는 기능입니다.

Lock : 선택한 레이어를 잠가 선택이 되지 않게 하는 기능입니다.

❽ Label : 레이어의 라벨 색상을 변경하는 기능입니다.

❾ # : 레이어의 개수를 보여주는 기능입니다.

❿ Layer Name / Source Name : 레이어의 이름과 소스의 이름을 표시해줍니다. 평소에는 내가 변경한 레이어의 이름을 표시하지만 한 번 더 클릭하게 되면 원래의 레이어 이름이 표시가 되는 기능입니다.

⓫ Shy : 숨김 스위치를 켜는 기능입니다.

For Comp layer : 각종 이미지를 불러올 때 픽셀이 깨지지 않게 만들어 주는 기능입니다.

Quality and Sampling : 레이어의 품질을 조정하는 기능입니다.

Effect : 레이어에 이펙트 사용 시 적용 이펙트를 끄고 켜는 기능입니다.

Frame Blending : 프레임마다 블랜딩 스위치를 켜 영상을 부드럽게 만들어주는 기능입니다.

Motion Blur : 선택한 레이어에 모션 블러 스위치를 켜주는 기능입니다. (잔상을 만들어주는)

Adjustment Layer : Adjustment Layer 레이어의 투명도를 끄는 기능입니다.

3D Layer : 선택한 레이어에 3D Layer 기능을 켜주는 기능입니다. (Z축 추가)

⑫ Mode / TrkMat : 모드와 트랙 매트의 기능을 활성화시킬 수 있는 기능입니다.

⑬ Parent & Link : 연결시킨 레이어를 따라가게 만드는 기능입니다.

⑭ Zoom : Timeline을 확대 축소시키는 기능입니다.

Timeline 기능 알아보기

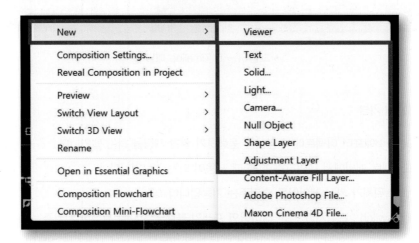

▲ 그림 Ⅰ-7 Timeline 기능

Timeline에서 마우스 우클릭하면 NEW의 메뉴가 나오는데 NEW 우측에 Text ~ Content-Aware Fill Layer... 등이 있으며, Content-Aware Fill Layer는 최근에 업데이트되어 아직까지 기능적 요소가 아쉽기 때문에 주로 사용이 되는 기능들을 하나씩 알아보도록 하겠습니다.

주의사항 1 기능 설명이 목적이기 때문에 이 챕터에서는 무엇인가 결과물은 만들지 않습니다. 간단하게 설명이 가능한 부분들은 단순하게 설명하여 넘어가니 이 점은 참고해주시기 바랍니다.

주의사항 2 각각의 New 기능은 매번 새로운 컴포지션(작업영역)을 만들어서 진행합니다.

1. Text

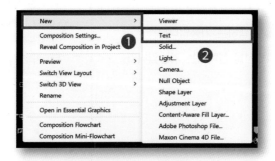

▲ 그림 Ⅰ-8 텍스트

▲ 그림 Ⅰ-8-2 텍스트

첫 기능인 TEXT를 누르게 되면 오른쪽 TEXT 메뉴가 활성화가 되며 이 탭에서는 다양한 텍스트 디자인과 글자 크기, 자간, 행간, 두께 등을 설정할 수 있습니다.

▲ 그림 Ⅰ-9 캐릭터 패널

이제 텍스트가 만들어지면 Text라는 메뉴가 활성화되는데 이 메뉴들의 기능을 한번 살펴보도록 하겠습니다.

❶ Set the font family : 텍스트의 폰트를 선택할 수 있습니다.

❷ Set the font style : 선택한 폰트의 지원되는 두께를 조절할 수 있는 기능입니다.

❸ Set the font size : 텍스트의 글자 크기를 조절하는 기능입니다.

❹ Set the kerning between two characters : 텍스트의 글자 간격을 조절하는 기능입니다.

❺ Set the leading : 텍스트의 행간을 조절할 수 있는 기능입니다.

❻ Set the tracking : 텍스트의 자간을 조절할 수 있는 기능입니다.

❼ Fill color : 글자의 색상을 선택하는 기능입니다.

❽ Stroke color : 글자의 외곽선을 선택하는 기능입니다.

Quick Tip

위 설명에 빠진 V/A라는 옵션이 있는데 Optical 옵션은 문자의 모양에 따라 간격을 조절해주는 기능이며 Metrics 옵션은 문자가 가지고 있는 너비에 맞춰 간격을 조절해주는 기능입니다.

2. Solid

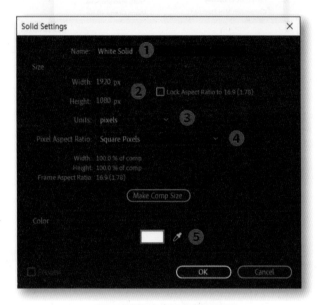

▲ 그림 Ⅰ - 10 솔리드 패널

두 번째 기능인 솔리드는 애프터 이펙트의 단색 배경을 만들어 줄 수 있는 기능입니다. 이 패널의 옵션도 한번 알아보도록 하겠습니다.

❶ Name : 솔리드의 이름을 넣어 줄 수 있습니다. (기본적으로는 색상 이름이 입력됨)

❷ Size : 솔리드의 크기를 조절하는 탭입니다. (기본적으로는 작업영역 사이즈에 따라감)

❸ Units : 크기의 단위를 바꾸는 옵션입니다.

❹ Pixel Aspect Ratio : 영상의 프레임을 이루고 있는 픽셀의 종횡비를 말합니다.
　이 비율은 항상 Square Pixels가 되어 있지 않으면 흔히 알고 있는 화면의 비율이 유지되지 않습니다.

❺ Color : 솔리드의 색상을 변경해주는 기능입니다.

3. Light

▲ 그림 Ⅰ - 11 라이트 패널

❶ Name : 라이트의 이름을 넣어 줄 수 있습니다. (기본적으로는 라이트 타입이 입력됨)

❷ Light Type : 라이트의 종류를 선택할 수 있는 기능입니다. (라이트의 타입은 4종류)

  1. Parallel : 빛을 햇빛과 같이 평행으로 발산하는 조명입니다.

  2. Spot : 지정된 곳을 집중적으로 비추는 조명입니다.

  3. Point : 전구와 같은 포인트를 비춰주는 조명입니다.

  4. Ambient : 전체적인 밝기를 조절하는 조명입니다. (그림자는 사용 불가)

❸ Color : 라이트의 색상을 변경해주는 기능입니다.

❹ Intensity : 라이트의 밝기를 조절하는 기능입니다.

❺ Cone Angle : 라이트의 각도(범위)를 설정하는 기능입니다.

  이 비율은 항상 Square Pixels가 되어 있지 않으면 흔히 알고 있는 화면의 비율이 유지되지 않습니다.

❻ Cone Feather : 빛이 끝나는 지점의 페더 값을 조절하는 기능입니다.

❼ Falloff : 실제 빛과 같이 라이트의 끝나는 지점으로 갈수록 밝기가 감소하는 기능입니다.

Quick Tip

Light Settings 옵션에 맨 하단에 보면 Preview라는 버튼이 존재하는데 라이트를 한번 생성한 상태에서는 프리뷰 박스를 체크를 통해서 수정되는 과정을 확인할 수 있습니다.

❽ Radius : Falloff의 범위를 지정하는 기능입니다.

❾ Falloff Distance : 거리 밝기 감소 값을 조절하는 기능입니다.

❿ Casts Shadows : 라이트의 그림자를 만들어주는 기능입니다.

⓫ Shadow Darkness : 그림자의 밝기를 조절하는 기능입니다.

⓬ Shadow Diffusion : 그림자가 확산하는 값을 조절하는 기능입니다. (딱딱하게 생기거나 부드럽게 퍼짐)

4. Camera

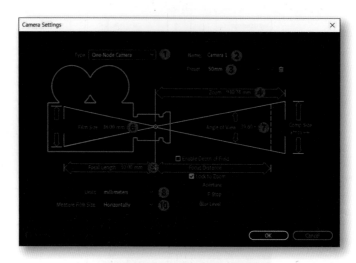

▲ 그림 Ⅰ - 12 카메라 패널

❶ Type : 두 가지 종류가 있으며 종류에 따라 카메라의 움직이는 방식이 정해집니다.

  1. One-Node Camera : 카메라 옵션에서 Position옵션(카메라의 위치만 표시)밖에 표시되지 않으며 관심영역 기능이 없습니다.

  2. Two-Node Camera : 카메라 옵션에서 Position과 관심영역(Point of interest)이 추가로 생기며 카메라의 피사체 추적방식이 바뀌는 기능입니다.

❷ Name : 카메라의 이름을 지정하는 기능입니다.

❸ Preset : 카메라의 다양한 화각이 지정되어 있는 옵션입니다.

❹ Zoom : 카메라의 줌 기능을 통해서 피사체를 확대 또는 축소하는 기능입니다.

❺ Focal Length : 렌즈의 초점거리를 조절하는 기능입니다.

❻ Film Size : 카메라의 센서의 크기를 조절하는 기능입니다. (보통은 필름 사이즈를 기반)

❼ Angle of View : 카메라의 화각(화면이 담기는 범위)을 조절하는 기능입니다.

❽ Unit : 단위를 바꾸는 기능입니다.

❾ Measure Film Size : 필름의 대각선 길이를 조절하는 기능입니다.

> **Quick Tip**
>
> 그 외에 Enable Depth of Field의 기능을 사용하면 Focus Distance를 조절하여 초점을 맞추어 내가 원하는 부분만 선명하게 또는 흐리게 할 수 있는 기능이 활성화 됩니다.

5. Null Object

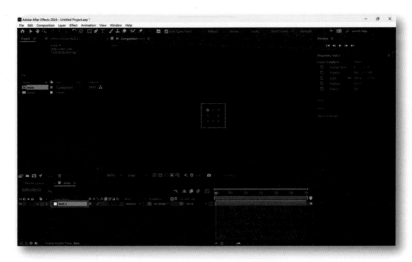

▲ 그림 Ⅰ - 13 Null 컨트롤러

Null은 애프터 이펙트에서 여러 레이어를 동시에 컨트롤해주는 기능이며 화면에는 위 이미지처럼 화면 중앙에 빨간 네모가 생기는 걸 보실 수 있습니다. 맛보기로 가장 흔히 사용하는 Parent & Link를 이용한 기능을 같이 사용해보도록 하겠습니다.

Quick Tip

Null은 화면에서 네모로 보이지만 실제로는 화면에서 출력되거나 하지 않으며 작업자에게만 보입니다.

▲ 그림 Ⅰ - 14 Tools & Shape Layer

▲ 그림 Ⅰ - 15 Fill 컬러 선택

Tools에 ①Shape Layer를 선택하여 ②Fill 오른쪽에 색상이 있는 부분을 선택하여 Fill 컬러를 먼저 흰색으로 바꿔주도록 합니다.

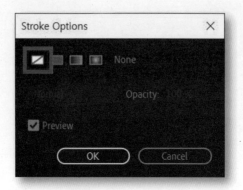

▲ 그림 Ⅰ-16 스트로크 옵션

그 다음 ③Stroke 글자를 클릭하여 Stroke Options에서 외곽선(None)없음 버튼을 눌러줍니다. 애프터 이펙트는 파란색으로 표시가 되는 부분들의 수치는 대부분 옵션을 변경해줄 수 있습니다.

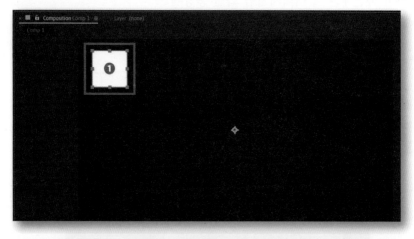

▲ 그림 Ⅰ-17 Shape Layer 만들기

▲ 그림 Ⅰ-17-2 Shape Layer 만들기

이제 ①의 컴포지션 패널에서 Shift를(정사이즈로 만들기) 계속 누른 상태에서 드래그하여 조그맣게 네모 도형을 만들어줍니다. 그러면 Timeline 패널에서 ②Shape Layer가 만들어지는 걸 확인할 수 있습니다. 그 다음 마지막으로 ③Timeline에 빈 공간을 눌러서 현재 만들어진 Shape Layer에 겹치지 않도록 클릭 한 번만 눌러주도록 합니다.

Quick Tip

애프터 이펙트는 레이어가 계속 선택돼있다면 그 안에 추가적인 기능들이 생기므로 화면의 빈 공간을 자주 눌러주는 습관을 들어주도록 합니다.

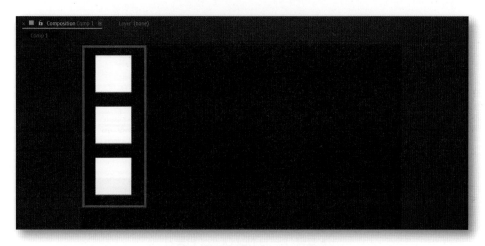

▲ 그림 Ⅰ – 18 Shape Layer 복사하기

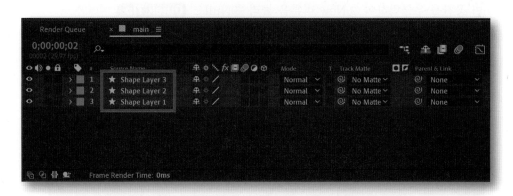

▲ 그림 Ⅰ – 18-2 Shape Layer 복사하기

그 다음 Shape Layer1을 선택하여 단축키 Ctrl+D 버튼을 눌러서 레이어를 하나 복사해주어 Shape Layer2를 만들어주도록 합니다. Shape Layer가 복사되면 복사된 Shape Layer2 레이어를 타임라인에서 마우스로 한번 클릭하여 선택된 상태에서 키보드에서는 Shift+아래 방향키 눌러서 일정한 간격으로 밑으로 내려오게 해주면 됩니다. 이 과정을 한 번 더 반복하여 화면에 총 3개의 Shape Layer가 생기도록 만들어 줍니다.

▲ 그림 Ⅰ- 19 Null Object 만들기

이제 ①빈 공간을 우클릭하여 ②New 버튼을 눌러 ③Null Object를 클릭하여 컨트롤러를 만들어 줍니다.

▲ 그림 Ⅰ- 20 Link 걸기

다음으로 Shape Layer1 선택 후 Shift와 함께 Shape Layer3을 선택하면 모두 선택이 되는데 이때 Shape Layer1~3중에서 Parent & Link에 있는 None 부분의

화살표 탭을 열어 아무나 Null 1을 선택하면 선택된 모든 Shape Layer가 링크됩니다.

▲ 그림 Ⅰ- 21 key frame 사용해보기

다음으로 Parent & Link가 걸린 상태에서 Null 레이어를 선택하여 키보드에서 P버튼을 눌러주도록 합니다. P버튼은 애프터 이펙트의 위치 값을 뜻하는 기능입니다. 만약 P버튼을 눌렀는데도 Position 값이 나오지 않는다면 키보드 값이 한글로 되어 있는지 확인합니다. 애프터 이펙트는 단축키가 한글로 되어 있는 경우에는 단축키를 눌러도 기능 활성화가 되지 않습니다. 그 다음 Timeline 마커가 시작지점 0;00;00;00에 있는지 확인해주도록 합니다.

▲ 그림 Ⅰ- 22 key frame 생성 버튼

그 다음으로 Position의 앞에 시계 모양의 아이콘이 있는 걸 확인 할 수 있는데 시계 모양의 아이콘이 Key frame 생성 버튼이니 버튼을 눌러주도록 합니다.

▲ 그림 Ⅰ- 23 key frame

Key frame 생성 버튼을 누르게 되면 Timeline의 우측에 다이아몬드 모양의 Key frame이 만들어지는 모습을 볼 수 있습니다. Key frame은 간단히 설명하면 애프터 이펙트에서 가장 중요한 기능이며 애니메이션의 기본 원리인데 타임라인에 마커의 위치 시간에 내가 사용하는 현재의 값을 기록하는 기능을 가집니다.

지금은 각각의 기능을 써서 결과물을 만드는 목적이 아닌 중요한 기능들만 한 번 사용해보는 목적이기 때문에 자세한 부분은 후반에 다시 다룰 예정입니다.

▲ 그림 Ⅰ – 24 key frame 2

그 다음 Timeline 마커를 0;00;01;00로 옮겨서 Null 레이어를 마우스로 한번 클릭 후 아래에 보이는 그림대로 키보드에서 Shift와 오른쪽 방향키를 꾹 눌러서 배치해주도록 합니다.

Quick Tip

Timeline 마커를 움직이는 방법은 타임라인의 타임코드를 보며 이동하는 방법과 또는 키보드 단축키 Ctrl + Shift + 방향키를 눌러 10프레임 이동하거나 또는 Ctrl + 방향키를 통하여 1프레임씩 이동이 가능합니다.

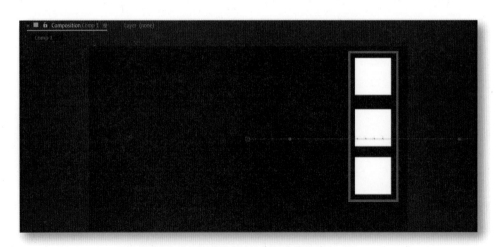

▲ 그림 Ⅰ – 25 Null Object 이동하기 2

이동이 끝났다면 Timeline을 선택 후 키보드의 HOME 버튼을 눌러 시작지점으로 이동하여 키보드에서 스페이스바를 눌러 Timeline에 사용한 Key frame에 따라서 시작지점에 배치돼있던 도형들이 Null을 따라서 다 같이 오른쪽으로 이동하는 모습을 볼 수 있습니다.

6. Shape Layer

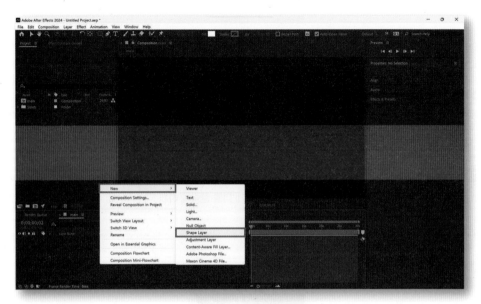

▲ 그림 Ⅰ- 26 Shape Layer

Sharpe Layer는 애프터 이펙트에서 다양한 도형을 만들거나 도형에 효과를 추가하여 다양한 도형 애니메이션을 만들 때 사용이 되는 레이어이며 실무에서 가장 많이 사용되는 Sharpe Layer의 기능으로 Repeater 기능이 있는데 일단 먼저 Sharpe Layer의 기본 기능을 살펴보도록 하겠습니다.

▲ 그림 Ⅰ- 27 Shape Layer 사용해보기

기본적으로 Sharpe Layer는 애프터 이펙트의 하단 Timeline에서 우클릭 NEW 버튼에 있는 기능보다는 상단에 있는 Tools에 있는 도형 툴로 더 많이 사용이 됩니다.

▲ 그림 Ⅰ-28 Shape Layer 사용해보기2

Sharpe Layer 선택 후 우측을 보면 Fill과 Stroke의 기능이 있는데 이 기능을 통해 Fill은 채워지는 색을 정할 수 있으며 Stroke는 테두리 색을 정해줄 수 있는 기능입니다. 그 외에 Fill과 Stroke를 선택하면 내부에서 색상 사용안함 등 다양한 추가적인 옵션을 선택할 수 있습니다.

Quick Tip

애프터 이펙트에서는 파란색으로 칠이 돼 있는 부분들의 기능은 대부분 클릭하여 설정을 변경할 수 있게 되어 있습니다.

Clear Comment

Sharpe Layer는 상단 Tools에서 연속적으로 아이콘을 빠르게 더블 클릭을 하게 되면 작업영역(Composition)에 맞춰 도형을 만들어 줍니다.

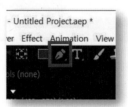

▲ 그림 Ⅰ-29 Shape Layer 사용해보기3

그럼 바로 실무에서 많이 사용이 되는 Sharpe Layer - Repeater 기능을 사용해보도록 합니다. Tools 상단을 보게 되면 Sharpe Layer의 오른쪽에 바로 Pen Tool 기능이 있는데 애프터 이펙트에서 또 다른 방법으로 Sharpe Layer을 만드는 방법입니다.

Quick Tip

Repeater의 기능은 복제입니다. 내가 만든 Sharpe Layer 같은 모양으로 방향을 정하여 개수를 복제를 할 수 있습니다.

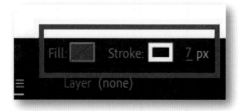

▲ 그림 Ⅰ-30 Shape Layer 사용해보기4

Pen Tool의 기능도 상단에 사용해보았던 도형 툴과 같이 오른쪽에 Fill – Stroke 옵션이 있으니 이 부분에서 Fill 부분은 글자를 클릭하여 빨간색 사선이 그려져 있는 그림

Quick Tip

Stroke 우측에 px 부분은 Stroke의 색상 선택 후 두께를 조절할 수 있는 기능이다.

을 클릭하여 색상 없음을 선택 그리고 Stroke 부분은 글자 오른쪽의 팔레트 부분을 클릭하여 흰색 컬러로 변경해줍니다.

▲ 그림 Ⅰ – 31 Fill Options

Fill 부분의 글자를 클릭하면 되면 위 이미지와 같은 Fill Options창이 나오는데 여기서 맨 앞에 빨간색 사선이 들어가 있는 None을 선택해주도록 합니다. 그 외에 나머지 기능들을 순서대로 기능을 알아보도록 하겠습니다.

❶ None : 색상을 사용하지 않는 기능입니다.

　Solid Color : 한 가지 단색의 컬러를 선택하는 기능입니다.

　Linear Gradient : 선형 그라디언트 색상을 적용하는 기능입니다.

　Radial Gradient : 방사형 그라디언트 색상을 적용하는 기능입니다.

❷ Blending Mode : 선택한 컬러의 혼합 모드와 불투명도를 선택하는 기능입니다.

❸ Preview : 프리뷰 옵션이며 미리 보기를 지원해주는 기능입니다.

▲ 그림 Ⅰ – 32 Stroke Options

Stroke는 글자를 클릭하면 위 이미지와 같은 Stroke Options창이 나오는데 여기서는 두 번째 아이콘인 Solid Color를 선택해주도록 합니다. 그 외에 나머지 기능들을 순서대로 기능을 알아보도록 하겠습니다.

❶ None : 색상을 사용하지 않는 기능입니다.

Solid Color : 한 가지 단색의 컬러를 선택하는 기능입니다.

Linear Gradient : 선형 그라디언트 색상을 적용하는 기능입니다.

Radial Gradient : 방사형 그라디언트 색상을 적용하는 기능입니다.

❷ Blending Mode : 선택한 컬러의 혼합 모드와 불투명도를 선택하는 기능입니다.

❸ Preview : 프리뷰 옵션이며 미리 보기를 지원해주는 기능입니다.

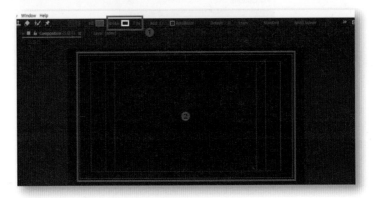

▲ 그림 Ⅰ- 33 Repeater 사용해보기

이제 Repeater의 기능을 사용해보기 전에 ①Stroke 부분에는 7px 두께를 넣어주도록 합니다. 그 다음 단계로 같이 필요한 ②Title/Action Safe라는 기능을 추가로 켜주도록 하겠습니다.

Quick Tip

Title/Action Safe 단축키는 " 입니다. [키보드 Enter 왼쪽에 배치]

▲ 그림 Ⅰ- 34 Title/Action Safe

Title/Action Safe 기능을 켜기 위해서 화면 중앙에 있는 Composition 패널 아래 부분에 있는 ①버튼을 클릭하고 연이어 ②버튼을 클릭하도록 합니다.

Quick Tip

Title/Action Safe 기능은 과거 방송에서 송출 시 영상이 화면에서 잘리는 부분을 방지하기 위해서 사용하는 기능입니다.

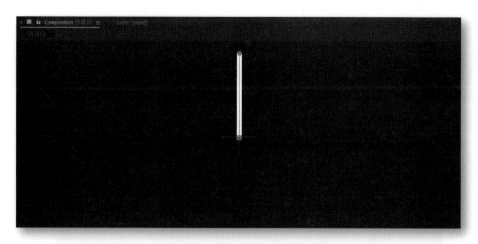

▲ 그림 Ⅰ - 35 Repeater 사용해보기2

Title/Action Safe의 기능이 켜져 있는 상태에 화면 부분
을 마우스 휠을 돌려서 화면을 확대하여 화면 중앙에 십자
표시 + 정중앙 부분에서 클릭하여 Pen Tool을 찍어두고
위쪽으로 Shift를 누른 상태로 클릭하여 짧은 길이의 막대 하나를 완성하도록 합니다.

Quick Tip

Pen Tool를 사용 시 Shift를 누르고 클릭
하면 직선으로 선을 그어줄 수 있습니다.

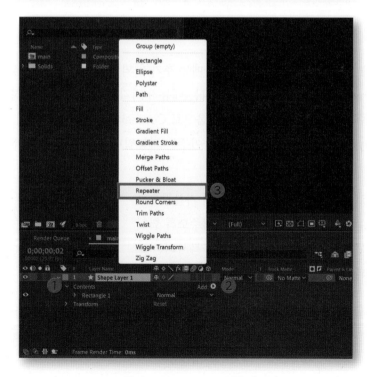

▲ 그림 Ⅰ - 36 Repeater 사용해보기3

Pen Tool로 선을 그으면 Timeline에서 Sharpe Layer가 만들어 지는데 ①의 화살표 버튼을 눌러 ②버튼을 누르고 Add 메뉴가 보이게 열어준 상태로 마지막으로 ③버튼 Repeater 기능을 추가해줍니다.

Quick Tip

Contents에 있는 Add의 기능은 다양한 Sharpe Layer의 특수 기능들이 들어가 있으며 여러 효과의 중첩 사용이 가능합니다.

▲ 그림 Ⅰ - 37 Repeater 사용해보기4

Repeater 옵션을 추가하면 위 이미지와 같은 메뉴 추가가 되는데 여기서 가장 많이 나오는 실수 부분이 Sharpe Layer에서는 Transform이라는 메뉴가 각각의 메뉴마다 존재하여 많이 헷갈릴 수 있기 때문에 주의해야 합니다. 일단 맨 처음으로 Copies라는 메뉴가 있으며 이 메뉴는 내가 만든 Sharpe Layer의 도형을 여러 개로 만들어주는 기능입니다. 이 부분을 3개에서 18개로 변경해줍니다.

다음으로 Transform : Repeater Position이 기본값으로 100이 들어가 있는데 이 부분을 0으로 변경해주도록 합니다. Transform : Repeater의 Position 값은 복사되는 도형의 X축과 Y축의 위치를 조절해주는 기능을 합니다.

Quick Tip

Transform : Repeater의 Position 값은 복제가 되는 간격을 뜻합니다. 앞에 있는 수치이기 때문에 X축(좌우)에 해당

▲ 그림 Ⅰ-38 Repeater 사용해보기5

수정이 완료됐으면 복사가 된 도형들이 다시 제자리에서 겹치는 걸 볼 수 있는데 이 상태에서 이제 동그랗게 퍼트려주는 과정을 진행해보도록 하겠습니다.

▲ 그림 Ⅰ-39 Repeater 사용해보기5

이제 펼치는 과정으로 모아진 도형을 Transform : Repeater 의 Rotation 부분에서 동그랗게 퍼트려주도록 합니다. 약간의 Tip으로 애프터 이펙트에는 계산기 기능이 탑재되어 있어 360/18 입력하게 되면 360 나누기 18로 나누어져서 자동으로 결과 값이 입력됩니다. (360/18 = 20)

Quick Tip

복제한 개수를 원으로 한 바퀴를 돌리고 싶다면 360을 입력 후 복제한 개수를 나누기에 입력해주면 됩니다.

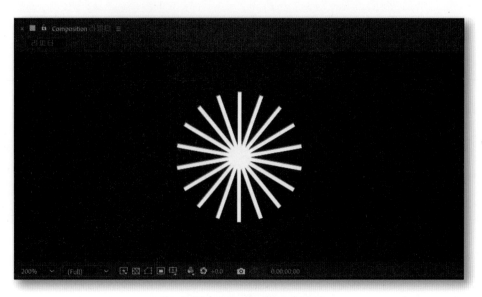

▲ 그림 Ⅰ – 40 Repeater 사용해보기6

펼쳐진 상태에서 다음 과정으로 화면 중앙에서 바깥으로 퍼트리는 작업을 해보도록 합니다. 이
번에는 Transform : Shape의 기능에서 position 기능을 열어 Timeline 패널을 한번 마우스로
클릭 후 HOME 버튼을 눌러 0;00;00;00 지점으로 이동 후 key frame 생성 버튼을 눌러주도록
합니다.

▲ 그림 Ⅰ – 41 Repeater 사용해보기7

그런 다음 추가로 타임라인 패널을 선택 후 Ctrl + Shift + 방향키 오른쪽을 3번 눌러 마커를
0;00;01;10 지점으로 이동하여 position 부분에 Y축에 −300을 입력해주도록 합니다. 그러면
중앙에서 바깥쪽으로 퍼지는 첫 모션이 적용된 걸 확인 할 수 있습니다.

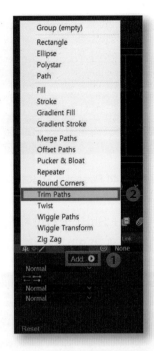

▲ 그림 Ⅰ-42 Repeater 사용해보기8

Timeline 메뉴들은 깔끔하게 정리를 한번 해주시고 다음으로 Contents에서 ①Add에서 추가로 ②Trim Paths 버튼을 눌러줍니다.

Quick Tip

Trim Paths의 기능은 패스 다듬어 자르기 기능으로 그려진 막대의 길이를 조절할 때 사용합니다.

▲ 그림 Ⅰ-43 Repeater 사용해보기9

그런 다음 다시 Timeline패널을 클릭 후 HOME 버튼을 눌러 시작지점인 0;00;00;00으로 돌아와 Add에서 추가한 Trim Paths 기능에서 End의 key frame 생성 버튼을 누른 후 다음으로 End 값에 0입력 후 Enter를 눌러 적용해줍니다.

▲ 그림 Ⅰ - 44 Repeater 사용해보기10

그런 다음 Timeline 패널을 클릭 후 Ctrl + Shift + 방향키 오른쪽으로 두 번 눌러 0;00;00;20 으로 Timeline 마커를 이동 후 End 부분에 값을 100%로 입력합니다.

▲ 그림 Ⅰ - 45 Repeater 사용해보기11

그리고 추가로 Trim Paths의 Start 기능에도 key frame 생성 버튼을 눌러 key frame을 만들어 준 후 0%을 입력 해줍니다.

Quick Tip

여기서의 Trim Paths의 Start와 End의 기 능은 Start는 선을 지워주는 기능이며 End 는 선을 그려주는 기능을 합니다.

▲ 그림 Ⅰ - 46 Repeater 사용해보기12

이제 마무리로 Timeline 패널을 클릭 후 Ctrl + Shift + 방향키 오른쪽으로 두 번을 눌러 0;00;01;10으로 이동하여 Trim Paths의 Start 값을 100%로 변경해주면 key frame이 자동으로 찍히며 완성이 됩니다.

Quick Tip

key frame은 처음에 한 번 찍어주게 되면 그 다음부터 시간이 변경된 상태에서 값이 바뀌면 자동으로 값을 저장합니다.

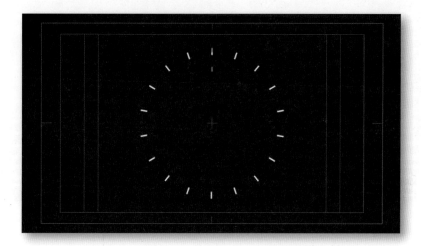

▲ 그림 Ⅰ- 47 Repeater 사용해보기13

이렇게 Sharpe Layer의 Repeater & Trim Paths를 활용한 실무에서 가장 다양하게 사용되는 애니메이션 완성이 됩니다.

Quick Tip

완성된 애니메이션은 정식 명칭으로 스틱 애니메이션이라고 합니다.

7. Adjustment Layer

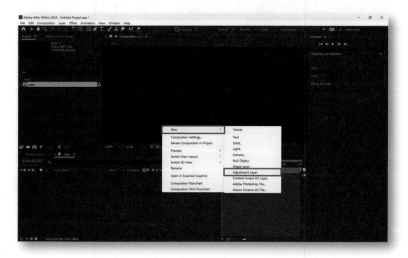

▲ 그림 Ⅰ- 48 Adjustment Layer

Adjustment Layer는 투명한 레이어이며 기능은 Adjustment Layer의 밑에 있는 레이어를 모두 일괄적으로 Adjustment Layer 레이어의 적용을 받게 됩니다. 그러므로 주로 색상보정 또는 화면전환 효과 등 일괄적인 효과를 적용하고자 할 때 사용됩니다.

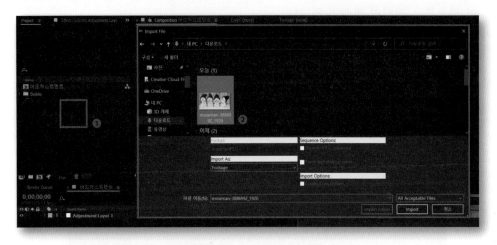

▲ 그림 Ⅰ - 49 Import File

Adjustment Layer는 위에도 적었듯 아무런 기능이 없기 때문에 파일을 불러와줘야 합니다. 그러므로 좌측 상단에 Project 패널에서 ①빈 공간을 더블 클릭하여 Import File 탭에서 내가 불러오고자 하는 이미지를 ②선택하여 불러옵니다.

(이미지는 아래의 링크에서 1920px 사이즈로 다운로드 합니다.)

https://pixabay.com/photos/snowman-figure-cute-winter-wintry-3886992/

▲ 그림 Ⅰ-50 Image 가져오기

다음으로 Adjustment Layer 기능을 사용하기 위해 불러온 파일을 아래의 Timeline으로 내려 주도록 합니다.

▲ 그림 Ⅰ-51 Effects & Presets 사용하기

이제 Adjustment Layer을 사용하기 위해서 우측 상단에 Effects & Presets을 이용하여 간단 하게 Plug-in을 적용해보도록 하겠습니다.

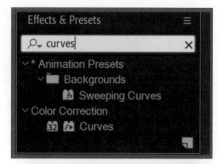

▲ 그림 Ⅰ - 52 Effects & Presets 검색하기

Effects & Presets 패널에서 돋보기.모양의 아이콘을 클릭하여 Curves라는 Plug-in을 검색합니다. 검색을 하게 되면 Color Correction 탭에 Curves가 검색이 됩니다.

이제 Timeline패널에 있는 Adjustment Layer를 선택 후 Effects & Presets - Curves을 더블클릭하여 Adjustment Layer에게 적용을 시켜줍니다. Plug-in을 적용하는 방법으로는 드래그&드롭과 Adjustment Layer를 선택한 상태에서 Plug-in을 더블 클릭하는 방법이 있으므로 나에게 편한 방법을 선택하여 사용합니다.

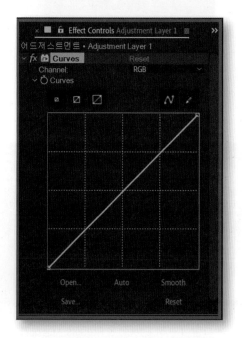

▲ 그림 Ⅰ - 53 Plug-in 사용하기

Effects & Presets - Curves가 적용이 되면 좌측 상단에 Project 패널에서 Effect Controls 패널로 바뀌는 걸 볼 수 있습니다. 애프터 이펙트에서는 Plug-in이 적용되면 자동으로 Effect 의 옵션을 볼 수 있도록 패널이 자동으로 변경됩니다. 만약 다시 처음으로 Project로 돌아가고 싶다면 Effect Controls 우측의 '〉〉' 아이콘을 클릭하여 패널을 바꾸어주면 됩니다.

▲ 그림 Ⅰ-54 Curves 사용해보기

Plug-in인 Curves는 이미지 또는 영상에 콘트라스트를 조절하는 기능으로 사용이 되며 기본적으로 가장 많이 사용되는 기능입니다.

❶ 하이라이트 영역 : 영상 또는 이미지의 가장 밝은 영역을 조절하는 영역입니다.

❷ 미드톤 : 영상 또는 이미지의 중간 영역을 조절하는 영역입니다.

❸ 쉐도우 영역 : 영상 또는 이미지의 가장 어두운 영역을 조절하는 영역입니다.

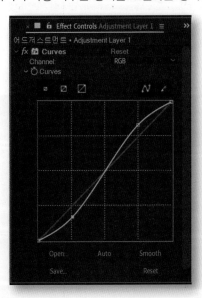

▲ 그림 Ⅰ-55 Curves 사용해보기

Plug-in인 Curves는 이미지 또는 영상에 콘트라스트를 조절하는 기능으로 사용이 되며 기본적으로 가장 많이 사용이 되는 기능이며, 주로 위 이미지처럼 S모양의 형태로 S감마 커브라고 합니다. 하이라이트 영역은 좀 더 밝게, 쉐도우는 좀 더 어둡게 하는 곡선이며 주로 사진 or 영상 보정에서 무난하게 사용됩니다.

애프터 이펙트의 트랜스폼 기능 알아보기

이번에는 애프터 이펙트의 가장 핵심인 트랜스폼 기능을 알아보도록 하겠습니다.

▲ 그림 I – 56 Transform 사용해보기

진행에 앞서 새로운 작업영역과 Sharpe Layer를 하나씩 만든 후 따라할 수 있도록 합니다. 그럼 Transform의 기능을 살펴보도록 하겠습니다. Sharpe Layer에서 좌측 화살표 버튼을 눌러서 하단의 Transform를 열어 주도록 합니다.

Quick Tip

애프터 이펙트는 내가 원하는 옵션만을 보기 위해서는 단축키를 이용하여야 합니다.

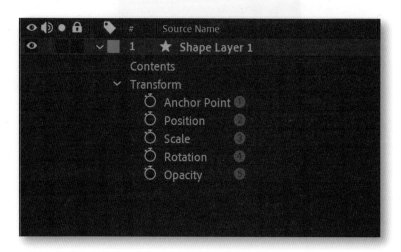

▲ 그림 I – 57 Transform 옵션

❶ Anchor Point : 앵커포인트(중심점 값)을 조절하는 기능입니다.

❷ Position : 포지션(좌표 값)을 조절하는 기능입니다.

❸ Scale : 스케일(크기 조절 값)을 조절하는 기능입니다.

❹ Rotation : 로테이션(회전 값)을 조절하는 기능입니다.

❺ Opacity : 오퍼시티(불투명도 값)을 조절하는 기능입니다.

> **Quick Tip**
>
> Rotation 0x+0.0° 부분은 0x 는 회전의 횟수이며 +0.0°는 각도입니다.

애프터 이펙트의 Transform 기능은 위 기능 설명처럼 도형의 중심점에 따라 움직이거나, 크기 조절 또는 회전, 불투명도 등 다양한 기본 기능들을 소화해주는 요소입니다.

Clear Comment

Transform 단축키

① Anchor Point : 단축키는 'A' 이다.

② Position : 단축키는 'P' 이다.

③ Scale : 단축키는 'S' 이다.

④ Rotation : 단축키는 'R' 이다.

⑤ Opacity : 단축키는 'T' 이다.

그 외 Shift와 A / P / S / R / T를 같이 누르게 되면 하나의 옵션과 함께 추가적인 옵션을 같이 사용할 수 있습니다.

> **Quick Tip**
>
> 그 외로 U 버튼이 있는데 내가 사용한 key frame을 보기 또는 전체 메뉴를 열거나 닫을 수 있습니다.

애프터 이펙트의 키 프레임과 그래프 에디터 사용해보기

▲ 그림 Ⅰ－58 Graph Editor 사용해보기

Graph Editor를 사용하기 위해서는 key frame이 존재해야 하기 때문에 먼저 이 화면에서 key frame을 찍어보도록 하겠다. Sharpe Layer를 선택하여 키보드에서 단축키 S를 눌러주도록 합니다. S는 Scale 값이며 크기를 조절하는 기능입니다. 시작시간인 0;00;00;00 부분에 key frame 생성 버튼을 눌러 key frame을 먼저 찍은 후 Scale 값을 0%로 입력해줍니다. 그런 다음 0;00;01;00로 이동하여 Scale 값을 100%로 변경해주도록 합니다.

▲ 그림 Ⅰ - 59 Graph Editor 사용해보기2

일단 Graph Editor를 사용하기 위해서 기본적으로 일반 key frame을 찍어준 상태에서 Timeline에 key frame 모두 선택하고 키보드에서 'F9'을 눌러서 Easy Ease를 만들어줍니다. 그러면 마름모 모양의 key frame이 모래시계 모양으로 바뀌는 걸 확인 할 수 있습니다.

Clear Comment

'F9' 눌러서 Easy Ease의 기능을 사용하는 이유는 기본적인 key frame 에서는 처음부터 일정한 속도로 유지되기 때문에 Graph가 일자로 쭉 유지가 되어 있습니다. 그렇기에 'F9'를 눌러 Graph Editor로 들어가면 Easy Ease의 기능으로 서서히 속력이 늘어나고 서서히 속력이 줄어드는 곡선의 형태를 가진 부드러운 그래프를 통해서 속도 조절이 가능해집니다.

▲ 그림 Ⅰ - 60 Graph Editor 사용해보기3

그럼 이제 ①의 Scale 버튼을 먼저 눌러 준 상태에서 Graph Editor 버튼인 ②을 클릭하여 Graph Editor를 켜주도록 합니다. 이 상태에서 처음의 보여지는 Graph Editor는 위 이미지 형태의 Value Graph Editor 모양을 보여주고 있을 것입니다.

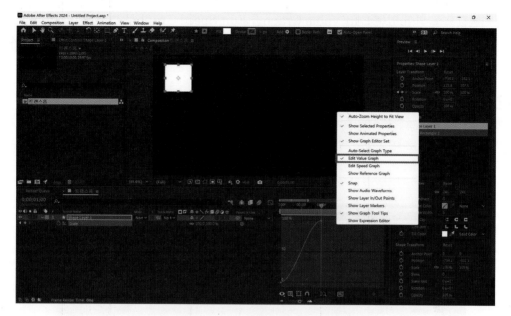

▲ 그림 Ⅰ－61 Graph Editor 사용해보기4

Graph Editor의 기본적인 설정은 Edit Value Graph이며 선택된 레이어의 위치 또는 값으로 속도를 표현해주는 Graph Editor 값이며, 특징으로 각 축을 따로 분리하여 속도를 조절해줄 수 있는 Graph입니다.

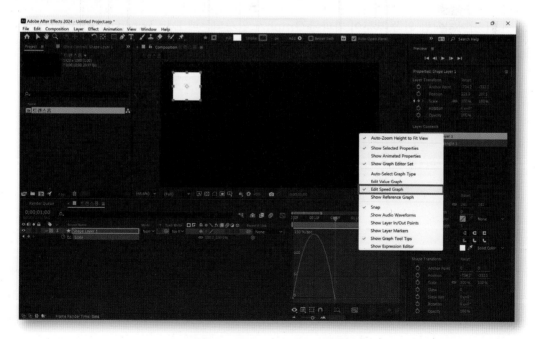

▲ 그림 Ⅰ－62 Graph Editor 사용해보기5

그럼 기본값으로 되어 있는 Edit Value Graph를 Edit Speed Graph로 변경해주도록 하겠습니다. 변경하는 이유로는 처음에 접하기 쉬운 그래프이며 속도를 표현해주기 때문에 다루기가 쉬운 그래프입니다.

※ Clear Comment
Edit Value Graph와 Edit Speed Graph 차이는 Edit Value Graph 같은 경우에는 X, Y, Z축의 각각의 속도를 그래프로 표현하지만 Edit Speed Graph 같은 경우에는 하나로 통합하여 속도를 표현할 수 있어 다루기에는 쉽지만 결과물은 다소 아쉬울 수 있습니다.

▲ 그림 Ⅰ- 63 Graph Editor 사용해보기6

마지막으로 위 이미지에서 그래프의 막대기를 한번 클릭 후 빨간색으로 표시된 핸들이 활성화가 되면 그 부분을 마우스로 드래그하여 왼쪽으로 더 이상 안 움직일 때까지 이동해주도록 합니다. 그러면 위 이미지처럼 왼쪽 부분이 가파른 Graph가 완성되는데 Edit Speed Graph에서는 가파른 부분이 가장 빠른 속도를 표현해주는 구간이며 낮아질수록 속도가 느려지는 기능을 합니다.

▲ 그림 Ⅰ- 64 Graph Editor 사용해보기7

이번에는 다른 Graph 모양을 만들기 전에 시작지점에서 재생을 통하여 차이점을 비교한 후 새로운 그래프를 만들기 위해서 다시 key frame을 선택하여 'F9'을 눌러주면 Graph 라인 형태로 초기화된 모습을 Graph Editor에서 확인할 수 있습니다. 그러면 나머지 타입의 기본적인 Graph의 형태를 만들어 보도록 하겠습니다.

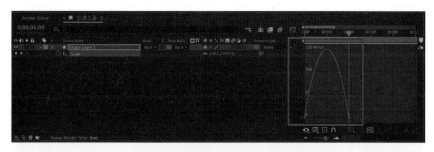

▲ 그림 Ⅰ - 65 Graph Editor 사용해보기8

그럼 이제 다시 Graph Editor로 돌아와 Graph가 위 이미지처럼 초기화가 되었는지를 확인합니다.

▲ 그림 Ⅰ - 66 Graph Editor 사용해보기9

초기화가 되어 있는 상태에서 이제 Graph 클릭하여 동그란 핸들 부분의 왼쪽 부분은 오른쪽으로, 오른쪽 부분은 왼쪽으로 드래그 해주어 가운데 부분이 가장 속도가 빠른 Graph가 되도록 만들어 줍니다. 그런 다음 타임라인 마커를 시작지점으로 옮겨 재생을 통하여 이전의 Graph와 속도 차이를 확인해보도록 합니다.

▲ 그림 Ⅰ - 67 Graph Editor 사용해보기10

그럼 이제 또 다시 key frame을 선택하여 'F9'을 눌러준 후 Graph Editor로 돌아가 Graph가
위 이미지처럼 초기화가 되었는지를 확인해줍니다.

▲ 그림 Ⅰ-68 Graph Editor 사용해보기11

초기화가 되어 있는 상태에서 이제 마지막 기본 Graph 모양을 만들어 보도록 하겠습니다.
Graph를 클릭하여 동그란 핸들 오른쪽 부분을 왼쪽으로 드래그하여 시작 부분은 속도가 느리
게 그리고 끝나가는 부분은 가장 속도가 빠른 Graph가 되도록 만들어줍니다. 그런 다음
Timeline 마커를 시작지점으로 옮겨 재생을 통하여 이전 Graph와 속도 차이를 확인해보도록
합니다.

▲ 그림 Ⅰ-69 Graph Editor 사용해보기12

추가적으로 Graph Editor를 사용하면서 꼭 알아두면 좋은 기능들을 설명 하겠습니다.

❶ Snap : Snap 기능으로 Graph Editor를 사용할 때에 특정 구간에 딱 자석처럼 붙을 수 있게 해주는 기능
입니다.

❷ Fit all graphs to view : Graph Editor를 화면 사이즈에 맞추어서 꽉 채워 보여주는 기능입니다.

❸ Convert Selected key frames : Graph Editor의 key frame을 특정 모양으로 변형시켜주는 기능입니다.

기본 기능을 이용한 다양한 결과물 만들기

1. 다양한 텍스트 애니메이션 만들기
2. Sharpe Layer와 익스프레이션을 통한 오디오 플레이어 디자인해보기

기본 기능을 이용한 다양한 결과물 만들기

▲ 그림 II- 1 레이어의 Transform 기능

애프터 이펙트에서 Transform은 레이어에 어떠한 움직임을 줄 수 있는 다양한 필요 속성들이 들어 있는 메뉴입니다. 모든 레이어가 가지고 있는 속성으로 Anchor Point, Position, Scale, Rotation, Opacity의 5가지로 이루어져 있습니다. 이 기능들을 이용하여 다양한 기본적인 텍스트 애니메이션을 만들어 보겠습니다.

다양한 텍스트 애니메이션 만들기

▲ 그림 II- 2 New Composition

다양한 텍스트 애니메이션을 만들기에 앞서 Ctrl+N을 눌러서 새로운 작업영역을 만들어줍니다.

▲ 그림 II- 3 New Composition Settings

작업 전 Composition Settings을 내가 작업을 하고자 하는 Settings으로 지정해주도록 합니다.

❶ Composition Settings 작업영역의 이름을 정해줍니다.

❷ 사이즈는 1920X1080으로 맞춰줍니다.

❸ Pixel Aspect Ratio는 픽셀의 종횡비이기 때문에 꼭 내가 원하는 화면의 크기에 화면 비율을 얻으려면 Square Pixels로 지정해줍니다.

❹ Frame Rate는 29.97로 지정해줍니다.

❺ Start Timecode 부분은 시작지점이기 때문에 항상 0;00;00;00으로 세팅해줍니다.

❻ Duration은 총 영상의 길이 입니다. 간단하고 짧은 다양한 텍스트 애니메이션을 만들 것이기 때문에 0;00;30;00으로 30초를 지정해주도록 합니다.

❼ Background Color 작업할 때 배경 컬러이기 때문에 간단하게 검은색으로 지정해주도록 합니다.

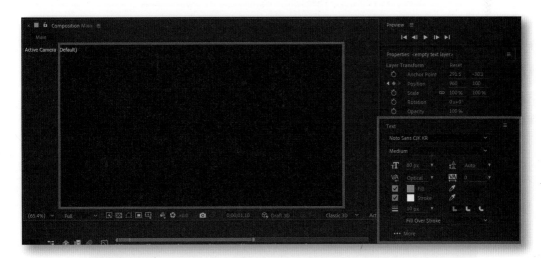

▲ 그림 II- 4 Text 입력하기

먼저 키보드에서 Ctrl+T 버튼을 눌러 Text 기능을 활성화 한 후 글자를 입력하고자 하는 위치를 마우스로 클릭하여 입력 상태를 활성화 시켜줍니다.

Quick Tip

Text를 입력할 때는 절대 화면에 드래그 해서 Text 박스를 만들지 않습니다. 드래 그하여 Text 박스를 만든 후 입력 시 Text 가 박스를 넘어가면 화면에서 사라지게 됩니다.

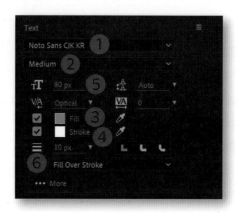

▲ 그림 II– 5 Character 세팅하기

❶ 텍스트의 폰트를 내가 원하는 대로 지정해줍니다.

❷ 선택한 폰트의 글자 두께를 내가 원하는 대로 지정해줍니다.

❸ 내가 원하는 글자 색상을 선택하여 줍니다.

❹ 내가 원하는 글자의 스트로크 색상을 선택하여 줍니다.

❺ 글자의 폰트 크기를 선택해줍니다.

❻ 글자의 스트로크 두께를 지정해줍니다.

오른쪽의 추가 선택 메뉴는 Fill Over Stroke를 지정해줍니다.

▲ 그림 II– 6 텍스트 배치하기

'포지션 애니메이션'이라고 텍스트를 입력 후 타임라인에서 포지션 애니메이션 텍스트 레이어를 선택하고 키보드에서 Ctrl+Alt+Home 버튼을 눌러서 텍스트 레이어의 중심점을 중앙으로 맞춰줍니다. 그 다음으로 연달아 Ctrl+Home 버튼을 눌러서 중심점 기준 화면 중앙에 배치하기 기능을 이용하여 위 이미지처럼 화면 정중앙으로 텍스트를 배치합니다.

▲ 그림 Ⅱ– 7 텍스트 배치하기2

타임라인에서 텍스트 레이어를 클릭해서 키보드에서 Shift+방향키 위쪽을 꾹 눌러서 화면의 위쪽으로 배치해줍니다.

▲ 그림 Ⅱ– 8 텍스트 애니메이션 만들기

텍스트 레이어를 클릭한 상태에서 키보드의 단축키 P버튼을 눌러서 포지션 기능을 열어주도록 합니다.

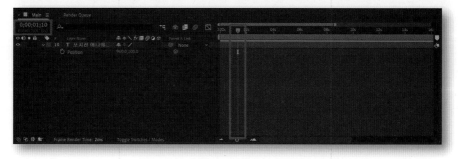

▲ 그림 Ⅱ– 9 텍스트 애니메이션 만들기2

마커를 이동하여 타임라인의 시간을 0;00;01;10으로 이동합니다.

▲ 그림 II– 10 텍스트 애니메이션 만들기3

0;00;01;10에 포지션의 key frame 생성 버튼을 눌러서 key frame을 찍어줍니다.

▲ 그림 II– 11 텍스트 애니메이션 만들기4

마커를 이동하여 타임라인 시간을 0;00;00;00 옮겨 텍스트 레이어를 클릭 후 키보드에서 위 이미지처럼 Shift+방향키 왼쪽을 눌러 화면이 바깥으로 보이지 않게 이동하여 줍니다.

▲ 그림 II– 12 텍스트 애니메이션 만들기5

기본 key frame 애니메이션은 부드럽지 않기 때문에 key frame 둘 다 모두 선택하여 F9을 눌러 Easy Ease 기능을 적용해줍니다.

▲ 그림 II– 13 텍스트 애니메이션 만들기6

①번 버튼을 눌러서 그래프 에디터를 들어가서 그래프를 클릭하여 핸들을 활성화 시켜 ②핸들을 클릭하여 왼쪽으로 안 움직일 때까지 당겨 주도록 합니다.

Quick Tip

만약 그래프를 만지다가 그래프가 사라진 다면 내가 속력을 만지고 있는 값을 선택 해주면 다시 그래프가 나타납니다. 포지션 값을 주고 있다면 (Ex.Position) 이름 선택

▲ 그림 II– 14 텍스트 애니메이션 만들기7

다음으로 그래프 에디터를 다시 눌러 타임라인 메뉴로 돌아와 0;00;00;00으로 이동하여 재생시켜 텍스트가 왼쪽에서 오른쪽으로 움직이는 애니메이션을 확인합니다.

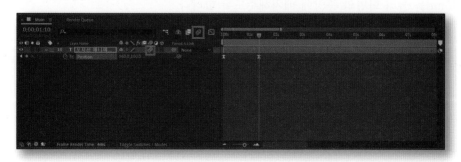

▲ 그림 II– 15 텍스트 애니메이션 만들기8

마지막으로 퀄리티 업 작업으로 타임라인에서 체크 박스 부분의 모션 블러를 체크해주고 상단의 모션 블러를 추가적으로 동작시키는 기능을 같이 켜주도록 하여 좀 더 속도감 있는 애니메이션을 만들어줍니다.

Clear Comment

모션 블러 사용 시 프리뷰 렉을 유발하므로 모션 블러가 적용될 레이어에 체크만 해놓은 상태로 위에 있는 모션 블러 기능은 꺼두었다가 영상을 출력할 때 다시 켜주면 쾌적한 작업환경을 가질 수 있습니다.

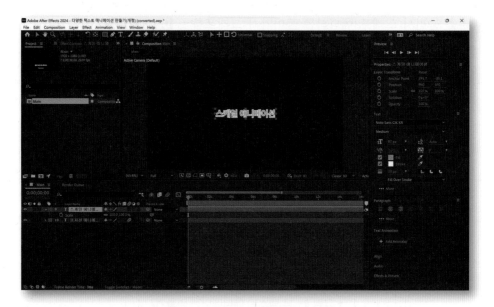

▲ 그림 II- 16 텍스트 애니메이션 만들기9

다음으로 포지션 애니메이션과 똑같이 텍스트를 입력 후 단축키 Ctrl+Alt+Home 버튼과 Ctrl+ Home을 눌러 화면의 중앙에 배치해주도록 합니다.

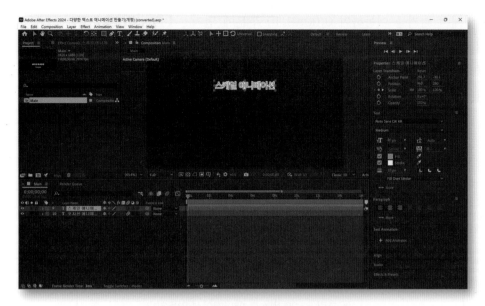

▲ 그림 II– 17 텍스트 애니메이션 만들기10

그런 다음으로 추가적으로 애니메이션을 넣을 자리를 만들어주기 위해서 텍스트 레이어를 클릭하고 Shift+방향키 위쪽을 눌러 좀 더 위쪽에 위치할 수 있도록 올려줍니다.

▲ 그림 II– 18 텍스트 애니메이션 만들기11

텍스트 레이어를 선택하여 단축키 S버튼을 눌러서 스케일 기능을 활성화시켜 줍니다.

▲ 그림 II– 19 텍스트 애니메이션 만들기12

타임라인에서 마커를 이동하여 0;00;01;10 부분에 먼저
스케일 key frame을 100%를 찍어주도록 합니다. 그런 다
음 0;00;00;00으로 돌아와 스케일 0%를 입력해주도록
합니다.

Quick Tip

배치를 먼저 해둔 상태로 key frame을 미
리 찍어두고 시작지점으로 돌아오게 되면
key frame을 찍을 시 좀 더 편하게 한 번
에 처리가 가능합니다.

▲ 그림 II– 20 텍스트 애니메이션 만들기13

그런 다음 key frame을 모두 선택하여 F9을 눌러 이번에도 Easy Ease를 적용시켜 줍니다.

▲ 그림 II– 21 텍스트 애니메이션 만들기14

①번 버튼을 눌러서 그래프 에디터를 들어간 다음 그래프를 클릭하여 핸들을 활성화시켜 ②핸
들을 클릭하여 왼쪽으로 안 움직일 때까지 당겨 주도록 합니다.

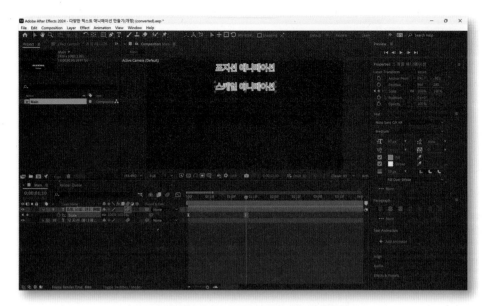

▲ 그림 II– 22 텍스트 애니메이션 만들기15

마지막으로 퀄리티 업 작업으로 타임라인에서 체크 박스 부분의 모션 블러를 체크해주고 상단의
모션 블러를 추가적으로 동작시키는 기능을 같이 켜주도록 하여 좀 더 속도감 있는 애니메이션
을 만들어줍니다.

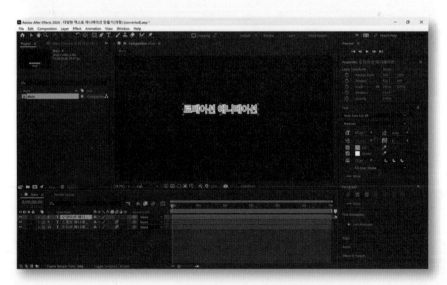

▲ 그림 II– 23 텍스트 애니메이션 만들기16

다음으로 스케일 애니메이션과 똑같이 텍스트를 입력 후 단축키 Ctrl+Alt+Home 버튼과
Ctrl+Home을 눌러서 화면의 중앙에 배치해주도록 합니다.

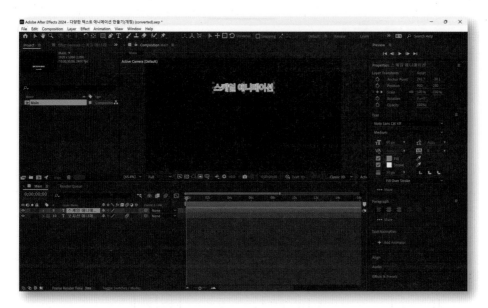

▲ 그림 II- 24 텍스트 애니메이션 만들기17

그런 다음에 추가적으로 애니메이션을 넣을 위한 자리를 만들어주기 위해서 텍스트 레이어를 클릭하여 Shift+방향키 위쪽을 눌러 좀 더 위쪽으로 위치해줄 수 있도록 올려줍니다.

▲ 그림 II- 25 텍스트 애니메이션 만들기18

타임라인에서 체크 박스 부분의 3D Layer 체크박스를 체크해주도록 합니다.

▲ 그림 II- 26 텍스트 애니메이션 만들기19

텍스트 레이어를 클릭한 상태에서 키보드에서 단축키 R버튼을 눌러서 포지션 기능을 열어주도록 합니다. 그리고 추가로 Shift+P버튼을 눌러서 추가적으로 포지션 메뉴를 열어줍니다.

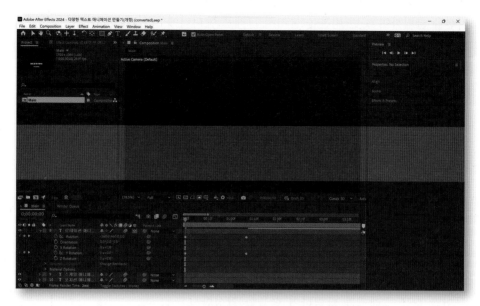

▲ 그림 II– 27 텍스트 애니메이션 만들기20

타임라인에서 마커를 이동하여 0;00;01;10 부분에 포지션 key frame 생성 버튼을 눌러주고 다음으로 Y Rotation을 1x을 입력해줍니다. 그런 다음 다시 시작지점으로 돌아가 0;00;00;00에서 텍스트 레이어를 선택한 상태에서 Shift+방향키를 눌러서 왼쪽 화면 바깥으로 보이지 않을 때까지 이동시켜주도록 합니다. 그리고 마지막으로 Y Rotation을 0x를 입력해주도록 합니다.

▲ 그림 II– 28 텍스트 애니메이션 만들기21

그런 다음 key frame을 모두 선택하여 F9을 눌러 이번에도 Easy Ease를 적용시켜 줍니다.

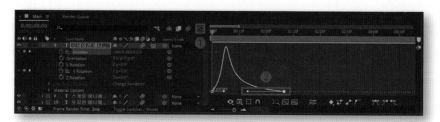

▲ 그림 II– 29 텍스트 애니메이션 만들기22

먼저 포지션을 클릭하여 ①번 버튼을 눌러서 그래프 에디터에 들어가고 그런 다음 그래프를 클릭하여 핸들을 활성화시켜 ②핸들을 클릭하여 왼쪽으로 안 움직일 때까지 당겨 주도록 합니다.

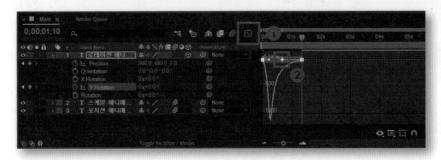

▲ 그림 II- 30 텍스트 애니메이션 만들기23

그런 다음 포지션을 클릭하여 ①번 버튼을 눌러 그래프 에디터에 들어간 다음 그래프를 클릭하여 핸들을 활성화시키고 ②핸들을 클릭하여 왼쪽으로 안 움직일 때까지 당겨 주도록 합니다.

Quick Tip

그래프를 보면 위로 올라가는 경우와 아래로 내려가는 경우가 있는데 이 부분은 값이 올라가는 경우에는 그래프가 위로 그려지며 반대로 수치가 낮아지는 경우에는 그래프가 아래로 그려집니다.

Clear Comment

주의할 점으로 그래프의 방향이 반대로 되는 경우에는 애니메이션이 역재생하는 문제가 발생하므로 꼭 방향을 지켜줘야 합니다.

▲ 그림 II- 31 텍스트 애니메이션 만들기24

마지막으로 퀄리티 업 작업으로 타임라인에서 체크 박스 부분의 모션 블러를 체크해주고 상단의 모션 블러를 추가적으로 동작시키는 기능을 같이 켜주도록 하여 좀 더 속도감 있는 애니메이션을 만들어줍니다.

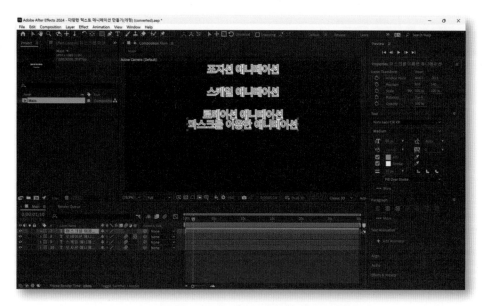

▲ 그림 II- 32 텍스트 애니메이션 만들기25

다음으로 로테이션 애니메이션과 똑같이 텍스트를 입력 후 단축키 Ctrl+Alt+Home 버튼과 Ctrl+Home을 눌러서 화면의 중앙에 배치해주도록 합니다.

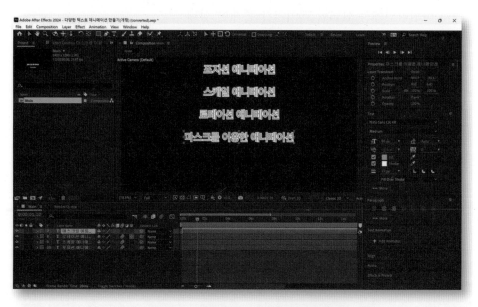

▲ 그림 II- 33 텍스트 애니메이션 만들기26

그런 다음에 추가적으로 애니메이션을 넣을 자리를 만들어주기 위해서 텍스트 레이어를 클릭하여 Shift+방향키 아래쪽을 눌러 좀 더 아래쪽으로 위치할 수 있도록 합니다.

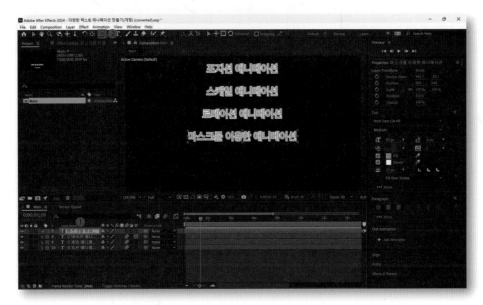

▲ 그림 II- 34 텍스트 애니메이션 만들기27

타임라인에서 ①레이어를 먼저 선택한 후 ②쉐이프 레이어를 선택하여 줍니다. 마스크라는 기능은 사용이 되는 조건이 있는데 타임라인에서 선택한 레이어가 존재한 상태에서 쉐이프 레이어 또는 펜 도구를 이용하여 드래그 또는 선택하는 등의 행동을 하면 자동으로 동작이 되는 기능입니다.

Quick Tip

마스크는 프리미어 프로에서의 기능과 동일하며 내가 선택한 부분만 보이게 하거나 또는 내가 선택한 부분을 제외한 부분을 보여주는 기능입니다.

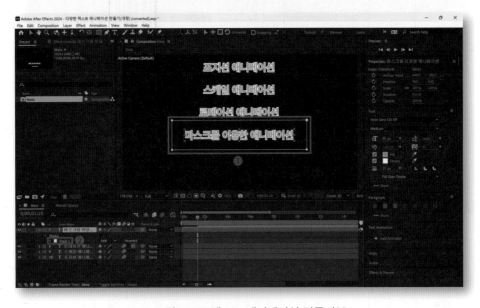

▲ 그림 II- 35 텍스트 애니메이션 만들기28

①쉐이프 레이어를 이용하여 텍스트를 드래그하게 되면 마스크가 자동으로 만들어 지는걸 확인할 수 있고 ②타임 라인 부분을 확인하여 제대로 마스크 기능이 생겼는지 확인하도록 합니다.

Quick Tip

마스크는 공간은 여유롭게 만들어 주도록 합니다. 만약 딱 맞춰 제작을 하게 되면 추가적인 다양한 효과를 제작 시 다시 만들어야 하는 경우가 종종 발생합니다.

▲ 그림 Ⅱ– 36 텍스트 애니메이션 만들기29

Mask의 기능 옵션을 열어 부분을 Mask Path 부분에 key frame 생성 버튼을 눌러 0;00;01;10 부분에 key frame을 생성하여 줍니다.

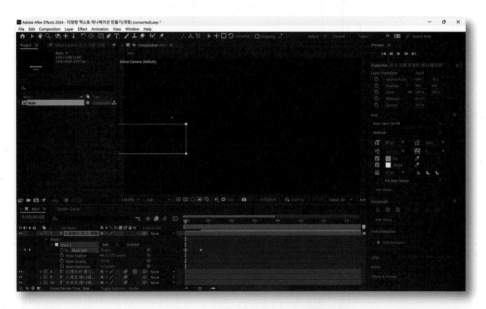

▲ 그림 Ⅱ– 37 텍스트 애니메이션 만들기30

타임라인에서 0;00;00;00으로 마커를 이동 후 Mask Path 이름 부분을 마우스로 클릭 후 Shift+방향키 왼쪽을 눌러서 화면 밖으로 Mask Path를 내보내 줍니다.

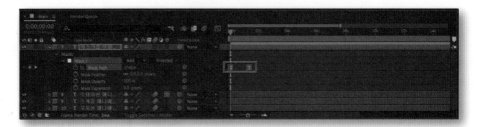

▲ 그림 II- 38 텍스트 애니메이션 만들기31

그런 다음 Mask Path의 key frame을 모두 선택하여 F9을 눌러 Easy Ease로 변환해줍니다.

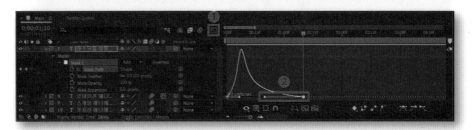

▲ 그림 II- 39 텍스트 애니메이션 만들기32

①번 버튼을 눌러서 그래프 에디터를 들어가서 그런 다음 그래프를 클릭하여 핸들을 활성화 시켜 ②핸들을 클릭하여 왼쪽으로 안 움직일 때까지 당겨 주도록 합니다.

▲ 그림 II- 40 텍스트 애니메이션 만들기33

다음으로 로테이션 애니메이션과 똑같이 텍스트를 입력 후 단축키 Ctrl+Alt+Home 버튼과 Ctrl +Home을 눌러서 화면의 중앙에 배치해주도록 합니다.

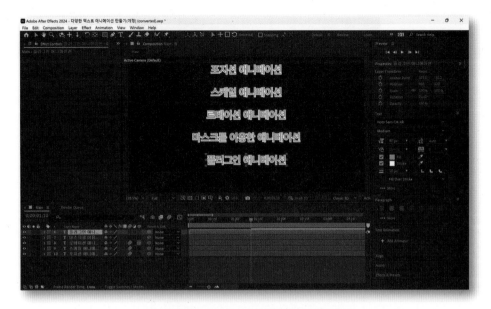

▲ 그림 II- 41 텍스트 애니메이션 만들기34

그런 다음으로 추가적으로 애니메이션을 넣을 위한 자리를 만들어주기 위해서 텍스트 레이어를 클릭하여 Shift+방향키 아래쪽을 눌러 좀 더 아래쪽으로 위치해줄 수 있도록 합니다.

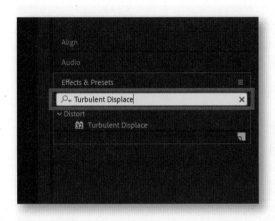

▲ 그림 II- 42 텍스트 애니메이션 만들기35

그런 다음으로 오른쪽 Effects & Presets 패널에서 Turbulent Displacement를 검색하여 줍니다.

▲ 그림 II- 43 텍스트 애니메이션 만들기36

타임라인에서 Plug-in 애니메이션 텍스트 레이어를 선택 후 Effects & Presets 패널에서 Turbulent Displacement Plug-in을 더블 클릭하여 적용시켜 줍니다. 그러면 왼쪽 Project 패널에서 Effect Controls 패널로 바뀌는 모습을 확인할 수 있습니다.

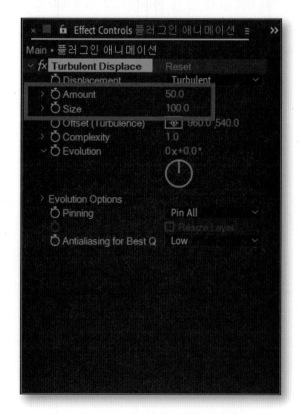

▲ 그림 II- 44 텍스트 애니메이션 만들기37

이제 Plug-in을 사용해보도록 할텐데 Turbulent Displace 는 레이어를 불규칙한 모양으로 구기는 Plug-in이며 이 것을 이용해서 꿈틀거리는 텍스트를 만들어보도록 하겠습

Quick Tip
Amount는 왜곡 효과의 강도이며 Size는 왜곡 범위를 지정해줄 수 있습니다.

니다. Amount와 Size를 20 미만의 수치로 적용하여 각각 15 정도의 값을 적용합니다.

▲ 그림 II- 45 텍스트 애니메이션 만들기38

그런 다음 Evolution Options 부분을 클릭하여 Radom Seed 부분의 key frame 생성 버튼을 단축키 Alt와 함께 클릭해주도록 한다.

Quick Tip
Radom Seed는 효과가 중복되지 않게 지속적인 애니메이션을 줄 수 있는 기능입니다.

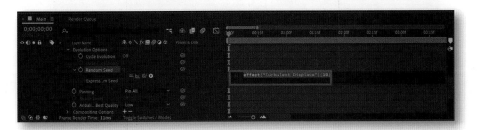

▲ 그림 II- 46 텍스트 애니메이션 만들기39

Alt+클릭을 하게 되면 애프터 이펙트에서 익스프레이션 기능이 동작되며 자바스크립트의 기반인 명령어를 입력할 수 있는 칸이 타임라인에 생기게 됩니다. 이 상태로 원래의 내용은 지우고 time*5를 입력해주도록 하겠습니다.

Quick Tip

time 명령어는 1초당 얼마만큼의 값을 곱할 것인지 설정하는 명령어입니다.

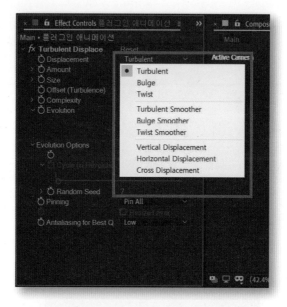

▲ 그림 II- 47 텍스트 애니메이션 만들기40

그러면 제작이 완료되는데 재생을 하여 정상적인 애니메이션 동작이 확인되면 마지막으로 Effect Controls 패널에서 Displacement을 클릭하여 좀 더 본인이 원하는 애니메이션으로 수정하여 마무리를 해주도록 합니다.

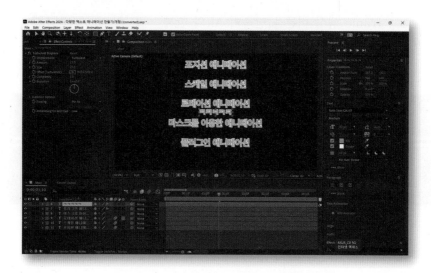

▲ 그림 II- 48 텍스트 애니메이션 만들기41

다음으로 Plug-in 애니메이션과 똑같이 텍스트를 입력 후 단축키 Ctrl+Alt+Home 버튼과 Ctrl+Home을 눌러서 화면의 중앙에 배치해주도록 합니다.

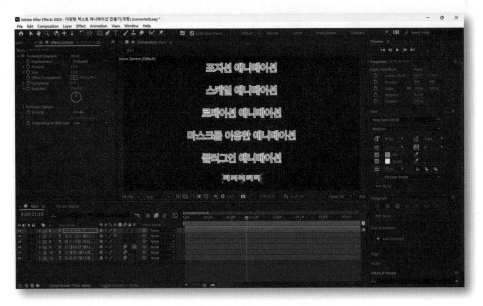

▲ 그림 II– 49 텍스트 애니메이션 만들기42

그런 다음 추가로 애니메이션을 넣기 위한 자리를 만들어주기 위해서 텍스트 레이어를 클릭하여 Shift+방향키 아래쪽을 눌러 좀 더 아래쪽으로 위치해줄 수 있도록 내려줍니다.

▲ 그림 II– 50 텍스트 애니메이션 만들기43

'ㅋㅋㅋㅋㅋㅋ' 레이어를 Ctrl+D 단축키를 입력하여 4번 복사해서 5개의 레이어로 만들어줍니다.

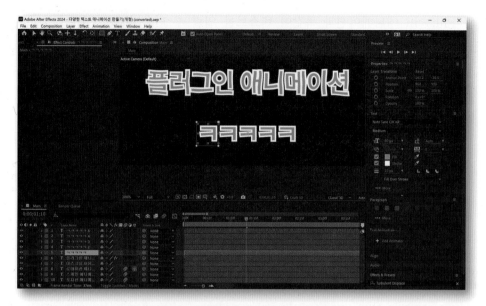

▲ 그림 II- 51 텍스트 애니메이션 만들기44

'ㅋㅋㅋㅋㅋㅋ' 레이어를 하나씩 쉐이프 레이어 툴로 레이어에 순서대로 하나씩 마스크를 씌워주도록 합니다.

▲ 그림 II- 52 텍스트 애니메이션 만들기45

'ㅋㅋㅋㅋㅋㅋ' 각각의 레이어에 Mask가 추가되어 있는지 확인합니다.

▲ 그림 II- 53 텍스트 애니메이션 만들기46

다음 작업을 위해 타임라인의 빈 공간을 클릭 후 단축키 U버튼을 눌러 타임라인을 깔끔하게 정리해주도록 합니다.

▲ 그림 II- 54 텍스트 애니메이션 만들기47

Effects & Presets 패널을 선택해서 wiggle를 검색 후 맨 아래 첫 번째 'ㅋ' 레이어를 선택하여 Effects & Presets 패널의 Wiggle-Position을 더블클릭하여 적용하여 줍니다.

Quick Tip

Wiggle은 애프터 이펙트에서 가장 많이 사용되는 효과입니다. 주로 랜덤하게 흔들리는 결과물을 만들 때 사용합니다.

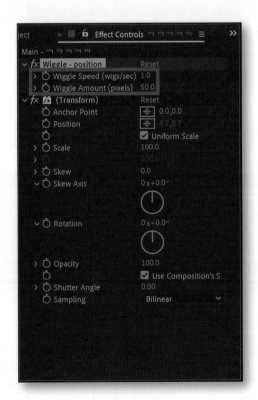

▲ 그림 II- 55 텍스트 애니메이션 만들기48

Wiggle Speed와 Wiggle Amount에 각각 7, 10으로 입력합니다.

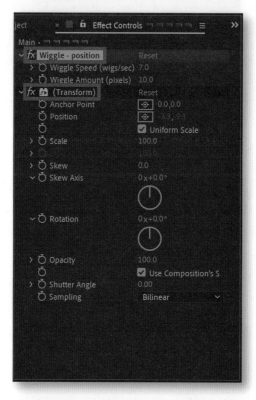

▲ 그림 II– 56 텍스트 애니메이션 만들기49

Ctrl + A를 눌러서 전체 선택하여 Wiggle-position과 (Transform)을 복사해주도록 합니다.

▲ 그림 II– 57 텍스트 애니메이션 만들기50

복사된 값들을 'ㅋㅋㅋㅋㅋㅋ' 레이어에 각각 클릭하고 Ctrl+V 눌러 모두 적용되도록 합니다.

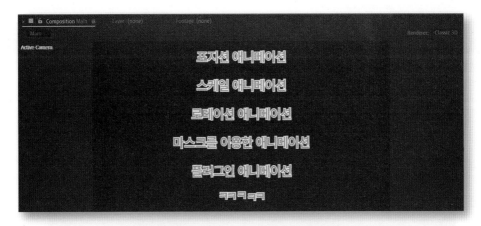

▲ 그림 II- 59 텍스트 애니메이션 만들기51

그럼 이제 가장 흔하게 기본적으로 사용할 수 있는 기능들을 통하여 텍스트 애니메이션을 모두 만들어 보았습니다. 이러한 원리를 모두 이해하면 추후 여러분들은 더 다양한 애니메이션을 만들 수 있게 될 것입니다.

Sharpe Layer와 익스프레이션을 통한 오디오 플레이어 디자인해보기

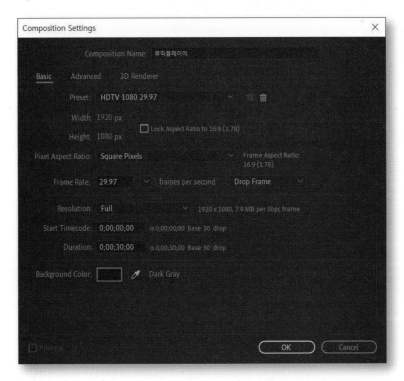

▲ 그림 II- 60 뮤직 플레이어 만들기

이번에는 지금까지 배운 기능을 이용하여 반응식 뮤직플레이어를 디자인해보도록 하겠습니다. 먼저 위 이미지처럼 컴포지션을 세팅해주도록 합니다.

Quick Tip

Duration 부분은 여러분들이 만들고자 하는 영상의 음악 길이로 맞춰주시면 됩니다.

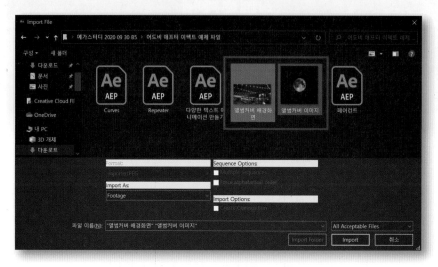

▲ 그림 II– 61 뮤직 플레이어 만들기2

단축키 Ctrl+i 버튼을 눌러 Import File을 열어 첨부된 예제파일 '앨범커버 배경화면' 이미지와 '앨범커버 이미지' 파일을 Import 시켜주도록 합니다.

▲ 그림 II– 62 뮤직 플레이어 만들기3

'앨범커버 배경화면'을 드래그하여 타임라인으로 옮겨주도록 합니다. 다음으로 배경화면 이미지가 선택된 상태에서 Ctrl+Alt+F 단축키를 이용하여 작업영역 사이즈에 맞춰 이미지 조절해주도록 합니다.

Quick Tip

소스를 바로 타임라인에 드래그하면 정중앙에 자동으로 배치해줍니다.

Clear Comment

Ctrl+Alt+F는 레이어를 작업영역 사이즈에 맞춰 크기를 조절해주는 기능입니다.

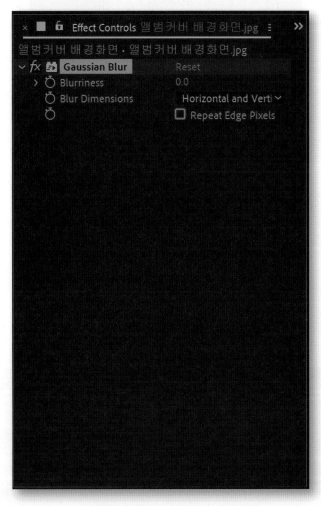

▲ 그림 II- 63 뮤직 플레이어 만들기4

다음으로 우측 Effects & Presets 패널에서 Gaussian Blur를 검색하여 효과를 더블클릭해서 타임라인의 이미지에 적용해주도록 합니다.

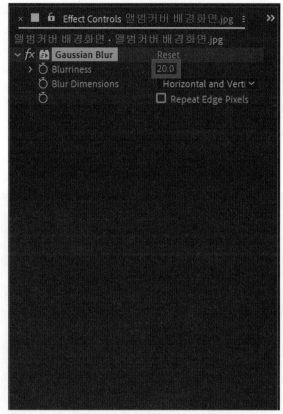

▲ 그림 II- 64 뮤직 플레이어 만들기5

Gaussian Blur의 Blurriness 부분에 20의 값을 입력해주도록 합니다. 그 외에 기능인 Blur Dimensions 부분은 내가 적용하고자 하는 Blur의 방향을 조절하여 흐릿한 효과 외에 추가로 방향을 통한 속도감 표현에도 사용이 가능합니다.

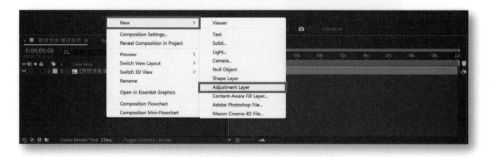

▲ 그림 II- 65 뮤직 플레이어 만들기6

화면을 마우스 휠로 축소시켜준 다음 타임라인 부분에 마우스 우클릭하여 New – 어드저스트먼트 레이어를 생성하여 줍니다.

▲ 그림 II- 66 뮤직 플레이어 만들기7

어드저스트먼트 레이어를 클릭하여 단축키 Enter를 눌러 레이어의 이름을 보정레이어로 변경
해주도록 합니다.

▲ 그림 II- 67 뮤직 플레이어 만들기8

그런 다음으로 타임라인의 보정레이어를 선택한 상태에서 상단에 펜 도구를 선택하여 위 이미지
의 그림처럼 Mask를 씌워주도록 합니다.

▲ 그림 II- 68 뮤직 플레이어 만들기9

그런 다음으로 타임라인에 보정레이어를 선택 후 Effects
& Presets 패널에서 Curves를 검색하고 더블클릭해서 보
정레이어에 적용해주도록 합니다.

Quick Tip
펜 도구를 사용할 때 드래그가 아닌 클릭
클릭으로 사용하도록 합니다.

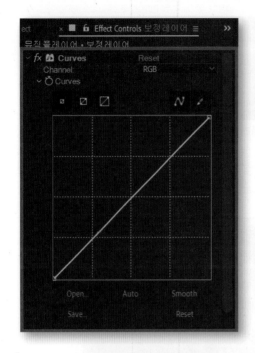

▲ 그림 II- 69 뮤직 플레이어 만들기10

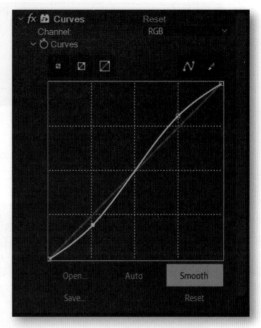

▲ 그림 II- 70 뮤직 플레이어 만들기11

Curves를 적용 후 위 이미지처럼 하이라이트 영역과 쉐도우 영역을 각각의 콘트라스트를 좀 더 극대화시켜주도록 합니다. 위 이미지를 흔히 S감마 커브라는 명칭으로 불리는데 주로 사진 또는 영상 보정에서 사용하는 가장 기본적인 보정 방식입니다.

Quick Tip

Curves에는 가로, 세로로 4칸으로 나뉘어 있는데 세로 기준으로 가장 상단 부분은 하이라이트, 중간 부분의 두 칸은 미드, 가장 하단 부분인 한 칸은 쉐도우 영역입니다.

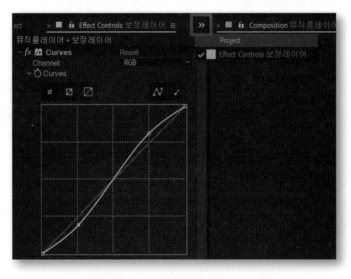

▲ 그림 II- 71 뮤직 플레이어 만들기12

그런 다음으로 원래의 프로젝트 패널로 돌아가기 위해 프로젝트 패널의 '〉〉' 아이콘을 클릭하여 프로젝트로 이동합니다.

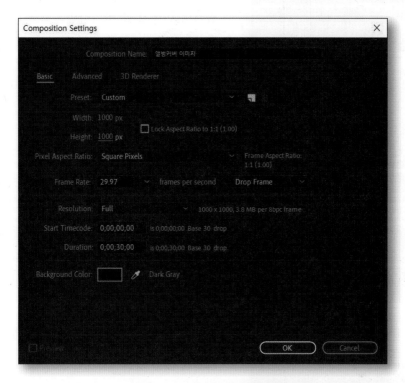

▲ 그림 II– 72 뮤직 플레이어 만들기13

원래의 프로젝트 패널로 돌아온 상태에서 이번에는 Ctrl+N 을 버튼을 눌러 새로운 작업영역을 추가로 만들어주도록 합니다. 이번에는 앨범커버 이미지를 나중에 편안하게 수정이 가능한 실무에서 사용하는 방식인 다중 컴포지션을 사용해보도록 하겠습니다. 컴포지션 세팅은 위 이미지처럼 맞춰서 진행해주도록 하겠습니다.

Quick Tip

다중 컴포지션 작업은 메인으로 작업하는 작업영역과 항상 세팅이 일치하게 제작하면 됩니다.

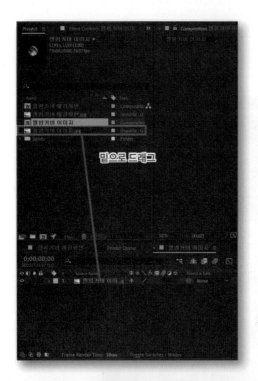

▲ 그림 II- 73 뮤직 플레이어 만들기14

새로운 작업영역이 만들어지면 자동으로 화면이 새로운 작업영역을 띄워주는데 이때 불러왔던 '앨범커버 이미지'를 타임라인으로 드래그하여 배치 후에 Ctrl+Alt+F를 눌러 화면사이즈에 이미지를 맞추어 줍니다.

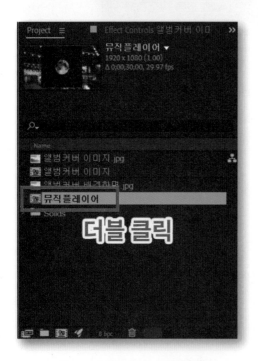

▲ 그림 II- 74 뮤직 플레이어 만들기15

다시 원래의 작업영역으로 돌아가기 위해 왼쪽 프로젝트 패널에서 뮤직플레이어 컴포지션을 더블 클릭하여 컴포지션을 이동하여 줍니다.

▲ 그림 II– 75 뮤직 플레이어 만들기16

그런 다음 앨범커버 이미지 컴포지션을 드래그하여 타임라인 아래로 내려주도록 합니다.

▲ 그림 II– 76 뮤직 플레이어 만들기17

앨범커버 이미지를 클릭하고 단축키 S를 눌러 스케일을 50%로 줄여주도록 합니다.

▲ 그림 II- 77 뮤직 플레이어 만들기18

연이어 단축키 P를 이용하여 포지션을 X축 520, Y축 540을 입력해주도록 합니다.

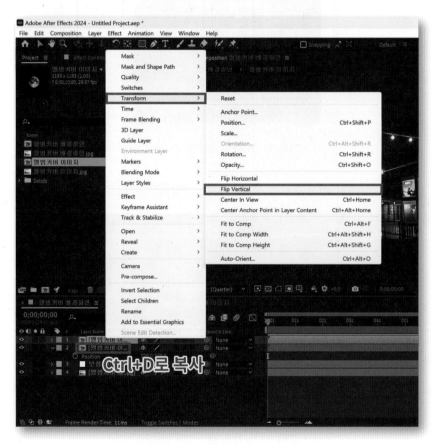

▲ 그림 II- 78 뮤직 플레이어 만들기19

그런 다음 앨범커버 이미지 컴포지션을 Ctrl+D를 눌러 복사해준 후 아래에 있는 레이어를 우클릭하여 Transform → Flip Vertical을 적용해주도록 합니다.

▲ 그림 II– 79 뮤직 플레이어 만들기20

뒤집힌 앨범커버 이미지는 단축키 Enter를 이용하여 이름을 그림자로 변경해주도록 합니다. 그런 다음 단축키 P버튼을 눌러 포지션 값을 X축 520, Y축 1040을 입력해줍니다.

▲ 그림 II– 80 뮤직 플레이어 만들기21

연이어 단축키 T를 눌러 Opacity를 50% 낮춰주도록 합니다.

▲ 그림 II– 81 뮤직 플레이어 만들기22

이빈에는 타임라인에 그림자 레이어가 계속 선택이 되어 있는 상태에서 상단 툴바로 쉐이프 레이어 도구를 클릭합니다.

▲ 그림 II- 82 뮤직 플레이어 만들기23

그런 다음으로 그림자 레이어에 위 이미지처럼 드래그하여 마스크를 씌워주도록 합니다.

▲ 그림 II- 83 뮤직 플레이어 만들기24

이제 마지막으로 Mask의 옵션을 열어 Mask Feather를 주어 경계면을 소프트하게 만들어주도록 합니다. 추가로 Mask Expansion은 확장이라는 기능인데 내가 만든 마스크의 모양에서 좀더 범위를 넓게 또는 좁게 해주는 추가적인 기능입니다. 이 부분도 −25를 입력해주도록 합니다. 그러면 아래의 이미지처럼 앨범커버 이미지에 물위를 비추는 반사광이 완성됩니다.

▲ 그림 II- 84 뮤직 플레이어 만들기25

▲ 그림 Ⅱ- 85 뮤직 플레이어 만들기26

다음 작업으로 단축키 Ctrl+R 버튼을 눌러 커스텀 그리드 기능을 활성화시켜 앨범커버 이미지의 위와 아래에 맞춰 그리드를 넣어주도록 한다.

▲ 그림 Ⅱ- 86 뮤직 플레이어 만들기27

그런 다음으로 커스텀 그리드에 맞춰 상단 텍스트 도구를 이용하여 텍스트 문구를 입력 후, 위이미지처럼 텍스트 디자인을 해주도록 합니다. 여기서 캐릭터 패널을 이용한 다양한 글자의 두께 또는 각각의 글씨 크기 조절, 글자 눕히기 등 다양하게 이용하여 본인의 취향대로 만들어줍니다. 추가적인 기능으로 텍스트를 드래그하여 Alt+방향키 상하 또는 좌우를 누르게 되면 행간과 자간을 조절하는 단축키 이용이 가능합니다.

▲ 그림 II– 87 뮤직 플레이어 만들기28

텍스트 디자인이 끝난 후 다소 배경화면에 텍스트가 묻혀 가독성이 떨어지게 되면 텍스트 레이어를 우클릭하여 Layer Styles → Drop Shadow를 적용시켜줍니다. Drop Shadow의 기능은 외부 그림자를 텍스트 레이어의 밑으로 적용시켜 배경과 텍스트를 분리된 느낌을 줄 수 있습니다.

▲ 그림 II– 88 뮤직 플레이어 만들기29

이번에는 커스텀 그리드 부분을 왼쪽에서 오른쪽으로 드래그하여 텍스트 레이어의 좌우에 맞게 맞춰주도록 합니다. 이제 이 부분에 시간에 맞춰 재생시간을 표시해주는 재생바를 만들어주도록 하겠습니다.

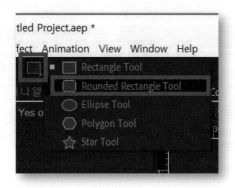

▲ 그림 II– 89 뮤직 플레이어 만들기30

다시 상단 툴바에서 쉐이프 레이어를 꾹 눌러 모서리가 라운드 쉐이프 레이어를 선택해주도록 합니다.

▲ 그림 II– 90 뮤직 플레이어 만들기31

그런 다음 쉐이프 레이어의 Fill Options은 None을 클릭해주도록 합니다.

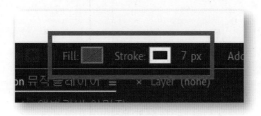

▲ 그림 II– 91 뮤직 플레이어 만들기32

이어서 Stroke는 흰색 색상으로 설정하여 7px의 두께를 주도록 합니다.

▲ 그림 II– 92 뮤직 플레이어 만들기33

이제 화면에서 양쪽 커스텀 그리드에 맞춰 위 이미지처럼 드래그하여 쉐이프 레이어를 그려주도
록 합니다.

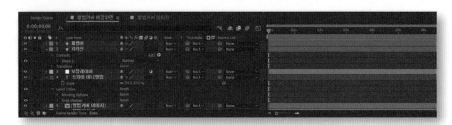

▲ 그림 II– 93 뮤직 플레이어 만들기34

쉐이프 레이어를 선택하고 단축키 Enter를 이용하여 외곽선으로 바꾸어준 다음에 Ctrl+D를 이
용하여 복사 후 복사된 레이어는 이름을 재생바로 바꿔주도록 합니다.

▲ 그림 II– 94 뮤직 플레이어 만들기35

이 상태에서 재생바 레이어도 한 번 더 클릭하여 Ctrl+D로 복사하여 이번에는 이름을 재생바 매
트로 변경해주도록 합니다.

▲ 그림 II- 95 뮤직 플레이어 만들기36

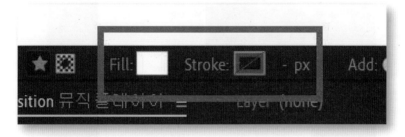

▲ 그림 II- 96 뮤직 플레이어 만들기37

재생바 매트와 재생바를 모두 Fill 컬러는 화이트로 변경해준 다음 Stroke 부분은 모두 None로 변경해주도록 합니다.

▲ 그림 II- 97 뮤직 플레이어 만들기38

재생바 매트 레이어를 선택 후 단축키 S를 눌러 스케일 기능을 활성화 후 유니폼 스케일 해제 버튼을 눌러 X축과 Y축을 별도로 사이즈 조절이 가능한 상태로 변경 후 X축에는 98% 그리고 Y축에는 82%를 입력해주도록 합니다.

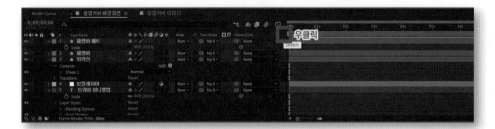

▲ 그림 Ⅱ- 98 뮤직 플레이어 만들기39

다음으로 다음 과정을 위해 타임라인에서 추가로 켜줘야 하는 기능이 있는데 Parent & Link의 우측에 작은 공간을 Stretch라고 합니다. 이 부분을 마우스로 우클릭 합니다.

▲ 그림 Ⅱ- 99 뮤직 플레이어 만들기40

이제 Stretch 메뉴에서 Columns → Modes 기능을 켜주도록 합니다.

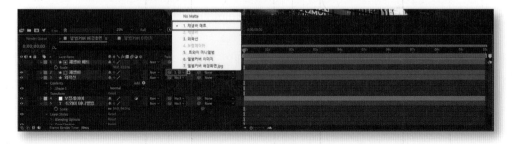

▲ 그림 Ⅱ- 100 뮤직 플레이어 만들기41

이어서 Modes의 기능을 켜면 Track Matte 기능이 나오고 재생바의 Track Matte을 보면 None 표시가 되어있는 부분이 있는데 이 부분을 Alpha Matte로 적용합니다. Alpha Matte를 적용하면 재생바 매트가 있는 부분에서만 재생바 모습이 보이게 설정해주는 기능입니다.

▲ 그림 II- 101 뮤직 플레이어 만들기42

▲ 그림 II- 102 뮤직 플레이어 만들기43

이제 0;00;29;29 끝부분으로 타임라인 마커를 이동하여 재생바 레이어를 선택한 상태에서 단축키 P를 눌러 포지션 값의 key frame을 찍어주도록 합니다. 그 다음으로 타임라인의 마커를 다시 0;00;00;00 시작지점으로 돌아와 입력해주도록 합니다.

▲ 그림 II- 103 뮤직 플레이어 만들기44

그럼 이제 시간에 맞춰 막대가 차오르는 재생바는 완성이 됩니다. 이제 다음 작업으로 넘어가기 전에 타임라인을 깨끗하게 정리해주도록 합니다. 빈 공간을 한번 클릭하여 선택된 레이어가 없는 상태에서 단축키 U 버튼을 눌러 메뉴를 깔끔하게 정리해주도록 합니다.

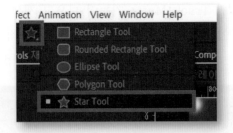

▲ 그림 II- 104 뮤직 플레이어 만들기45

다음으로 다시 상단 툴바로 이동하여 쉐이프 레이어 툴을 클릭하여 이번에는 Star Tool를 선택합니다.

▲ 그림 II- 105 뮤직 플레이어 만들기46

Shift+드래그를 하여 외곽선 상단 부분에 별모양을 만들어주도록 합니다. 이 상태에서 단축키 Ctrl+Alt+Home을 눌러 중심점을 중앙에 맞춰줍니다.

▲ 그림 II- 106 뮤직 플레이어 만들기47

다음으로 Contents → Polystar → Polystar Path를 눌러 Point 부분을 3으로, Rotation 부분을 0x-90°를 입력해주도록 합니다.

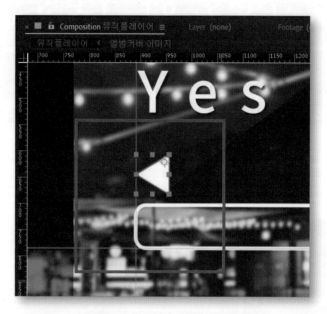

▲ 그림 II- 107 뮤직 플레이어 만들기48

위 값대로 수정이 완료되었다면 쉐이프 레이어를 통한 삼각형이 완성됩니다. 이 상태에서 쉐이프 레이어를 커스텀 그리드에 맞춰 배치 후 마무리해주도록 합니다.

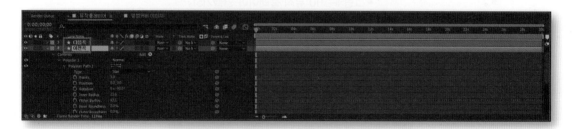

▲ 그림 II- 108 뮤직 플레이어 만들기49

쉐이프 레이어를 선택하여 단축키 Enter를 눌러 이전 곡으로 변경 후 Ctrl+D를 눌러 복사된 레이어는 다음 곡으로 이름을 바꿔주도록 합니다.

▲ 그림 II– 109 뮤직 플레이어 만들기50

이어서 이전 곡 버튼을 기준으로 커스텀 그리드를 위아래로 추가로 배치해주도록 합니다.

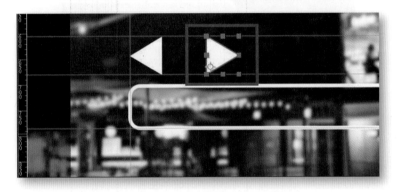

▲ 그림 II– 110 뮤직 플레이어 만들기51

그런 후 다음 곡 레이어를 선택하고 단축키 R를 눌러 0x+180°를 입력해주도록 합니다. 그 이후 위아래 커스텀 그리드에 맞춰 오른쪽으로 배치해주도록 합니다.

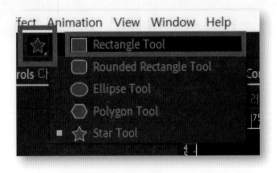

▲ 그림 II– 111 뮤직 플레이어 만들기52

이제 재생 부분의 마지막인 정지 버튼을 만들어 주도록 하겠습니다. 상단 툴바에서 사각형 쉐이프 레이어 툴을 선택해주도록 합니다.

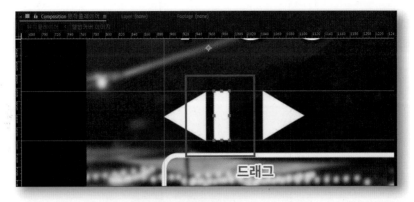

▲ 그림 II–112 뮤직 플레이어 만들기53

사각형 쉐이프 레이어가 선택된 상태에서 위아래 커스텀 그리드에 맞춰 드래그하여 직사각형을 만들어주도록 합니다.

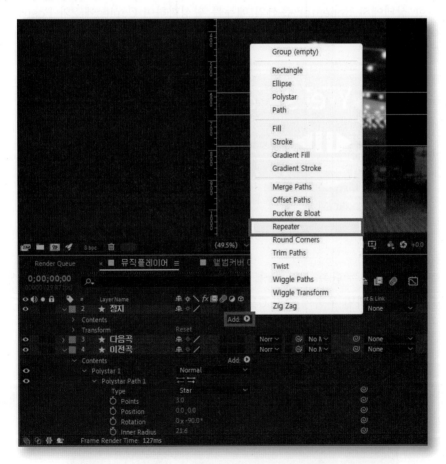

▲ 그림 II–113 뮤직 플레이어 만들기54

이어서 타임라인에서 직사각형 쉐이프 레이어의 Contents 버튼을 눌러 메뉴를 열어준 상태로 우측 Add 버튼을 눌러 Repeater 기능을 추가해주도록 합니다.

▲ 그림 II- 114 뮤직 플레이어 만들기55

기능을 추가한 상태에서 Repeater 옵션의 메뉴를 활성화하여 Copies에 2와 Position X축에 40을 입력해주도록 합니다.

▲ 그림 II- 115 뮤직 플레이어 만들기56

직사각형 쉐이프 레이어는 단축키 Enter를 눌러 정지로 이름을 바꿔줍니다. 추가로 상단의 텍스트 도구를 이용하여 화면 우측에 숫자 0을 입력하여 배치해주도록 합니다.

▲ 그림 II- 116 뮤직 플레이어 만들기57

다음으로 이제 시간에 따른 타임코드가 올라가는 익스프레이션 명령어를 사용할 것입니다. 숫자 레이어의 메뉴버튼을 눌러 Text 메뉴를 열어주도록 합니다. 그러면 Source Text 메뉴가 나오는데 Source Text 부분의 key frame 생성 버튼을 Alt+클릭해주도록 합니다.

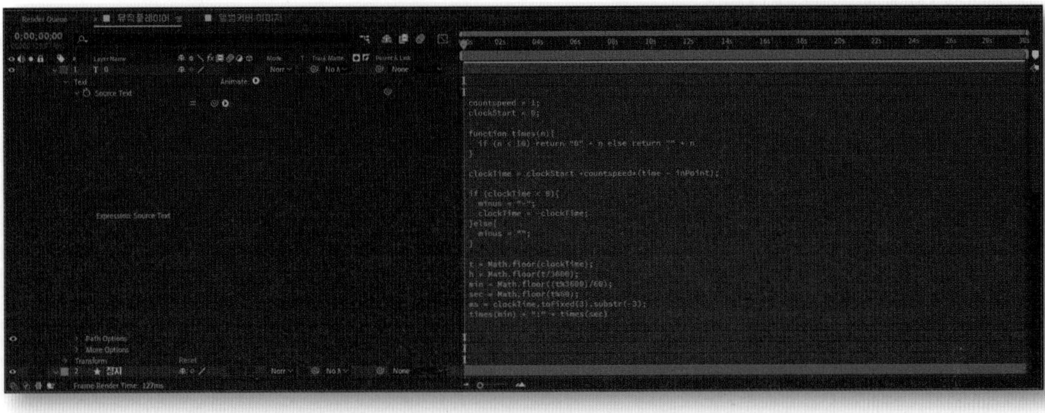

▲ 그림 II- 117 뮤직 플레이어 만들기58

▲ 그림 II- 118 뮤직 플레이어 만들기59

익스프레이션 명령어를 입력할 수 있는 기능이 활성화되면 아래의 코드를 입력해주도록 합니다.

```
countspeed = 1;
clockStart = 0;

function times(n){
  if (n < 10) return "0" + n else return "" + n
}
```

```
clockTime = clockStart +countspeed*(time - inPoint);

if (clockTime < 0){
  minus = "-";
  clockTime = -clockTime;
}else{
  minus = "";
}

t = Math.floor(clockTime);
h = Math.floor(t/3600);
min = Math.floor((t%3600)/60);
sec = Math.floor(t%60);
ms = clockTime.toFixed(3).substr(-3);
times(min) + ":" + times(sec)
```

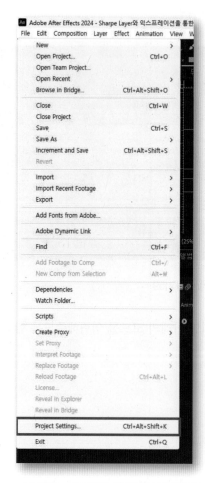

▲ 그림 II– 119 뮤직 플레이어 만들기60

그러면 아마도 구형코드이기 때문에 애프터 이
펙트에서 에러가 발생합니다. 이때 상단에서 구
형코드를 인식할 수 있도록 세팅을 바꿔주도록
합니다. 상단에서 File → Project Settings…
메뉴를 클릭합니다.

▲ 그림 II– 120 뮤직 플레이어 만들기61

Project Settings 메뉴가 열리면 Expressions 탭을 클릭하여 Expressions Engine 부분의 javaScript를 Legacy ExtendScript로 변경해주도록 합니다.

▲ 그림 II– 121 뮤직 플레이어 만들기62

마지막으로 텍스트 레이어를 커스텀 그리드에 맞춰 자리를 정리해주도록 합니다.

▲ 그림 II- 122 뮤직 플레이어 만들기63

정리가 끝나면 위 이미지처럼 완성이 되고 이 상태에서 전체적인 정렬을 해주면 완성이 됩니다. 전체적인 정리는 타임라인에서 보정레이어와 배경화면을 제외한 나머지 레이어를 모두 선택하여 좌우의 간격을 기준으로 눈대중으로 맞춰 중앙에 배치될 수 있도록 해주어 마무리 지어주도록 합니다.

인트로 만들기

✓학습 목표

1. Sharpe Layer와 매트를 통한 다양한 오브젝트 만들기
2. 오브젝트를 이용한 인트로 만들기
3. 영상 렌더링(출력) 해보기

▲ 그림 III- 1 인트로 만들기

인트로는 다양한 콘텐츠의 시작 전에 영상을 시청하는 사람들에게 본 콘텐츠를 기대하게 만드는 매우 중요한 역할을 합니다. 그리고, 애프터 이펙트는 인트로 또는 아웃트로 등을 만드는데 가장 특화되어 있다고 할 수 있습니다.

Sharpe Layer와 매트를 통한 다양한 오브젝트 만들기

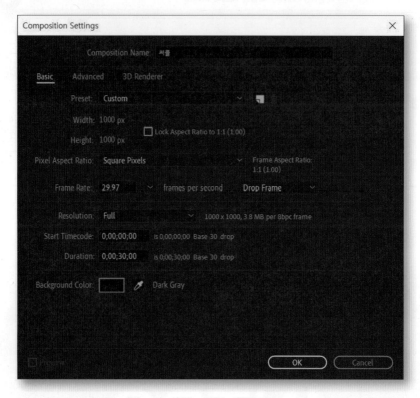

▲ 그림 Ⅲ– 2 인트로 만들기2

인트로를 만들기 전에 인트로에 들어가는 소스부터 만들어보도록 하겠습니다. 단축키 Ctrl+N을 눌러 새로운 작업 영역을 만들어주도록 합니다. 컴포지션 세팅은 위 이미지와 같이 컴포지션 이름 등 똑같이 맞춰주도록 합니다.

Quick Tip

소스를 만들 때는 정사이즈의 형태로 만들면 빠르게 결과물을 만들 수 있습니다.

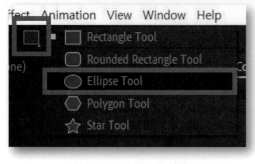

▲ 그림 Ⅲ– 3 인트로 만들기3

상단 툴바에서 동그라미 쉐이프 레이어를 선택해주도록 합니다.

▲ 그림 Ⅲ- 4 인트로 만들기4

동그라미 쉐이프 레이어 도구를 빠르게 더블클릭 합니다.
그러면 작업영역의 사이즈에 맞춰 화면을 꽉 채우는 쉐이
프 레이어가 만들어집니다.

Quick Tip

더블 클릭 전 Fill 부분의 색이 설정되어 있
는지, Stroke 부분이 None으로 설정되어
있는지 확인합니다.

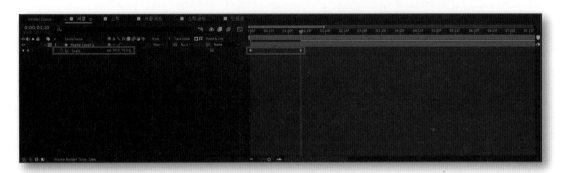

▲ 그림 Ⅲ- 5 인트로 만들기5

쉐이프 레이어를 선택하고 단축키 S를 눌러 스케일의 key frame 버튼을 눌러줍니다. 그리고
0;00;00;00 부분에는 0% 0;00;01;10 부분에 99% 입력해주도록 합니다.

▲ 그림 Ⅲ- 6 인트로 만들기6

key frame을 모두 선택하여 단축키 F9을 눌러주도록 합니다.

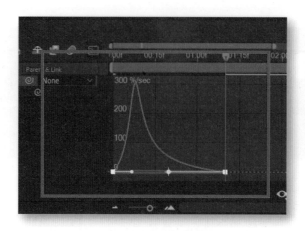

▲ 그림 Ⅲ– 7 인트로 만들기7

Easy Ease가 적용된 상태에서 그래프 에디터로 들어가 위와 같은 그래프를 만들어 주도록 합니다.

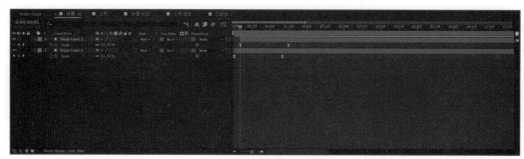

▲ 그림 Ⅲ– 8 인트로 만들기8

그래프 에디터 적용 후 다시 원래의 타임라인으로 돌아와 쉐이프 레이어를 단축키 Ctrl+D를 이용해 복사해 줍니다. 그 다음으로 두 번째 쉐이프 레이어의 시작지점을 드래그 하여 0;00;00;05로 이동시켜 줍니다.

Quick Tip

드래그 또는 타임라인에서 레이어를 선택한 상태로 키보드의 [괄호 버튼을 누르면 타임라인 시간으로 막대를 옮겨줄 수 있습니다.

▲ 그림 Ⅲ– 9 인트로 만들기9

두 번째 쉐이프 레이어에서 단축키 S를 눌러서 스케일 메뉴를 열어 0;00;01;15의 값을 99%에서 100%로 수정하도록 합니다. 그 다음으로 Parent & Link 오른쪽에 빈 공간을 마우스로 우클릭하여 Stretch 메뉴에 들어가서 Mode 기능을 켜주도록 합니다.

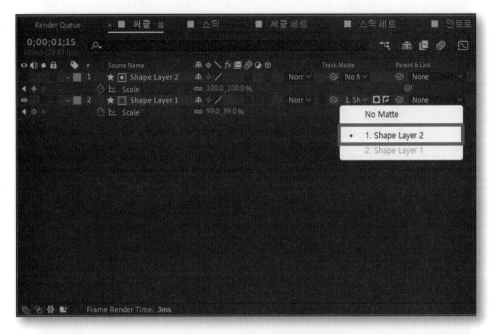

▲ 그림 Ⅲ- 10 인트로 만들기10

첫 번째 쉐이프 레이어의 Track Matte 부분의 None 메뉴를 Alpha Inverted Matte를 적용시켜주도록 합니다. 그러면 아래와 같이 파동이 퍼지는 써클 애니메이션이 완성됩니다.

Quick Tip

Alpha Inverted Matte 기능은 위에 있는 레이어가 있는 곳에서는 보이지 않는다는 뜻입니다.

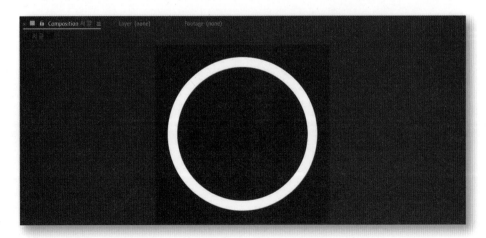

▲ 그림 Ⅲ- 11 인트로 만들기11

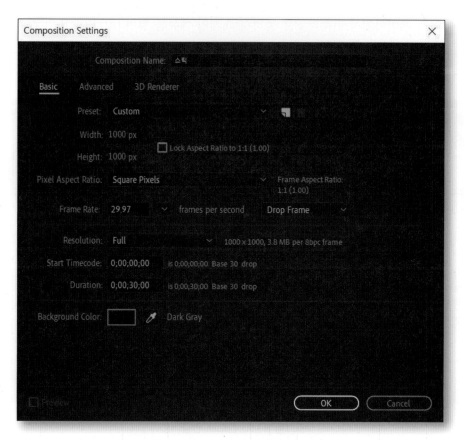

▲ 그림 III- 12 인트로 만들기12

다음 오브젝트는 스틱애니메이션입니다. 스틱은 써클 애니메이션을 기반으로 동작되기 때문에 두 개가 한 세트라고 생각하면 됩니다. 그러면 서클 애니메이션 만들기 위해 새로운 작업영역을 추가로 만들어주도록 하겠습니다. 단축키 Ctrl+N 버튼을 눌러 위와 같이 작업영역을 세팅해주도록 합니다.

▲ 그림 III– 13 인트로 만들기13

프로젝트 패널의 써클을 드래그해서 스틱의 타임라인으로 내려주도록 합니다.

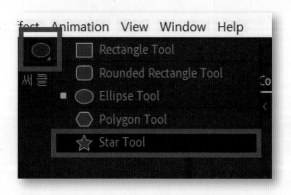

▲ 그림 III– 14 인트로 만들기14

쉐이프 레이어 툴바에서 별모양 쉐이프 레이어를 선택하여 빠르게 연속적으로 더블클릭을 해주
도록 합니다.

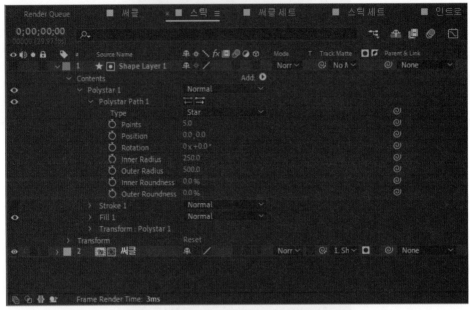

▲ 그림 Ⅲ- 15 인트로 만들기15

쉐이프 레이어의 Contents 메뉴를 열어 Polystar 1 → Polystar Path 1 메뉴를 열어주도록 합
니다.

▲ 그림 Ⅲ- 16 인트로 만들기16

Polystar Path 메뉴에서 Points 부분에 18을 입력해주고, Inner Radius에는 20, Outer Radius 부분에 1000을 입력해주도록 합니다.

Quick Tip
Polystar Path 메뉴의 Points는 도형의 꼭지점을 통하여 모양을 만들어주는 기능입니다.

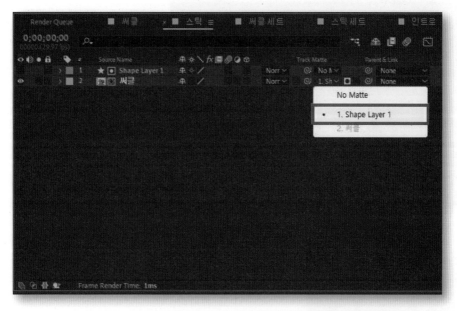

▲ 그림 Ⅲ– 17 인트로 만들기17

그런 다음 쉐이프 레이어의 메뉴를 화살표 아이콘을 눌러 깔끔하게 정리 후 써클의 None Track Matte 부분을 Alpha Matte로 적용시켜 주도록 합니다.

Quick Tip
Alpha Matte는 위 레이어에서만 결과 값이 보이는 기능입니다.

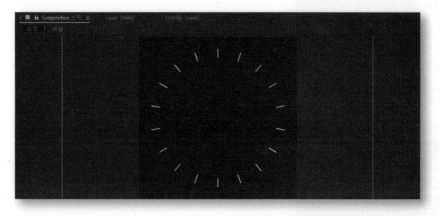

▲ 그림 Ⅲ– 18 인트로 만들기18

적용 후 재생하면 위 이미지처럼 스틱애니메이션이 완성이 되는 걸 확인할 수 있습니다.

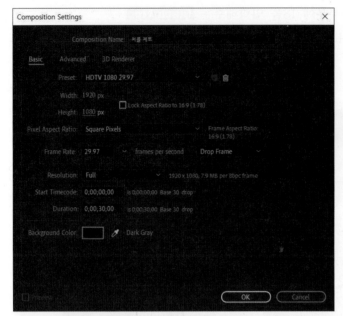

이제 인트로에 직접적으로 활용하기 위한 추가 소스를 만들어 보도록 하겠습니다. 단축키 Ctrl +N을 눌러 새로운 작업영역인 써클 세트를 만들어주도록 합니다. 다시 작업영역의 사이즈는 1920X1080으로 변경해주도록 합니다.

▲ 그림 Ⅲ- 19 인트로 만들기19

프로젝트 패널에서 아까 만들어둔 써클 컴포지션을 드래그하여 써클 세트 작업영역으로 가지고 옵니다.

▲ 그림 Ⅲ- 20 인트로 만들기20

▲ 그림 Ⅲ- 21 인트로 만들기21

그런 다음 써클 컴포지션을 선택 후 단축키 S을 눌러 스케일을 50%로 줄여주도록 합니다.

▲ 그림 Ⅲ- 22 인트로 만들기22

써클 컴포지션을 클릭하여 단축키 Ctrl+D 버튼을 눌러 하나 더 복사를 한 뒤에 단축키 S를 눌러
스케일을 25%로 줄여주도록 합니다.

▲ 그림 III- 23 인트로 만들기23

마지막으로 써클 컴포지션을 한 번 더 클릭하여 단축키 Ctrl+D 버튼을 눌러 추가로 하나 더 복사를 한 뒤에 단축키 S를 눌러 스케일을 이번에는 35%로 입력해주도록 합니다.

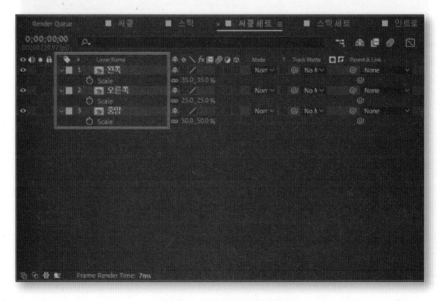

▲ 그림 III- 24 인트로 만들기24

각각의 써클 컴포지션을 아래서부터 단축키 Enter를 이용하여 중앙, 오른쪽, 왼쪽 순으로 이름을 변경해줍니다.

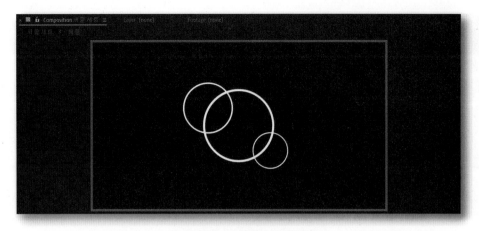

▲ 그림 Ⅲ- 25 인트로 만들기25

단축키 V를 눌러 선택 도구를 선택 후 0;00;00;25을 기준으로 각각의 컴포지션 이름에 맞춰 화면과 같이 왼쪽 윗부분과 오른쪽 아래 부분에 배치해 줍니다.

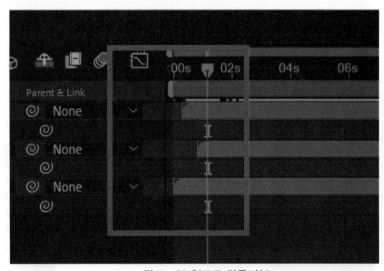

▲ 그림 Ⅲ- 26 인트로 만들기26

그런 다음으로 각각의 써클 컴포지션을 위 이미지와 같이 시작 시간을 여러분들이 자유롭게 배치해 줍니다.

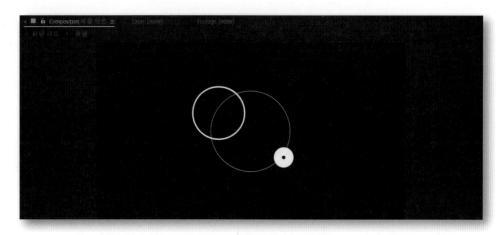

▲ 그림 III- 27 인트로 만들기27

배치가 완료되면 위 이미지와 같은 랜덤성을 가진 여러 개의 써클을 이용한 애니메이션 완성이
됩니다. 이제 이 부분에서 각각의 색상을 넣어보도록 하겠습니다. 여기서 색상을 넣는 방법은 여
러 가지 방법이 있지만 써클 자체에 색상을 넣어주게 되면 3개의 써클 모두 색상이 바뀌기 때문
에 다른 방식을 이용하여 적용시켜주도록 합니다.

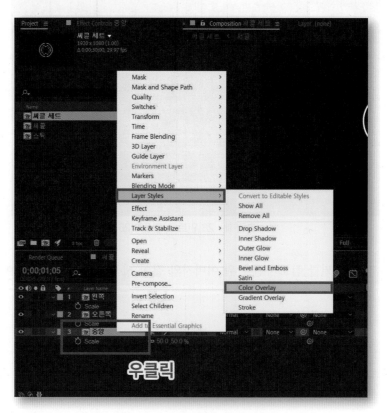

▲ 그림 III- 28 인트로 만들기28

중앙 컴포지션 레이어 부분을 우클릭해 Layer Styles → Color Overlay를 선택하여 줍니다.

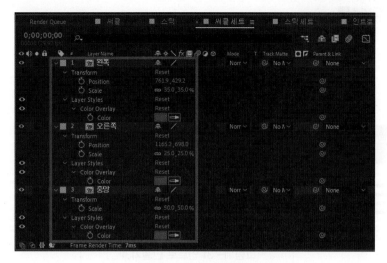

▲ 그림 Ⅲ- 29 인트로 만들기29

Layer Styles이 적용되면 자동으로 타임라인에 메뉴가 나오는데 이 부분에서 Color Overly 메뉴를 열어 Color 부분의 컬러 파레트를 클릭하여 색상을 변경해주도록 합니다.

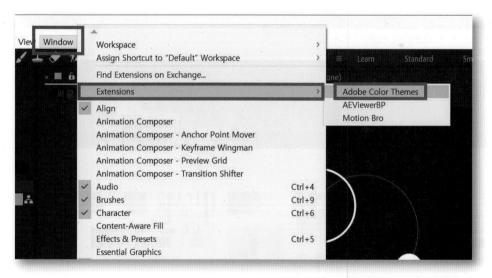

▲ 그림 Ⅲ- 30 인트로 만들기30

색상 적용 전에 일반적으로 디자인을 처음 시작하게 되면 2가지 문제가 있는데, 첫 번째는 디자인이고 두 번째로는 색 감각입니다. 이러한 부분을 보충해주는 기능이 애프터 이펙트에 있으며, 상단 탭에 Window → Extensions → Adobe Color Themes 눌러주도록 합니다.

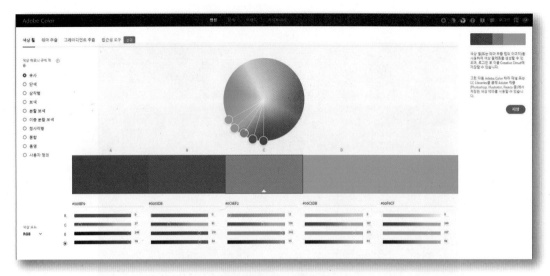

▲ 그림 Ⅲ- 31 인트로 만들기31

Adobe Color Themes에서 Explore 탭을 클릭하여 줍니다.

Quick Tip

2022 버전 이후로 삭제된 상태이며 인터
넷에서 검색하여 접속해야 합니다.

▲ 그림 Ⅲ- 32 인트로 만들기32

Explore 탭에 들어가면 위 이미지와 같은 페이지가 나오며, 여기에 있는 컬러 파레트는 어도비
에서 자주 사용되는 색상의 컬러 파레트로 처음 색상을 사용하는 입장에 있어 상당히 도움이 되
는 기능입니다. Color Overlay의 스포이드를 이용해 맘에 드는 색상의 한 줄을 순서대로 사용
해주도록 합니다.

▲ 그림 Ⅲ- 33 인트로 만들기33

모두 색상이 제대로 적용되었다면 위 타임라인의 이미지처럼 적용이 되었는지 확인해 주도록 합니다. 모두 적용이 되었다면 서클 세트가 완성된 것입니다.

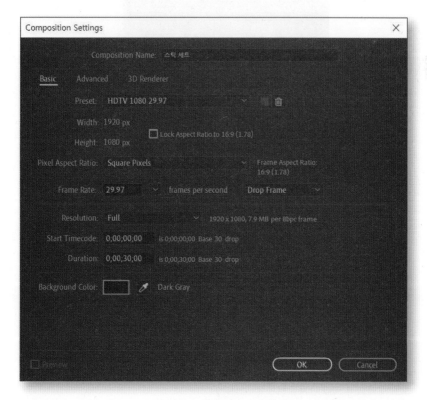

▲ 그림 Ⅲ- 34 인트로 만들기34

이번에는 두 번째 추가 소스를 만들어 보겠습니다. 단축키 Ctrl+N을 눌러 새로운 작업영역인 스틱 세트를 만들어주도록 합니다.

▲ 그림 III– 35 인트로 만들기35

이번에는 아까 만들어둔 스틱 컴포지션을 드래그하여 스틱 세트 작업영역으로 가지고 옵니다.

▲ 그림 Ⅲ- 36 인트로 만들기36

그런 다음 스틱 컴포지션을 선택 후 단축키 S을 눌러 스케일을 50%로 줄여주도록 합니다.

▲ 그림 Ⅲ- 37 인트로 만들기37

스틱 컴포지션을 클릭하여 단축키 Ctrl+D 버튼을 눌러 하나 더 복사를 한 뒤에 단축키 S를 눌러 스케일을 25%로 줄여주도록 합니다.

▲ 그림 Ⅲ- 38 인트로 만들기38

마지막으로 스틱 컴포지션을 한 번 더 클릭하여 단축키 Ctrl+D 버튼을 눌러 추가로 하나 더 복사를 한 뒤에 단축키 S를 눌러 스케일을 이번에는 35%로 입력해주도록 합니다.

▲ 그림 Ⅲ- 39 인트로 만들기39

각각의 스틱 컴포지션을 아래서부터 단축키 Enter를 이용하여 중앙, 오른쪽, 왼쪽 순으로 이름을 변경합니다.

▲ 그림 III- 40 인트로 만들기40

단축키 V를 눌러 선택 도구를 선택 후 0;00;00;25을 기준으로 각각의 컴포지션 이름에 맞춰 화면과 같이 왼쪽과 오른쪽 아래로 배치를 해줍니다.

▲ 그림 III- 41 인트로 만들기41

그런 다음으로 각각의 스틱 컴포지션을 위 이미지와 같이 시작 시간을 여러분들이 자유롭게 배치를 해줍니다.

▲ 그림 Ⅲ– 42 인트로 만들기42

중앙 컴포지션 레이어 부분을 우클릭하여 Layer Styles → Color Overlay를 선택하여 줍니다.

▲ 그림 Ⅲ– 43 인트로 만들기43

Layer Styles이 적용되면 자동으로 타임라인에서 메뉴가 나오는데 이 부분에서 Color Overly 메뉴를 열어 Color 부분의 컬러 파레트를 클릭하여 색상을 변경해주도록 합니다.

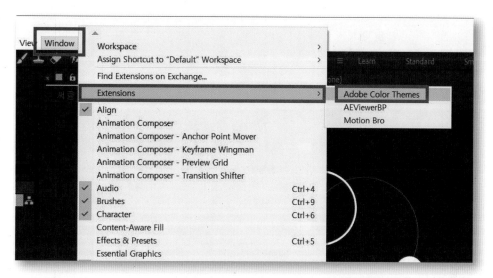

▲ 그림 Ⅲ- 44 인트로 만들기44

그런 다음 다시 상단 탭에 Window → Extensions → Adobe Color Themes의 기능을 켜주도록 합니다.

Quick Tip

2022 버전 이후로 삭제된 상태이며 인터넷에서 검색하여 접속해야 합니다.

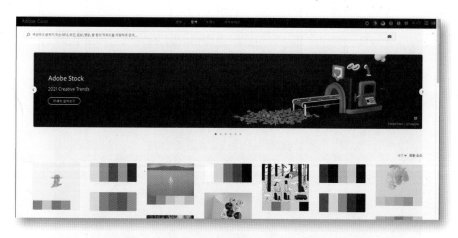

▲ 그림 Ⅲ- 45 인트로 만들기45

이어서 Explore 탭에 들어가 Color Overlay의 스포이드를 이용해 맘에 드는 색상의 한 줄을 사용하도록 합니다.

▲ 그림 Ⅲ– 46 인트로 만들기46

모두 색상이 제대로 적용되었다면 위 타임라인의 이미지처럼 적용이 되었는지 확인하도록 합니다. 모두 적용이 되었다면 스틱 세트도 완성된 것입니다.

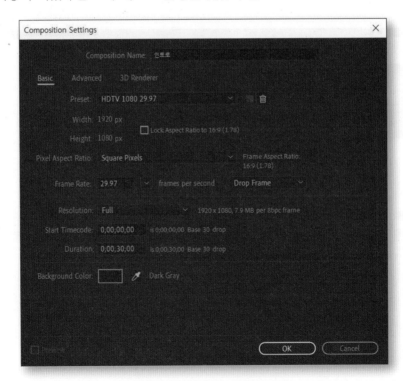

▲ 그림 Ⅲ– 47 인트로 만들기47

이제 인트로를 만들기 위한 기본 소스들이 모두 완성이 되었으니 새로운 작업영역을 위 이미지처럼 세팅하여 만들어주도록 합니다.

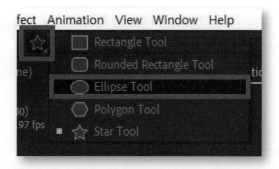

▲ 그림 III- 48 인트로 만들기48

상단 툴바에서 동그라미 모양의 쉐이프 레이어를 선택합니다.

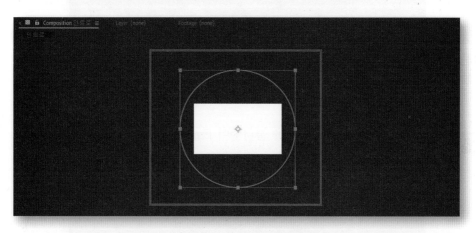

▲ 그림 III- 49 인트로 만들기49

화면을 축소한 후 화면이 꽉 차도록 Shift + 드래그를 통하여 정사이즈의 쉐이프 레이어를 만들어줍니다. 그런 다음 단축키 Ctrl+Alt+Home과 Ctrl+Home 버튼으로 정중앙에 배치를 시킵니다.

▲ 그림 III- 50 인트로 만들기50

쉐이프 레이어를 클릭하고 단축키 S를 눌러 타임라인 0;00;00;00에 스케일 값 0%를 그리고 0;00;01;10에 100% 값을 추가로 입력합니다.

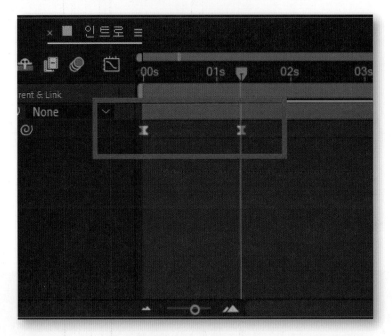

▲ 그림 Ⅲ- 51 인트로 만들기51

key frame을 모두 선택하여 단축키 F9을 눌러주어 Easy Ease를 적용시켜 줍니다.

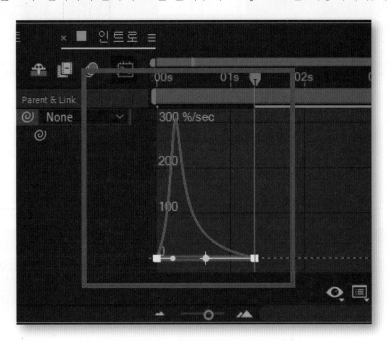

▲ 그림 Ⅲ- 52 인트로 만들기52

그래프 에디터에 들어가 위 이미지와 같은 그래프를 만들어 줍니다.

▲ 그림 III– 53 인트로 만들기53

쉐이프 레이어를 단축키 Ctrl+D를 눌러 쉐이프 레이어가 5개가 되도록 복사를 합니다. 그런 다음 복사된 쉐이프 레이어들의 key frame 한 번에 볼 수 있게 Ctrl + A를 눌러서 전체 선택 후 단축키 U 버튼을 눌러줍니다.

▲ 그림 III– 54 인트로 만들기54

▲ 그림 III– 55 인트로 만들기55

쉐이프 레이어들이 각각 5프레임 간격으로 딜레이를 가지게 위 이미지처럼 계단식으로 배치를 해주도록 합니다.

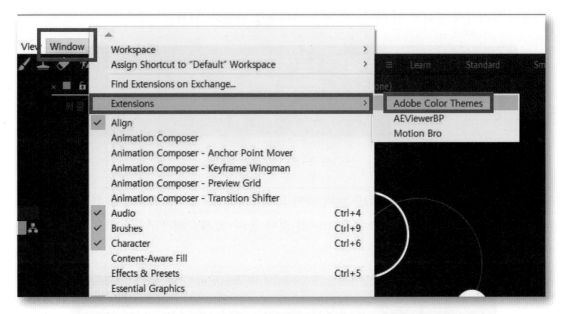

▲ 그림 III– 56 인트로 만들기56

그런 다음 다시 상단 탭에 Window → Extensions → Adobe Color Themes의 기능을 켜주도록 합니다.

Quick Tip
2022 버전 이후로 삭제된 상태이므로 인터넷에서 검색하여 접속합니다.

▲ 그림 III– 57 인트로 만들기57

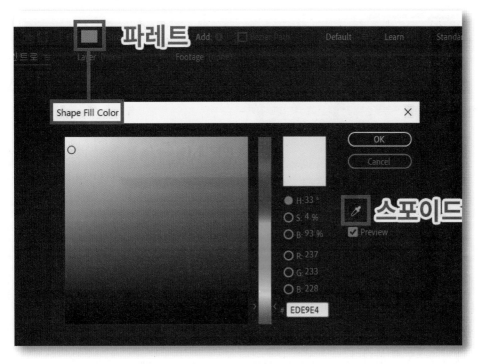

▲ 그림 III– 58 인트로 만들기58

이어서 Explore 탭에 들어가 Color Overlay의 컬러 파레트에서 각각의 쉐이프 레이어의 Fill Color 부분을 클릭하고 Shape Fill Color 패널의 스포이드를 이용해 맘에 드는 색상의 한 줄을 쉐이프 레이어들에게 순서대로 사용해주도록 합니다.

▲ 그림 III– 59 인트로 만들기59

그런 다음 쉐이프 레이어 5번을 단축키 Ctrl+D 버튼을 눌러 쉐이프 레이어 6번을 만들고 쉐이프 레이어 5번의 5프레임 뒤로 이동시켜주도록 합니다.

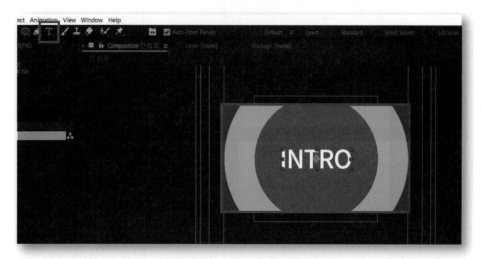

▲ 그림 Ⅲ- 60 인트로 만들기60

툴바의 텍스트 레이어를 이용하여 'INTRO' 입력 후 단축
키 Ctrl+Alt+Home과 Ctrl+Home 버튼을 눌러 화면 정
중앙에 배치해주도록 합니다.

Quick Tip

폰트 디자인과 크기는 Text 패널에서 여
러분들의 취향에 따라 적용시켜주도록 합
니다.

▲ 그림 Ⅲ- 61 인트로 만들기61

텍스트 레이어를 클릭 후 단축키 S를 눌러 스케일 값을 열어준 상태로 쉐이프 레이어6과 같은
시간에 위치하도록 뒤로 옮겨 줍니다.

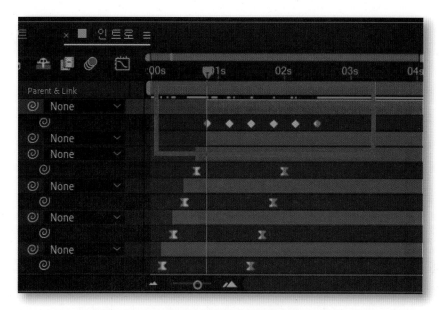

▲ 그림 Ⅲ– 62 인트로 만들기62

텍스트 레이어의 스케일의 key frame 생성 버튼을 눌러
시작 부분은 0% 그 뒤로는 10프레임 간격으로 120%, 80%,
110%, 90%, 100% 순서로 값을 입력합니다.

Quick Tip

10프레임 간격으로 이동하는 단축키는
Ctrl + Shift + 방향키 좌우를 이용하면 쉽
게 움직일 수 있습니다.

▲ 그림 Ⅲ– 63 인트로 만들기63

그런 다음으로 스케일의 key frame 한 줄을 모두 선택하고 단축키 F9을 눌러 애니메이션에 텐
션이 생기도록 해줍니다.

▲ 그림 Ⅲ– 64 인트로 만들기64

추가적으로 텍스트 레이어의 자연스러운 속도감을 만들어주기 위해 모션블러를 체크해주도록 합니다.

▲ 그림 Ⅲ– 65 인트로 만들기65

그런 다음에 쉐이프 레이어 6번에서 나타나는 애니메이션이 완성이 되도록 텍스트 레이어를 쉐이프 레이어 6번 밑으로 내려주도록 합니다. 그리고 Track Matte를 Alpha Matte를 적용합니다.

Quick Tip

Alpha Matte의 기능을 통해서 텍스트가 쉐이프 레이어 6번이 커지면서 그 부분에 서만 보이게 해주는 원리입니다.

▲ 그림 Ⅲ- 66 인트로 만들기66

이제 마무리 단계로 인트로에 사용하기 위해 만들어 두었던 소스들을 선택하여 타임라인의 텍스트 레이어 밑으로 나열해주도록 합니다.

▲ 그림 Ⅲ- 67 인트로 만들기67

나열이 끝난 소스들은 위 이미지처럼 다양한 시간에 랜덤하게 동작할 수 있도록 자유롭게 배치해주도록 합니다.

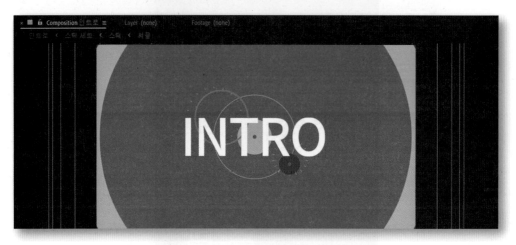

▲ 그림 III- 68 인트로 만들기68

마지막으로 최종 결과물을 확인하여 영상 출력과정인 렌더링을 진행해보도록 하겠습니다.

영상 렌더링(출력) 해보기

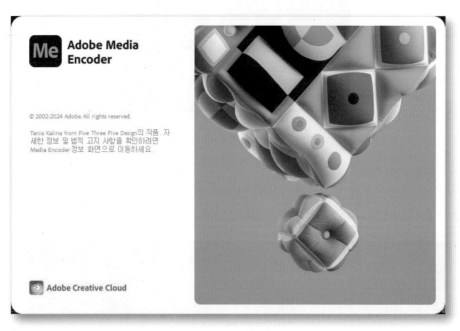

▲ 그림 III- 69 영상 출력해보기69

편집 또는 효과 프로그램에서 영상을 제작한 다음에 영상을 출력하는 과정을 렌더링이라고 합니다. 이번에는 제작했던 인트로를 결과물로 뽑는 렌더링과 영상 출력 시 배경이 없이 소스만 출력하는 방법을 알아보도록 하겠습니다.

▲ 그림 III- 70 영상 출력해보기70

먼저 기본적인 영상을 출력하는 방식을 알아보도록 하겠습니다. 영상을 출력하기 위해서는 먼저 영상을 뽑을 구간을 지정해줘야 합니다. 이 때 사용하는 단축키는 출력이 시작되는 부분에는 B버튼을, 영상이 끝나는 구간에는 N버튼을 눌러주면 됩니다.

▲ 그림 III- 71 영상 출력해보기71

지정이 끝나면 상단에 Composition 부분으로 들어가 Add to Adobe Media Encoder Queue…
을 클릭합니다. 또는 단축키 Ctrl+Alt+M을 눌러주면 됩니다.

▲ 그림 Ⅲ– 72 영상 출력해보기72

Add to Adobe Media Encoder Queue…을 누르고 기다
리면 위 이미지와 같은 Adobe Media Encoder가 실행되
는 모습을 볼 수 있으며, 내가 업로드를 하고자 하는 곳에

Quick Tip

이후 2023 버전부터 모든 코덱이 애프터
이펙트로 돌아왔습니다.

맞춰 출력하는 방식과 용량을 줄이거나 화질 설정, 그리고 여러 파일을 렌더링할 수 있게 해주는
등 렌더링만을 위한 프로그램입니다. 구 버전에서는 애프터 이펙트 자체에 모든 코덱들을 지원
했으나 CC이후로는 프로그램을 통해 코덱이 나뉘어졌습니다.

▲ 그림 Ⅲ– 73 영상 출력해보기73

이제 오른쪽 부분을 보면 다양한 설정을 할 수 있는 부분이 보이며, 형식, 사전 설정, 출력 파일
등이 있습니다. 이때 한 부분만 클릭하여 설정해주면 나머지 부분들이 공통적으로 한 번에 설정
이 됩니다. 인트로 아래 파란색 부분의 텍스트를 클릭해주도록 합니다.

▲ 그림 Ⅲ– 74 영상 출력해보기74

형식 부분을 클릭하여 들어가면 내보내기 설정
이라는 메뉴가 나오는데, 이는 B버튼과 N버튼
으로 지정했던 시작점과 끝점을 좀 더 수정하
거나 파일의 코덱, 화질, 오디오 등의 설정을
할 수 있는 패널입니다.

▲ 그림 Ⅲ– 75 영상 출력해보기75

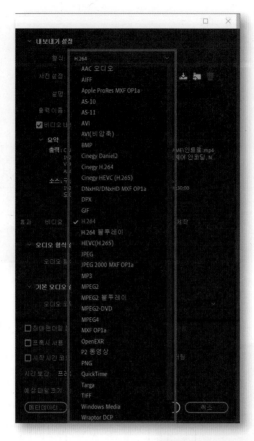

▲ 그림 III- 76 영상 출력해보기76

위 코덱 중 주로 많이 사용하는 코덱들을 알아보도록 하겠습니다.

● AAC 오디오, AIFF, MP3 : 오디오 파일을 출력하는 형식으로 작업한 영상의 사운드만 필요할 시 사용합니다.

● AVI : 동영상 파일이 무압축으로 나오는 확장자입니다. 용량이 매우 커 사용빈도가 거의 없습니다.

● BMP, GIF, JPEG, TARGA, TIFF, PNG : 영상을 프레임별 사진파일로 저장하는 방식. 용도에 맞춰 사용하며 일반적으로 영상 배너나 스포츠 영상에서 하단에 알파형식으로 나오는 배너 광고영상에 사용합니다.

● H.264 : 일반적으로 가장 많이 사용하는 코덱으로 화질 열화현상이 적고 용량 자체도 압축률이 좋아 많이 사용하는 코덱입니다. 온라인에 올라오는 영상들은 대부분 H.264 코덱을 사용한다고 봐도 무방하며 파일 확장자는 MP4로 나오게 됩니다.

● MPEG2, MXF : 방송용으로 많이 사용되는 코덱으로 우리가 쉽게 보는 TV에 나오는 광고,

IPTV 다시보기 서비스에서 많이 사용되는 코덱입니다. 파일 확장자는 MPG, MPEG로 나오게 됩니다.

● **QUICK TIME** : Mac에서 대표적으로 사용하는 코덱으로, 영화계열에서 많이 사용하며, ProRes 코덱은 영상화질과 압축률이 좋아 대부분의 작업에서 사용되는 코덱입니다. 추가로 우리가 알파채널을 작업했을 때 알파 영상을 뽑을 때도 사용됩니다. 영화에서도 많이 사용되지만 주로 일반적인 방송, 그리고 전광판에 나오는 광고들 대부분이 이 코덱을 사용하며 파일 확장자는 MOV로 나옵니다.

● **DNxHR** : 윈도우에서 맥의 ProRes 코덱 역할을 수행할 수 있는 코덱으로 AVID 사에서 만들었으며 동영상 화질, 압축률 모두 뛰어난 코덱입니다. 하지만 실제 잘 사용되지는 않는 코덱.

● **WRAPTOR DCP** : 우리가 극장에서 영화를 볼 때 영화를 납품하는 파일의 코덱입니다.

● **WINDOWS MEDIA** : 윈도우에서 많이 쓰이는 코덱이며 압축률이 높은 대신 색감이 약간 하얗게 뜨는 현상이 있습니다. 그래서 변환할 때 비트레이트 부분을 잘 확인해야 하며 파일확장자는 Wmv입니다.

● **DPX** : 이 파일 형식도 위에 있는 이미지 시퀀스로 뽑는 방식은 동일하나 컬러 작업을 할 때 많이 사용되며, 영상의 색 재현율이 높은 형식의 파일입니다.

일단 우리는 가장 많이 사용하는 형식인 H.264를 선택하겠습니다. 다음으로 사전설정 부분이 있으며, 사전설정은 화질, 오디오 품질 등의 선택 과정을 간결하게 선택할 수 있는 프리셋이라고 보면 됩니다. 주로 소스 일치 – 높은 비트 전송률과 내가 업로드 하는 프리셋을 사용하면 됩니다. 그러므로 소스 – 높은 비트 전송률을 선택하여 줍니다.

▲ 그림 III– 77 영상 출력해보기77

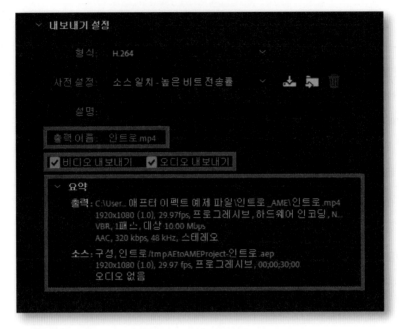

▲ 그림 Ⅲ– 78 영상 출력해보기78

이제 다음 부분인 출력이름 부분이 보이는데, 이 부분을 클릭하면 파일을 저장하고자 하는 위치
를 지정하고 파일이름을 정해줄 수 있으며(**아래 이미지 참고**), 그 아래의 메뉴로는 비디오와 오
디오를 따로 내보낼 수 있는 체크 박스들이 있으며, 요약으로 작업한 파일의 메타데이터와 출력
형태를 미리 볼 수 있게 되어 있습니다.

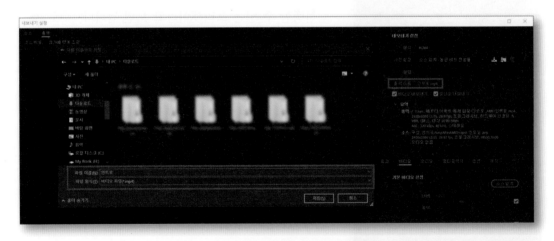

▲ 그림 Ⅲ– 79 영상 출력해보기79

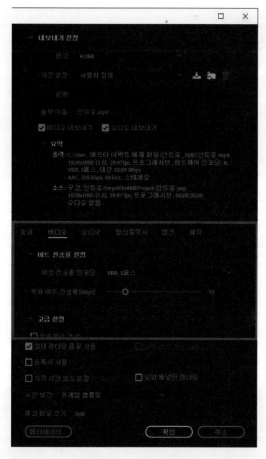

▲ 그림 Ⅲ- 80 인트로 만들기80

▲ 그림 Ⅲ- 81 인트로 만들기81

그리고 다시 아래로 넘어가면 효과, 비디오, 오디오, 멀티플렉서, 캡션, 제작 등이 있는데 이 부분들은 프리셋을 적용 후에 추가적으로 각각의 품질들을 조절하고 싶을 때 사용하는 기능입니다. 하지만 대부분은 프리셋만으로도 충분한 편이니 그냥 뽑아줘도 무방하다고 보면 됩니다.

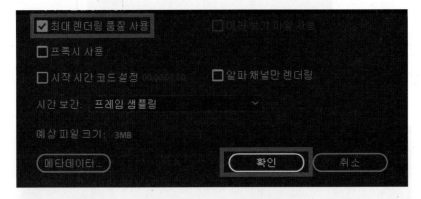

▲ 그림 III- 82 인트로 만들기82

그 외 알아두면 좋은 기능이 있는데, 비디오 탭에 있는 비트 전송률 설정이라는 메뉴가 있습니다. 이 메뉴의 경우에는 VBR, 1패스 & VBR, 2패스 & CBR의 3가지 메뉴가 있으며, 각각의 특징으로 VBR은 화질을 자동으로 용량을 배정해주는 방식으로 화질이 좋아야 하는 부분에는 화질을 좋게, 나빠도 되는 부분은 나쁘게 설정하여 효율적인 용량 조절이 가능한 기능입니다. 그 외에 1패스, 2패스 같은 경우에는 과정을 한 번 더 걸쳐 더 효율을 극대화시킨다고 보면 됩니다. 다음으로 CBR은 처음부터 끝까지 사용자가 지정한 비트레이트가 지정이 된다고 보면 됩니다.

▲ 그림 III- 83 인트로 만들기83

이제 마지막으로 하단의 최대 렌더링 품질 사용을 선택 후 확인 버튼을 눌러주도록 합니다.

▲ 그림 III- 84 인트로 만들기84

그럼 이제 원래의 페이지로 돌아와 우측에 있는 재생 버튼을 눌러주게 되면 렌더링이 시작됩니다.
렌더링이 완료되면 맑고 경쾌 효과음이 나오고 실패하게 되는 경우에는 염소 소리가 나옵니다.

▲ 그림 Ⅲ- 85 인트로 만들기85

▲ 그림 Ⅲ- 86 인트로 만들기86

▲ 그림 III- 87 인트로 만들기87

그 다음으로 이번에는 소스 출력 방식에 대해서 알아보도록 하겠습니다. 다시 원래의 애프터 이펙트로 돌아와 B시작점과 N끝점을 만들어 주도록 합니다.

▲ 그림 III- 88 인트로 만들기88

지정이 끝나면 상단에 Composition 부분으로 들어가 Add to Render Queue… 클릭해주도록 합니다. 또는 단축키 Ctrl+M을 눌러주면 됩니다.

▲ 그림 III– 89 인트로 만들기89

Add to Render Queue...을 실행시키게 되면 타임라인 패널이 바뀌면서 위 이미지처럼 변경된 것을 확인할 수 있습니다.

▲ 그림 III– 90 인트로 만들기90

그런 다음 각각의 설정하는 메뉴들을 살펴보도록 하겠습니다. Render Settings, Output Module, Output To의 기능들이 있으며, Output Module, Output To 이 두 가지를 설정하게 되면 소스 출력을 할 수 있습니다.

제일 먼저 Output Module의 Lossless 버튼을 눌러 Output Module Settings 을 열어주도록 합니다. 그러면 이제 위 이 미지와 같은 세팅 메뉴가 나오고 여기서 우리는 Format과 Format Options... & Channels, Color의 값만 설정하면 됩니다.

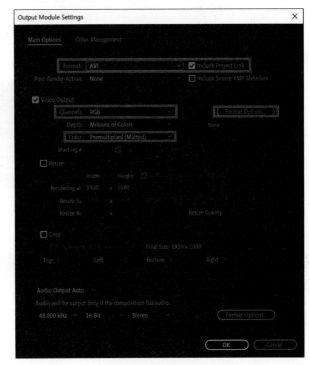

▲ 그림 III– 91 인트로 만들기91

▲ 그림 Ⅲ– 92 인트로 만들기92

그럼 이제 각각의 메뉴를 세팅해보도록 하겠습니다. 제일 먼저 Format 부분은 QuickTime으로 설정하도록 합니다.

▲ 그림 Ⅲ– 93 인트로 만들기93

다음으로 Video Output의 Channels 부분을 RGB + Alpha로 그리고 Color 부분은 Straight (Uumatted)로 설정하도록 합니다.

Quick Tip

RGB + Alpha를 설정하면 컬러와 흰색 부분은 출력 그 외에 검은 부분을 제거되어 뽑히는 상태가 됩니다.

▲ 그림 Ⅲ– 94 인트로 만들기94

마지막으로 Format Options…을 클릭하도록 합니다.

▲ 그림 Ⅲ– 95 인트로 만들기95

Format Options…에 들어가면 Video Codec 부분이 있는데 이 부분에서 Codec 설정을 Animation으로 선택합니다. 만약 Animation이 없다면 네이버에서 QuickTime Player를 설치하면 됩니다. 설정이 끝났다면 OK 버튼을 눌러줍니다.

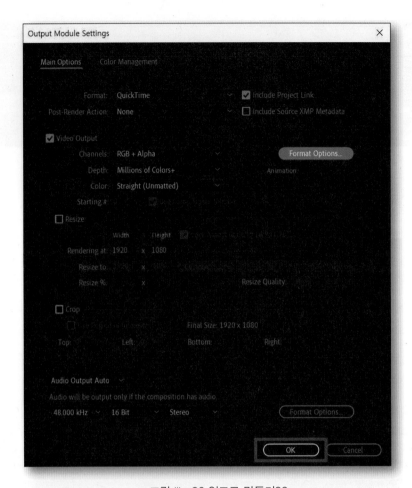

▲ 그림 III– 96 인트로 만들기96

Output Module Settings의 모든 세팅이 끝났습니다. 이제 OK 버튼을 눌러 렌더링을 해주도
록 합니다.

▲ 그림 III– 97 인트로 만들기97

이 방식은 배경 투명화 소스를 다른 영상 프로그램에 사용할 때 쓰는 방식으로 다른 프로그램과
연동할 때에 사용을 권장합니다.

04

더 멋진 내일(Tomorrow)을 위한 내일(My Career) **내일은 애프터 이펙트**

외부 Plug-in 사용해보기

☑학습 목표

1. Saber Plug-in 사용해보기
2. Plug-in을 사용한 HUD 디자인 해보기

▲ 그림 IV- 1 외부 Plug-in 사용해보기

외부 Plug-in 사용해보기

Plug-in은 시각적인 효과를 극대화 시켜주기 좋은 기능들이 상당히 많으며 애프터 이펙트 자체에도 다양한 효과가 들어가 있는 기본 Plug-in과 빠른 시간에 최대한의 효과를 볼 수 있는 외부 Plug-in이 존재합니다. 이러한 외부 Plug-in들은 대부분 유료이며 몇몇 무료 배포가 되는 Plug-in도 있습니다.

Saber Plug-in 사용해보기

▲ 그림 IV- 2 외부 Plug-in 사용해보기2

Saber Plug-in은 외부 Plug-in이며 비디오 코파일럿이라는 곳에서 무료 배포하고 있는 Plug-in입니다. 대부분의 무료 Plug-in은 퀄리티가 좋지 못한 반면에 이 곳의 Plug-in들은 유료부터 무료까지 상당히 높은 퀄리티를 보여주는 편입니다.

▲ 그림 IV- 3 외부 Plug-in 사용해보기3

먼저 외부 Plug-in이기 때문에 설치를 해주어야 하는데, 아래의 다운로드 페이지로 이동하도록 합니다.

(https://www.videocopilot.net/tutorials/saber_plug-in/)

비디오 코파일럿 – 세이버 Plug-in

▲ 그림 IV- 4 외부 Plug-in 사용해보기4

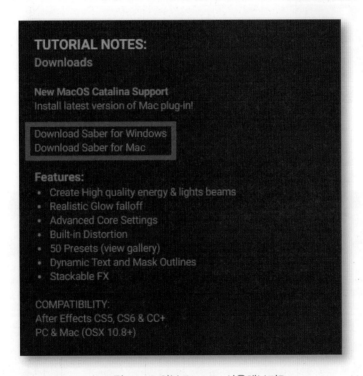

▲ 그림 IV- 5 외부 Plug-in 사용해보기5

다운로드 페이지로 이동하면 우측에 표시가 되어있는 부분을 확인하도록 합니다. 그러면
TUTORIAL NOTES 아래 Mac과 Windows로 버전이 나뉘어 있는 Plug-in을 다운로드를 할
수 있게 되어 있습니다. 각자의 PC에 맞춰 다운로드를 합니다.

다운로드가 완료되면 압축이 되어 있는 Zip 파일로 저장이 되어 있으니 이 파일의 압축을 풀어주도록 합니다.

▲ 그림 IV- 6 외부 Plug-in 사용해보기6

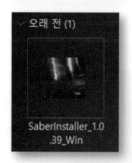

압축을 풀어주면 왼쪽의 이미지처럼 파일이 생성되고 설치를 진행하도록 합니다.

▲ 그림 IV- 7 외부 Plug-in 사용해보기7

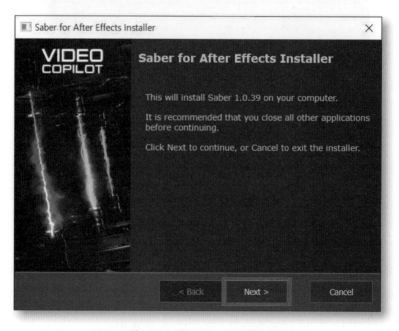

▲ 그림 IV- 8 외부 Plug-in 사용해보기8

실행을 시키면 위 이미지와 같은 창이 나오고, 바로 Next >를 눌러주도록 합니다.

▲ 그림 IV- 9 외부 Plug-in 사용해보기9

17.0 부분을 체크 후 Next 〉버튼을 눌러줍니다.

▲ 그림 IV- 10 외부 Plug-in 사용해보기10

Next 〉버튼을 눌러줍니다.

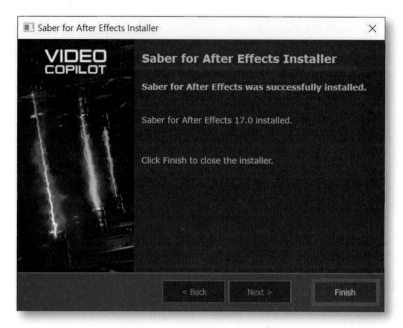

▲ 그림 IV- 11 외부 Plug-in 사용해보기11

설치가 끝나면 Finish 버튼을 눌러 마무리합니다.

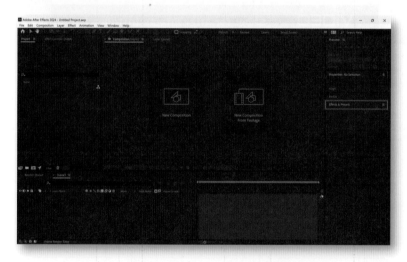

▲ 그림 IV- 12 외부 Plug-in 사용해보기12

애프터 이펙트를 실행시켜줍니다. 그 다음으로 우측에 Effects & Presets 탭을 클릭하여 줍니다.

▲ 그림 IV- 13 외부 Plug-in 사용해보기13

설치가 잘되어 있는지 Saber를 검색하여 Video Copilot – Saber가 있는지 확인하도록 합니다. 만약 설치가 잘못되어 있다면 검색이 되지 않습니다.

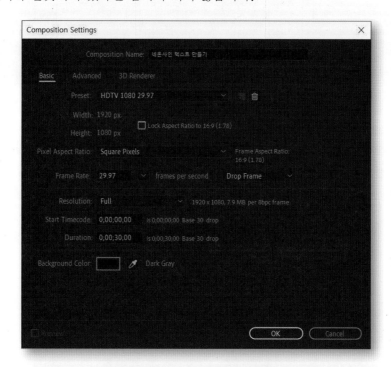

▲ 그림 IV- 14 외부 Plug-in 사용해보기14

이제 세이버 Plug-in을 이용한 네온사인 텍스트를 만들어보도록 하겠습니다. 단축키 Ctrl+N을 눌러 새로운 컴포지션 만들기에 위 이미지처럼 세팅을 해주도록 합니다.

▲ 그림 IV- 15 외부 Plug-in 사용해보기15

다음으로 상단 툴바에서 텍스트 도구를 선택하여 화면에 NEON이라고 입력해주도록 합니다.

▲ 그림 IV- 16 외부 Plug-in 사용해보기16

텍스트 레이어를 선택 후 단축키 Ctrl+Alt+Home 버튼과 Ctrl+Home 버튼을 입력하여 글자를 정중앙으로 정렬해주도록 합니다.

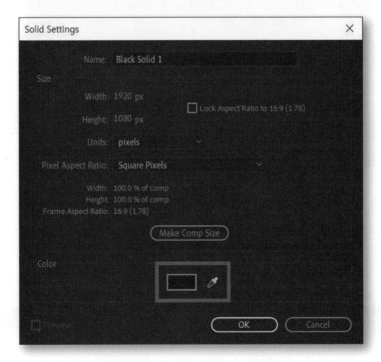

▲ 그림 IV- 17 외부 Plug-in 사용해보기17

그런 다음 Saber Plug-in은 솔리드가 필수로 필요하기 때문에 단축키 Ctrl+Y를 눌러 검은색
솔리드를 생성하여 줍니다.

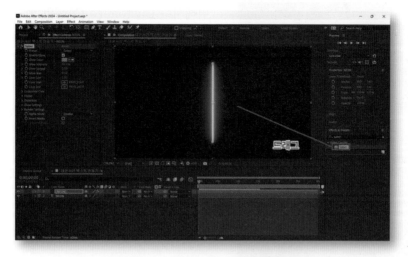

▲ 그림 IV- 18 외부 Plug-in 사용해보기18

Saber Plug-in을 드래그하여 솔리드에게 적용시켜줍니다.

▲ 그림 IV- 19 외부 Plug-in 사용해보기19

Saber Plug-in이 잘 적용이 되었다면 왼쪽 상단에 Effect Controls 부분에 Saber가 잘 적용
이 되었는지 확인을 할 수 있습니다.

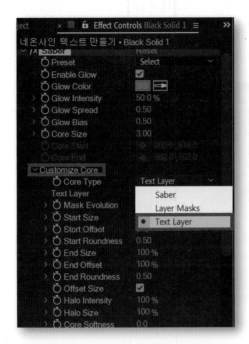

▲ 그림 IV- 20 외부 Plug-in 사용해보기20

자 그럼 Saber Plug-in을 설정해보도록 하겠습니다. 일단 텍스트 레이어에 적용을 시키기 위해서는 Customize Core의 메뉴 탭을 열어 Saber의 기본설정을 Text Layer로 변경해주도록 합니다.

Quick Tip

Customize Core는 어느 부분에 효과를 적용할지 선택하는 옵션입니다.

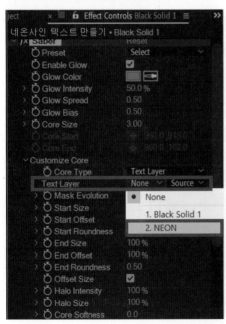

▲ 그림 IV- 21 외부 Plug-in 사용해보기21

다음으로 이제 텍스트 레이어 적용이 될 수 있도록 Text Layer의 None 부분을 우리가 만들었던 NEON 텍스트 레이어를 선택해주도록 합니다.

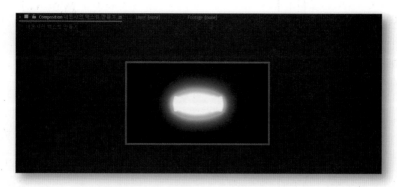

▲ 그림 IV– 22 외부 Plug-in 사용해보기22

그럼 이제 Saber의 효과가 적용되어 화면과 같이 텍스트의 빛을 확인할 수 있는데 기본 값은 글로우의 밝기가 밝아 텍스트가 보이지 않습니다.

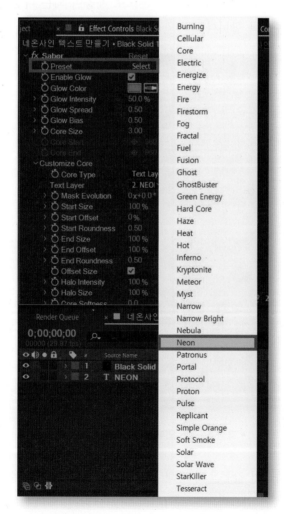

▲ 그림 IV– 23 외부 Plug-in 사용해보기23

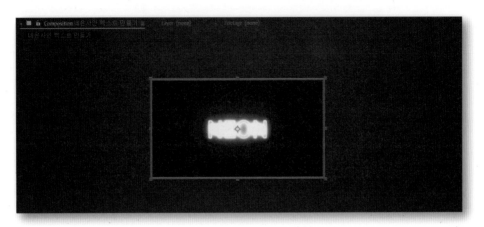

▲ 그림 IV- 24 외부 Plug-in 사용해보기24

다음으로 Saber의 Preset 부분을 클릭하면 기본으로 제공이 되는 다양한 효과들이 있는데 이
중에서 Neon을 선택해주도록 합니다.

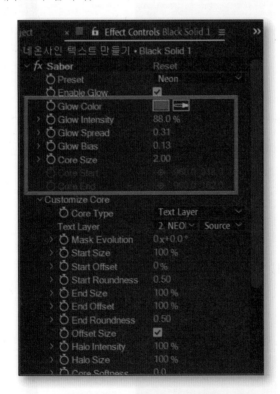

▲ 그림 IV- 25 외부 Plug-in 사용해보기25

이제 중요한 Saber의 디테일 값들을 수정해주도록 하겠습니다. 일단 순서대로 Glow Color는
Neon의 색상을 정해줄 수 있으며, Glow Intensity는 밝기, Glow Spread는 빛을 퍼지게,
Glow Bias는 빛의 성향 값이며, Core Size로 두께를 조절해줄 수 있습니다.

▲ 그림 IV- 26 외부 Plug-in 사용해보기26

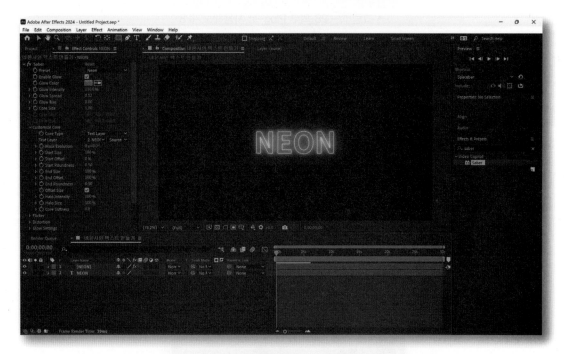

▲ 그림 IV- 27 외부 Plug-in 사용해보기27

Glow Intensity 값을 110% 조절해주고, Glow Spread는 0.52, Core Size는 1.00으로 변경해 주면 가장 기본적인 네온 텍스트가 완성됩니다.

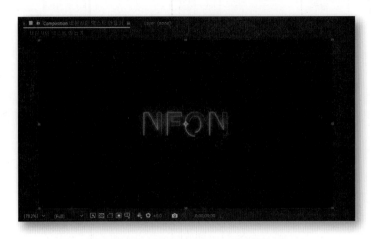

▲ 그림 IV– 28 외부 Plug-in 사용해보기28

다음으로는 위 이미지처럼 네온 효과를 통해 글자가 써지는 효과를 적용시켜보도록 하겠습니다.

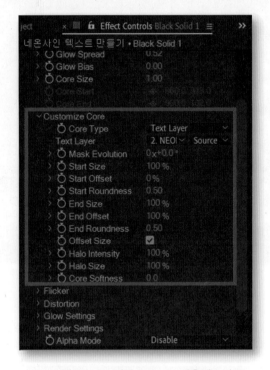

▲ 그림 IV– 29 외부 Plug-in 사용해보기29

네온이 그려지는 애니메이션을 사용하기 위해서는 Customize Core 부분의 메뉴들을 활용하여야 하며, 각각 어떤 기능을 하는지 먼저 살펴보도록 하겠습니다.

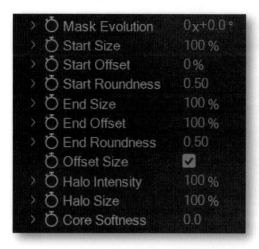

▲ 그림 IV- 30 외부 Plug-in 사용해보기30

❶ Mask Evolution : Saber의 코어를 코어 안쪽에서 연속적인 동작을 줄 수 있는 기능입니다. (0x는 바퀴 수를 뜻함)

❷ Start Size : 코어의 시작 부분의 크기를 조절합니다.

❸ Start Offset : 시작 부분부터 코어를 그려주는 기능입니다.

❹ Start Roundness : 시작 부분 코어의 부분을 라운드 처리를 해주는 기능입니다.

❺ End Size : 코어의 끝 부분의 크기를 조절합니다.

❻ End Offset : 끝 부분부터 코어를 그려주는 기능입니다.

❼ End Roundness : 끝 부분 코어의 부분을 라운드 처리를 해주는 기능입니다.

❽ Halo Intensity : 후광 부분의 밝기 조절이 가능합니다.

❾ Halo Size : 후광의 범위를 지정합니다.

❿ Core Softness : 코어의 선명도를 조절할 수 있습니다.

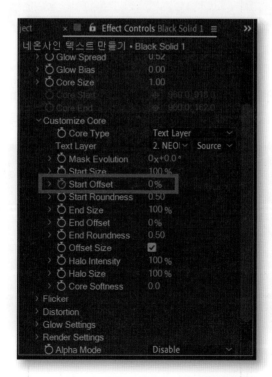

▲ 그림 IV- 31 외부 Plug-in 사용해보기31

▲ 그림 IV- 32 외부 Plug-in 사용해보기32

타임라인에 0;00;00;00 마커를 맞춰준 후에 Start Offset 부분에 Key frame을 0%를 입력해 주도록 합니다.

▲ 그림 IV- 33 외부 Plug-in 사용해보기33

타임라인에 솔리드 레이어를 선택하여 단축키 U 버튼을 눌러 key frame의 보이도록 해줍니다. 그리고 0;00;02;00에 Start Offset을 100% key frame을 찍어주도록 합니다.

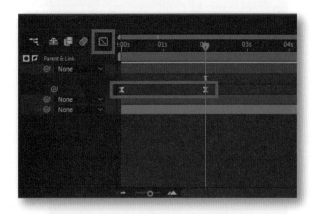

▲ 그림 IV- 34 외부 Plug-in 사용해보기34

Key frame를 모두 선택 후 단축키 F9을 눌러 Easy Ease 기능을 적용 후 그래프 에디터를 눌러 주도록 합니다.

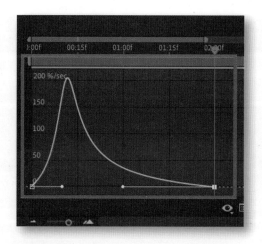

▲ 그림 IV- 35 외부 Plug-in 사용해보기35

그래프 에디터에서 위 이미지의 그래프처럼 값을 변경해주도록 합니다.

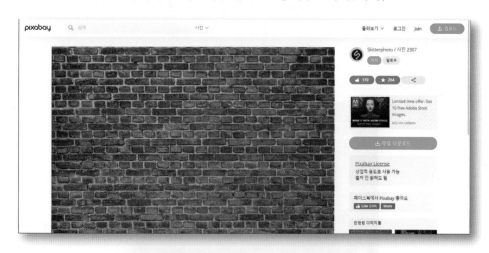

▲ 그림 IV- 36 외부 Plug-in 사용해보기36

다음은 Neon 텍스트의 배경을 꾸며주기 위한 무료 이미지를 다운로드 받습니다.

(다음 주소에서 받아주세요) https://pixabay.com/images/id-2906556/

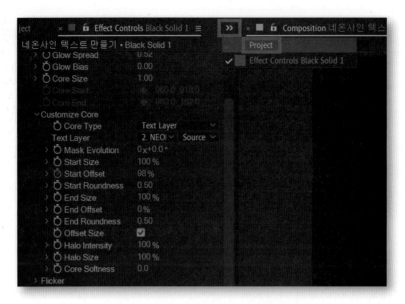

▲ 그림 IV- 37 외부 Plug-in 사용해보기37

그런 다음 이제 이미지를 불러올 수 있도록 '≫' 버튼을 눌러 Effect Controls에서 Project 패널
로 넘어가도록 합니다.

▲ 그림 IV- 38 외부 Plug-in 사용해보기38

▲ 그림 IV- 39 외부 Plug-in 사용해보기39

프로젝트 패널의 빈 공간을 더블클릭하여 파일을 불러와주도록 합니다.

▲ 그림 IV- 40 외부 Plug-in 사용해보기40

불러온 파일을 타임라인으로 드래그하여 가장 맨 아래로 배치해주도록 합니다.

▲ 그림 IV- 41 외부 Plug-in 사용해보기41

▲ 그림 IV- 42 외부 Plug-in 사용해보기42

솔리드의 Saber 기능은 밑에 있는 이미지가 보이지 않기 때문에 이 부분을 해결하기 위해서 Mode 부분을 Normal 에서 Add를 선택하여 변경해주도록 합니다.

Quick Tip

Add는 추가 기능으로 두 장의 이미지를 상위 하위 레이어 RGB 값을 합쳐주는 기능입니다.

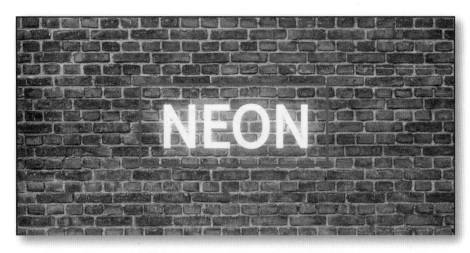

▲ 그림 IV– 43 외부 Plug–in 사용해보기43

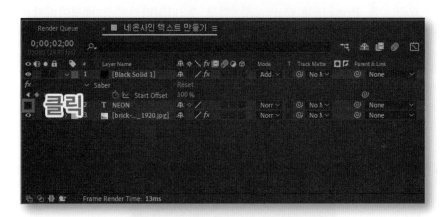

▲ 그림 IV– 44 외부 Plug–in 사용해보기44

Add를 적용하게 되면 위 이미지처럼 NEON 텍스트 부분에 흰색의 텍스트 레이어가 Saber와 겹쳐 보이게 되는데 이 부분을 숨겨주도록 합니다.

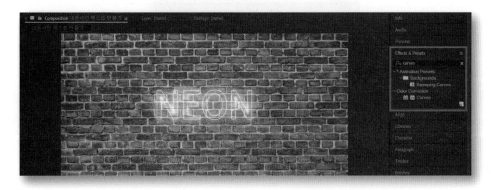

▲ 그림 IV– 45 외부 Plug–in 사용해보기45

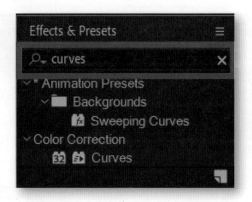

▲ 그림 IV- 46 외부 Plug-in 사용해보기46

다음으로 배경이 NEON 텍스트보다 상당히 밝아 이 부분의 밝기와 콘트라스트를 다운해주기 위해 우측 Effects & Presets에 Curves를 검색 후 타임라인에서 배경이미지를 선택하고 Curves Plug-in을 더블클릭하여 적용시켜주도록 합니다.

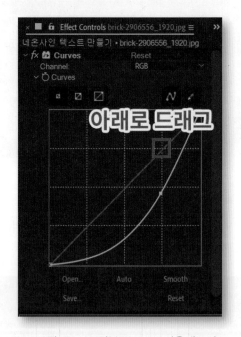

▲ 그림 IV- 47 외부 Plug-in 사용해보기47

Curves 적용이 완료되었으면 위 이미지처럼 하이라이트 부분을 드래그하여 아래로 내려주도록 합니다.

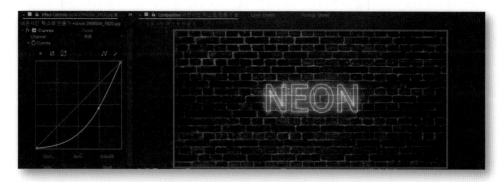

▲ 그림 IV- 48 외부 Plug-in 사용해보기48

이제 두 개의 톤이 비슷해지지만 아직 다소 부족한 부분들이 보이기 때문에 이 부분들을 더 추가적으로 보정해주는 방법을 배워보겠습니다.

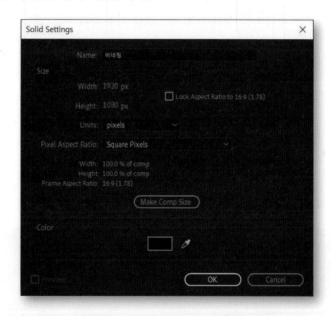

▲ 그림 IV- 49 외부 Plug-in 사용해보기49

단축키 Ctrl+Y을 눌러 추가적으로 솔리드를 만들어줍니다. 이때 솔리드의 이름은 비네팅으로 변경해주도록 하겠습니다.

Quick Tip

비네팅이란 카메라의 전문용어로 렌즈의 특성상 중앙부에서 주변부로 갈수록 광량이 부족해져 어두워지는 증상을 말합니다.

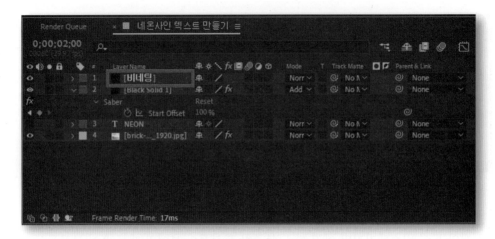

▲ 그림 IV- 50 외부 Plug-in 사용해보기50

먼저 타임라인에서 비네팅 레이어를 선택하여 마스크를 사용하기 위한 준비를 해주도록 합니다.

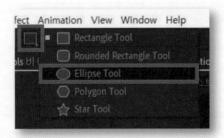

▲ 그림 IV- 51 외부 Plug-in 사용해보기51

▲ 그림 IV- 52 외부 Plug-in 사용해보기52

다음으로 상단 툴바에서 원형 쉐이프 레이어 도구를 선택 후 더블 클릭하여 화면 사이즈에 맞는
마스크를 씌워주도록 합니다.

▲ 그림 IV- 53 외부 Plug-in 사용해보기53

다음으로 이제 우리가 필요한 부분은 중앙부가 아닌 주변부가 어두워지는 걸 원하기 때문에 비네팅의 Mask 옵션의 Add 부분을 클릭하여 Subtract로 변경해주도록 합니다.

Quick Tip

Subtract는 Add의 더하기의 반대인 빼기입니다. (일종의 반전)

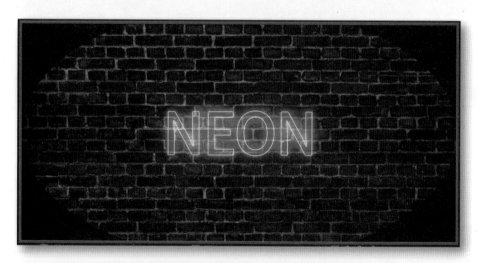

▲ 그림 IV- 54 외부 Plug-in 사용해보기54

Subtract를 적용하니 위 이미지처럼 중앙부에서 주변부로 어두운 부분이 옮겨 갔는데 한 가지의 문제로 너무 경계면이 또렷하니 이제 이 부분을 부드럽게 만들어주도록 하겠습니다.

▲ 그림 IV- 55 외부 Plug-in 사용해보기55

Mask의 메뉴를 열면 순서대로 Mask Path는 마스크의 모양을 바꾸는 기능, Mask Feather는 경계면을 부드럽게 만들어주는 기능, Mask Opacity는 마스크 부분의 불투명도를 조절해주는 기능, Mask Expansion는 마스크의 범위를 조절하는 기능입니다.

▲ 그림 IV- 56 외부 Plug-in 사용해보기56

그럼 이제 각각의 값을 입력하여 완성해보도록 하겠습니다. 일단 Mask Feather의 값으로 500을 입력해주며, 다음으로 Mask Expansion을 −100 pixels를 입력해주도록 합니다.

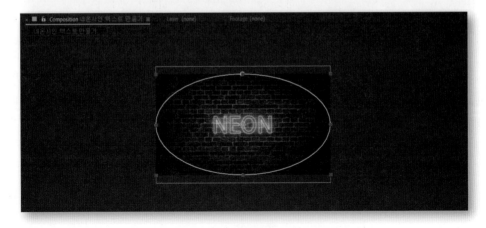

▲ 그림 IV- 57 외부 Plug-in 사용해보기57

두 개의 값을 적용하면 위 이미지처럼 이제 어느 정도 완성이 되어 상당히 괜찮은 결과물을 보여
줍니다. 하지만 너무 주변부와 함께 NEON 부분의 비중이 없어 보이니 하나만 더 추가 보정을
해주도록 하겠습니다.

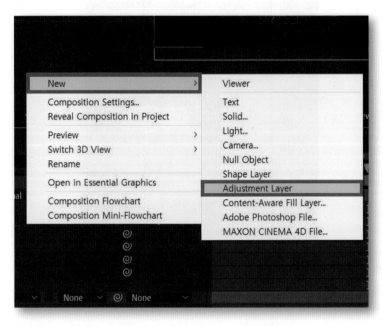

▲ 그림 IV– 58 외부 Plug-in 사용해보기61

타임라인의 빈 공간을 우클릭하여 New → Adjustment Layer를 선택하여 만들어주도록 합니다.

▲ 그림 IV– 59 외부 Plug-in 사용해보기59

그런 다음 레이어의 이름을 혼동하지 않도록 단축키 Enter를 이용하여 보정 레이어로 이름을 바
꾸고, 이어서 가장 맨 위 상단에 위치시켜주도록 합니다. 이어서 Effects & Presets 탭에서
Curves를 검색하여 타임라인의 보정 레이어를 선택 후 더블클릭하여 적용시킵니다.

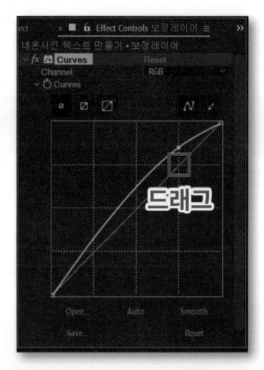

▲ 그림 IV- 60 외부 Plug-in 사용해보기60

Curves 값의 하이라이트 영역의 밝기를 올려 쉐도우와 함께 적용받을 수 있도록 위로 조절해주 도록 합니다.

▲ 그림 IV- 61 외부 Plug-in 사용해보기61

이제 외형적인 모습은 모두 완성이 되었으며 마지막으로 NEON은 켜지면서 반짝이는 특징이 있으니 그 특징을 이어서 만들어 보겠습니다. 그 전에 타임라인이 지저분하니 빈 공간을 한번 클릭 후 단축키 U 버튼을 눌러서 깨끗하게 정리해주도록 합니다.

▲ 그림 IV– 62 외부 Plug–in 사용해보기62

다시 Saber Plug–in이 적용된 블랙 솔리드를 선택하여 이번에는 Flicker 탭을 열어주도록 합니다.

▲ 그림 IV- 63 외부 Plug-in 사용해보기63

Flicker는 실제로 카메라에서 TV나 형광등을 비추면 주파수 때문에 검은색 줄이 생기는 증상으로 Saber에서는 깜빡이는 효과로 사용가능하며 Flicker Intensity는 반짝이는 빛의 광량을 조절하는 기능, Flicker Speed는 빛이 반짝이는 간격의 속도, Random Seed는 깊은 값에서 좀 더 임의값을 부여하는 기능입니다.

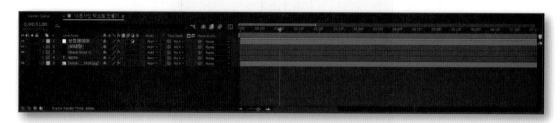

▲ 그림 IV- 64 외부 Plug-in 사용해보기64

먼저 타임라인의 마커를 0;00;01;00로 옮겨주도록 합니다.

▲ 그림 IV- 65 외부 Plug-in 사용해보기65

Flicker Intensity의 값을 300% 입력 후 key frame 생성 버튼을 눌러줍니다.

▲ 그림 IV- 66 외부 Plug-in 사용해보기66

타임라인에 블랙 솔리드를 선택한 후 단축키 U 버튼을 눌러 key frame이 보이도록 해줍니다.

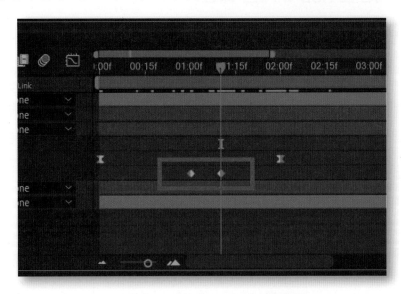

▲ 그림 IV- 67 외부 Plug-in 사용해보기67

0;00;01;15으로 타임라인 마커를 이동하여 Flicker Intensity의 값을 0% 입력하여 마무리 해주도록 합니다.

▲ 그림 IV- 68 외부 Plug-in 사용해보기68

마지막으로 완성이 잘되었는지 영상을 재생해보면 됩니다.

Plug-in을 사용한 HUD 디자인 해보기

▲ 그림 IV- 69 외부 Plug-in 사용해보기69

이번에는 사이버틱한 디자인을 가지고 있는 HUD 디자인을 Saber와 함께 디자인하려고 합니다. HUD는 헤드 업 디스플레이의 줄임말이며 실무에서 나름 흔하게 사용되는 디자인입니다.

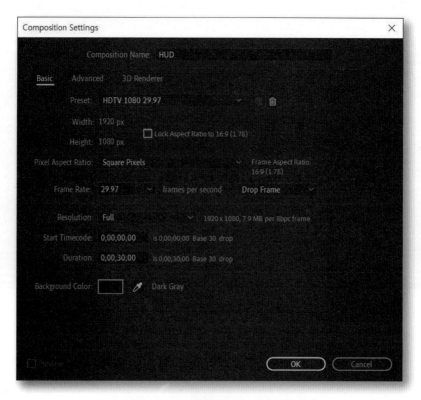

▲ 그림 IV- 70 외부 Plug-in 사용해보기70

먼저 새로운 작업영역을 만들어주도록 합니다. 단축키 Ctrl+N 버튼을 눌러 위 이미지처럼 세팅
해주도록 합니다.

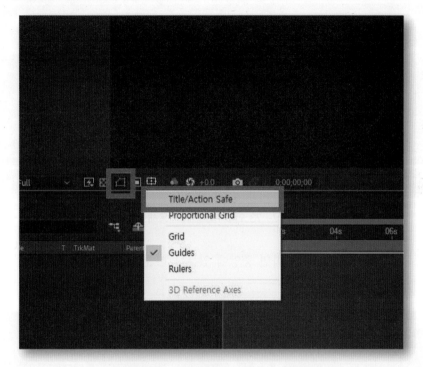

▲ 그림 IV- 71 외부 Plug-in 사용해보기71

먼저 컴포지션 패널에서 하단에 있는 Title/Action Safe 가이드를 켜주도록 합니다.

▲ 그림 IV- 72 외부 Plug-in 사용해보기72

다음으로 상단 툴바에 펜 도구를 선택하여 Fill 부분은 글자를 눌러 None으로, Stroke 부분은
파레트를 눌러 흰색과 두께 7px를 넣어주도록 합니다.

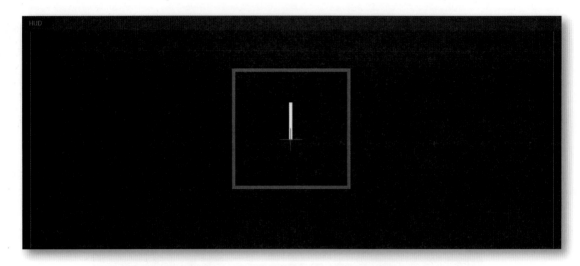

▲ 그림 IV– 73 외부 Plug–in 사용해보기73

화면을 확대하여 펜 도구를 이용해 화면 중앙에 있는 + 부분의 정중앙에 클릭하여 윗부분으로
이어주도록 합니다.

▲ 그림 IV– 74 외부 Plug–in 사용해보기74

다음으로 쉐이프 레이어를 선택하고 메뉴 탭을 열어 Contents까지 열어주도록 합니다.

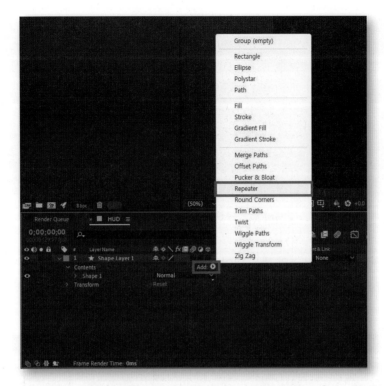

▲ 그림 IV– 75 외부 Plug-in 사용해보기75

Add를 클릭하여 Repeater를 선택하여 적용합니다.

▲ 그림 IV– 76 외부 Plug-in 사용해보기76

Repeater의 탭에서 Copies를 눌러 10을 입력해줍니다.

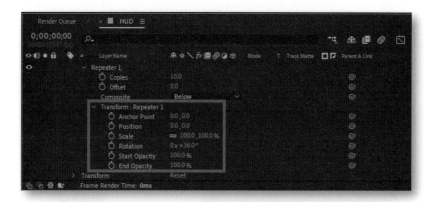

▲ 그림 IV– 77 외부 Plug–in 사용해보기77

이어서 Transform : Repeater의 탭을 열어 Position 0.0, 0.0 그리고 Rotation 0x+36°를 입력해주도록 합니다.

Quick Tip

Transform : Repeater는 복제되는 간격입니다.

▲ 그림 IV– 78 외부 Plug–in 사용해보기78

그런 다음 Shape 메뉴를 열어주도록 합니다.

▲ 그림 IV– 79 외부 Plug–in 사용해보기79

Shape 메뉴에서 Position을 선택하여 0.0, −200을 입력
해주도록 합니다.

▲ 그림 IV− 80 외부 Plug−in 사용해보기80

이제 다음 작업 단계를 위해 타임라인의 빈 공간을 한번 클릭한 뒤 단축키 U 버튼을 눌러 깔끔하
게 정리를 해주도록 합니다.

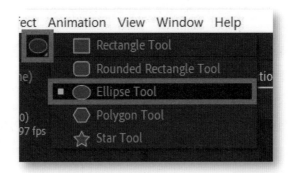

▲ 그림 IV− 81 외부 Plug−in 사용해보기81

상단 툴바에서 동그라미 도형을 선택 후 Stroke는 4px를 입력해주도록 합니다.

▲ 그림 IV− 82 외부 Plug−in 사용해보기82

화면 중앙으로 Shift를 눌러 드래그하여 Repeater의 크기보다 작게 만들어준 후 단축키 Ctrl+Alt+Home을 누르고 Ctrl+Home을 연달아 눌러주도록 합니다.

▲ 그림 IV- 83 외부 Plug-in 사용해보기83

쉐이프 레이어2를 선택하여 단축키 Ctrl+D를 눌러서 복사합니다. 복사한 레이어를 선택 후 Scale을 화면의 Repeater 크기보다 크게 늘려주도록 합니다.

Quick Tip
쉐이프 레이어의 Scale로 크기 조절 시 원래의 모양에서 찌그러지니 디테일한 작업에는 매번 새로 그려주는 게 좋습니다.

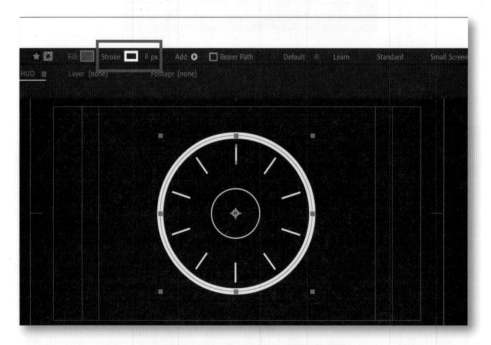

▲ 그림 IV- 84 외부 Plug-in 사용해보기84

그런 다음 두께를 좀 더 주기 위해서 쉐이프 레이어3을 선택한 상태에서 상단 툴바에서 Stroke 부분의 두께를 8px로 올려주도록 합니다.

▲ 그림 IV– 85 외부 Plug-in 사용해보기85

다시 쉐이프 레이어 3번을 단축키 Ctrl+D를 눌러 쉐이프 레이어 4를 만들어주도록 합니다. 그 다음으로 스케일을 쉐이프 레이어 3번보다 크기를 더 넓혀주도록 합니다.

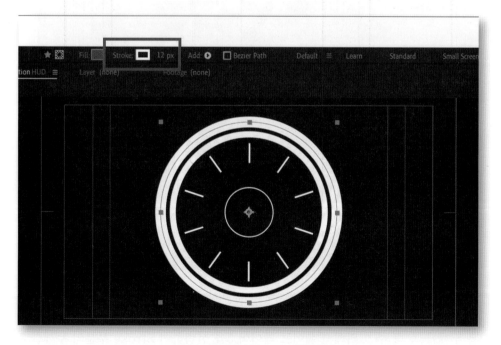

▲ 그림 IV– 86 외부 Plug-in 사용해보기86

그런 다음 두께를 좀 더 주기 위해서 쉐이프 레이어 4번을 선택하고 Stroke 부분의 두께를 12px 로 올려주도록 합니다.

▲ 그림 IV- 87 외부 Plug-in 사용해보기87

다시 쉐이프 레이어 4번을 단축키 Ctrl+D를 눌러 쉐이프 레이어 5를 만들어주도록 합니다. 그 다음으로 스케일을 쉐이프 레이어 4번보다 더 넓혀주도록 합니다.

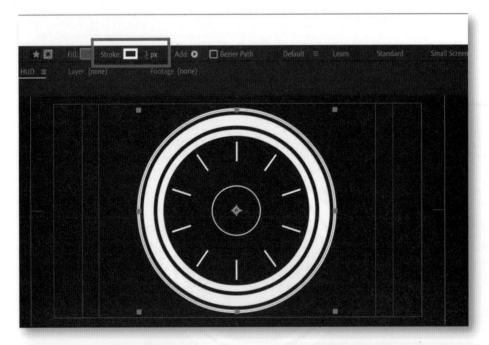

▲ 그림 IV- 88 외부 Plug-in 사용해보기88

그런 다음 두께를 좀 더 주기 위해서 쉐이프 레이어 5을 선택하여 Stroke 부분의 두께를 3px로 낮춰주도록 합니다.

▲ 그림 IV- 89 외부 Plug-in 사용해보기89

다시 쉐이프 레이어 5번을 단축키 Ctrl+D를 눌러 쉐이프 레이어 6을 만들어주도록 합니다. 그 다음으로 스케일을 쉐이프 레이어 5번보다 더 넓혀주도록 합니다.

▲ 그림 IV- 90 외부 Plug-in 사용해보기90

이제 쉐이프 레이어 메뉴를 닫았다가 다시 열어 Contents 메뉴가 보이게 열어주도록 합니다.

▲ 그림 IV- 91 외부 Plug-in 사용해보기91

이어서 Ellipse → Stroke를 열어주도록 합니다.

▲ 그림 Ⅳ- 92 외부 Plug-in 사용해보기92

메뉴를 조금 내리면 Dashes 메뉴가 보이며, 이 부분의 +
아이콘을 눌러 Dash 생성하고 26을 입력해주도록 합니
다.

Quick Tip

Dashes 기능은 점선을 만들어주는 기능
입니다. 숨겨진 기능으로 + 아이콘을 한
번 더 누르면 간격을 쉽게 조절해줄 수 있
는 Gap이라는 기능이 추가됩니다.

▲ 그림 Ⅳ- 93 외부 Plug-in 사용해보기93

타임라인의 빈 공간을 클릭하여 단축키 U 버튼을 눌러 깔끔하게 정리 후 각각 레이어의 이름을
순서대로 정리해주도록 합니다.

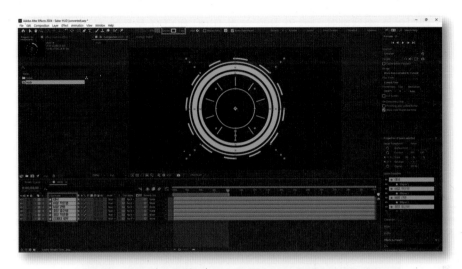

▲ 그림 IV– 94 외부 Plug–in 사용해보기94

이어서 타임라인에서 Ctrl+A를 눌러 쉐이프 레이어를 전체선택 후 상단 툴바의 Stroke 부분에서 컬러 색상을 내가 원하는 색상으로 바꿔주도록 합니다.

▲ 그림 IV– 95 외부 Plug–in 사용해보기95

그럼 다시 컴포지션 패널에서 Title/Action Safe를 눌러 꺼주도록 합니다.

▲ 그림 IV– 96 외부 Plug–in 사용해보기96

리피터 내부 레이어를 선택하여 단축키 R을 눌러 0;00;00;00 부분에 로테이션 key frame를
생성하여 줍니다.

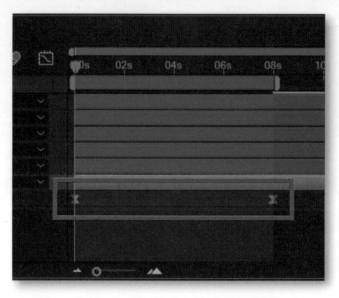

▲ 그림 IV– 97 외부 Plug-in 사용해보기|97

다음으로 0;00;08;00 마커를 옮겨 로테이션 key frame를 1x+180° 생성하여 줍니다.

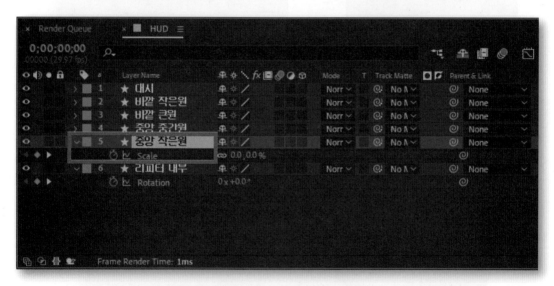

▲ 그림 IV– 98 외부 Plug-in 사용해보기|98

다음으로 중앙 작은원 레이어를 선택하여 0;00;00;00 부분에 Scale 0% key frame 값을 생성
하여 줍니다.

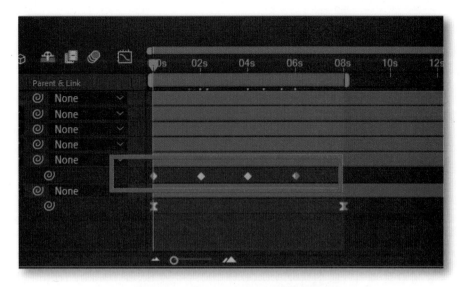

▲ 그림 IV- 99 외부 Plug-in 사용해보기99

Scale key frame 값을 맨 앞에 0% 제외한 상태로 2초 간격으로 160%, 85%, 175% 순서로 입력해줍니다.

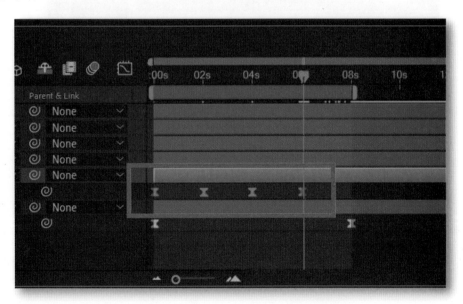

▲ 그림 IV- 100 외부 Plug-in 사용해보기100

key frame을 모두 입력한 후 단축키 F9을 눌러주도록 합니다.

▲ 그림 IV- 101 외부 Plug-in 사용해보기101

다음으로 중앙 중간원 레이어를 선택하여 0;00;00;00 부분에 Scale 0% key frame 값을 생성하여 줍니다.

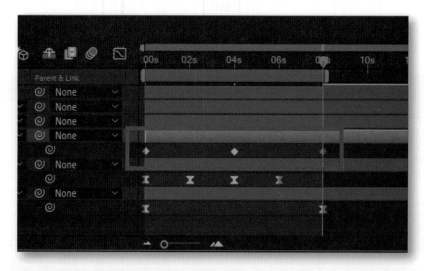

▲ 그림 IV- 102 외부 Plug-in 사용해보기102

Scale key frame 값을 맨 앞에 0% 제외한 상태로 4초 간격으로 165%, 316% 순서로 입력해줍니다.

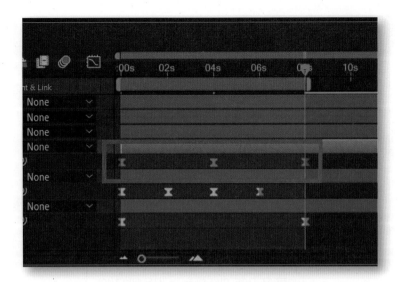

▲ 그림 IV- 103 외부 Plug-in 사용해보기103

key frame을 모두 입력하고 단축키 F9을 눌러주도록 합니다.

▲ 그림 IV- 104 외부 Plug-in 사용해보기104

다음으로 바깥 큰원 레이어를 선택하여 0;00;00;00 부분에 Scale 0% key frame 값을 생성하여 줍니다.

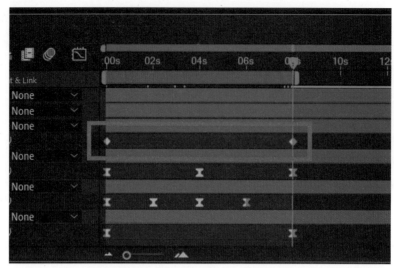

▲ 그림 IV– 105 외부 Plug-in 사용해보기105

다음으로 Scale key frame 값을 8초에 366% 입력해줍니다.

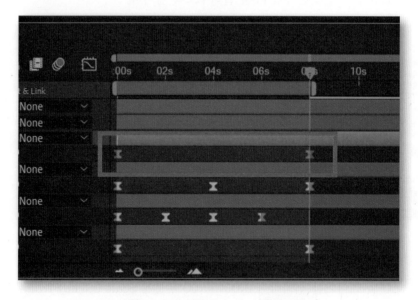

▲ 그림 IV– 106 외부 Plug-in 사용해보기106

key frame을 모두 선택하고 단축키 F9을 눌러주도록 합니다.

▲ 그림 Ⅳ- 107 외부 Plug-in 사용해보기107

다음으로 바깥 작은원 레이어를 선택하여 0;00;00;00 부분에 Scale 0% key frame 값을 생성
하여 줍니다.

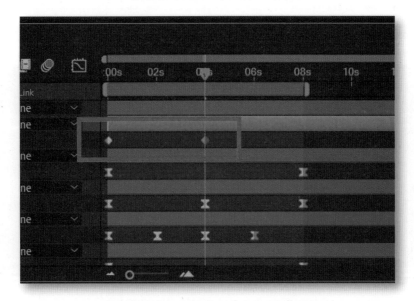

▲ 그림 Ⅳ- 108 외부 Plug-in 사용해보기108

Scale key frame 값을 4초에 410% 입력해줍니다.

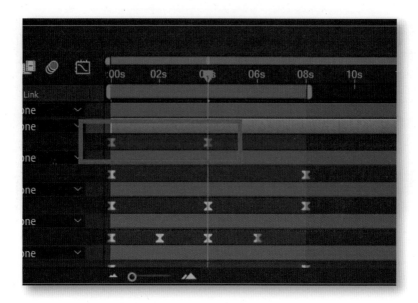

▲ 그림 IV- 109 외부 Plug-in 사용해보기109

key frame을 모두 입력하고 단축키 F9을 눌러주도록 합니다.

▲ 그림 IV- 110 외부 Plug-in 사용해보기110

대시 레이어를 선택하여 단축키 R을 눌러 0;00;00;00 부분에 로테이션 key frame를 생성하여
줍니다.

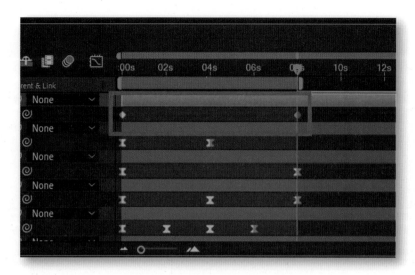

▲ 그림 IV- 111 외부 Plug-in 사용해보기111

다음으로 0;00;08;00 마커를 옮겨 로테이션 key frame를 −1x+0.0° 생성하여 줍니다.

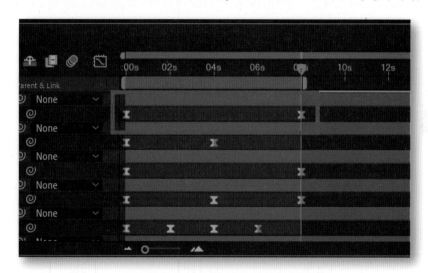

▲ 그림 IV- 112 외부 Plug-in 사용해보기112

key frame을 모두 입력하고 단축키 F9을 눌러주도록 합니다.

▲ 그림 IV- 113 외부 Plug-in 사용해보기113

모든 애니메이션 값이 적용되었으면 타임라인 마커를 시작지점으로 옮긴 후 재생을 시켜 이상한 부분이 있는지 체크해주도록 합니다. 그리고 타임라인의 빈 공간을 클릭하고 단축키 U버튼을 눌러 깔끔하게 정리해줍니다.

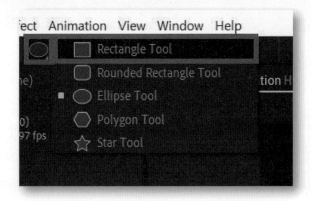

▲ 그림 IV- 114 외부 Plug-in 사용해보기114

다음으로 이제 HUD디자인 안에 들어가는 디자인들을 만들어 보도록 하겠습니다. 일단 상단 툴 바에서 사각형 쉐이프 레이어 도구를 선택합니다.

▲ 그림 IV– 115 외부 Plug-in 사용해보기115

쉐이프 레이어의 옵션으로 Fill 부분은 파레트를 선택 후 스포이드를 이용해 HUD와 같은 색상을, Stroke 부분은 색상 None을 선택합니다.

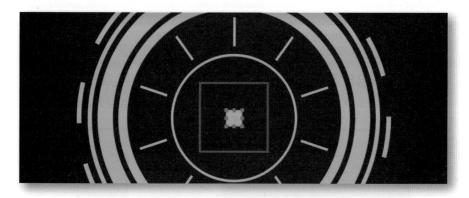

▲ 그림 IV– 116 외부 Plug-in 사용해보기116

이제 화면에 작은 사이즈의 사각형 쉐이프 레이어를 만들어 단축키 Ctrl+Alt+Home 버튼과 Ctrl+Home 버튼을 이용하여 화면 정중앙에 배치시켜주도록 합니다.

▲ 그림 IV– 117 외부 Plug-in 사용해보기117

중앙 배치가 되었다면, Shift + 방향키 위쪽을 눌러 상단에 위치해주도록 합니다.

▲ 그림 IV– 118 외부 Plug-in 사용해보기118

이제 쉐이프 레이어의 이름은 단축키 Enter를 눌러 아이콘으로 변경해주도록 합니다.

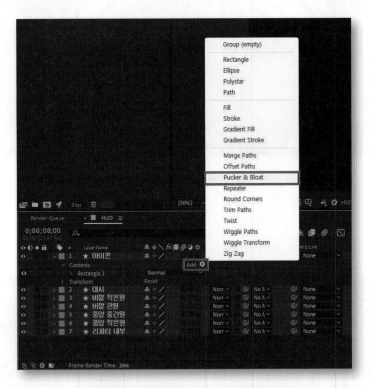

▲ 그림 IV– 119 외부 Plug-in 사용해보기119

쉐이프 레이어의 Add 버튼을 눌러 Puker & Bloat 효과를
적용시켜줍니다.

▲ 그림 IV- 120 외부 Plug-in 사용해보기120

Puker & Bloat 부분의 Amount를 200정도로 입력해주도록 합니다.

▲ 그림 IV- 121 외부 Plug-in 사용해보기121

그럼 이제 Puker & Bloat의 효과로 위 이미지와 같이 꽃 모양 비슷한 문양이 완성됩니다.

▲ 그림 IV- 122 외부 Plug-in 사용해보기122

▲ 그림 IV- 123 외부 Plug-in 사용해보기123

다음으로 상단의 텍스트 도구를 선택하여 화면 중앙에 AFTER EFFECTS를 입력해주도록 합니다. 텍스트 입력 후 단축키 Ctrl+Alt+Home과 Ctrl+Home 버튼을 이용해 화면 중앙에 배치해주도록 합니다.

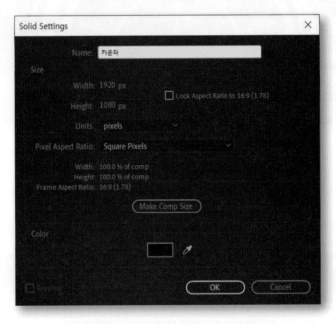

▲ 그림 IV- 124 외부 Plug-in 사용해보기124

텍스트 배치가 끝나면 단축키 Ctrl+Y를 눌러 새로운 솔리드를 만들어주고 솔리드의 이름은 카운터라고 적어줍니다.

▲ 그림 IV- 125 외부 Plug-in 사용해보기125

다음으로 우측 Effect & Presets 탭에서 Numbers Plug-in을 검색 후, 타임라인의 카운터 솔리드를 선택하고 Numbers Plug-in을 더블클릭하여 카운터 솔리드에 적용합니다.

▲ 그림 IV- 126 외부 Plug-in 사용해보기126

Numbers Plug-in을 적용하게 되면 Font 부분에서 내가 원하는 폰트와 Style에서 두께 조절, 그리고 Direction으로 글자의 가로, 세로 방향을 조절할 수 있으며, Alignment에서는 글자의 정렬 위치를 정할 수 있습니다.

▲ 그림 IV- 127 외부 Plug-in 사용해보기127

Font와 Style을 자유롭게 선택한 후 Direction과 Alignment를 위 이미지처럼 적용시켜주도록 합니다.

▲ 그림 IV- 128 외부 Plug-in 사용해보기128

Numbers Plug-in을 적용하면 위 이미지처럼 화면 가운데에 0.000이라는 숫자가 생기고 Effects Controls가 활성화가 됩니다.

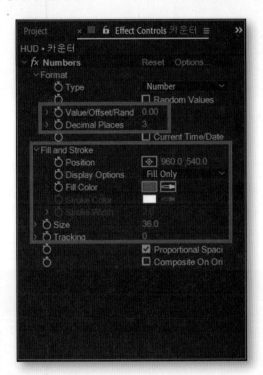

▲ 그림 IV- 129 외부 Plug-in 사용해보기129

Effects Controls에서 사용하게 될 옵션들을 살펴보도록 하겠습니다. 일단 Value/Offset/Rand 는 숫자가 올라가는 값을 적용시키는 메뉴이며, Decimal Places는 숫자의 자리 수, Position은 솔리드에 적용된 Numbers의 위치 값, Display Options는 색상 출력 방식, Fill Color는 색상, Size는 폰트 크기, Tracking은 글씨의 자간을 정하는 옵션입니다.

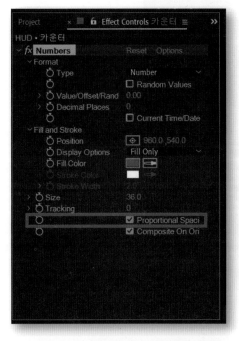

가장 먼저 값들을 적용하기 전, Proportional Spaci를 체크해제 합니다. Proportional Spaci의 기능은 숫자 카운터가 올라갈 때 자릿수의 자간 변화를 없앨 수 있습니다.

▲ 그림 IV- 131 외부 Plug-in 사용해보기131

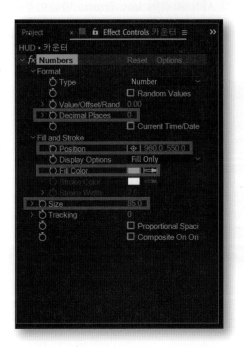

먼저 Decimal Places를 0으로 맞춰 소수점을 없애주며 Position 위치는 보기 좋은 위치에 적당이 배치해주도록 합니다. 그 다음 Fill Color는 스포이드를 이용해 나머지 HUD와 색상을 통일시켜주고 Size는 85 정도를 입력해주도록 합니다.

▲ 그림 IV- 132 외부 Plug-in 사용해보기132

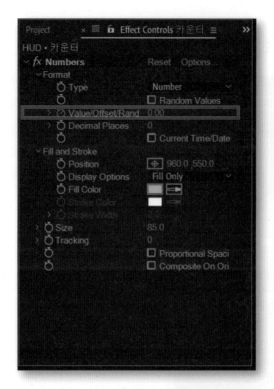

▲ 그림 IV– 133 외부 Plug–in 사용해보기133

다음으로 Value/Offset/Rand를 0;00;00;00 효과의 시작 지점인 key frame 만들어주고 그 다음에는 Value/Offset/Rand를 0;00;08;00 효과의 끝나는 지점인 key frame에 100을 입력합니다.

▲ 그림 IV– 134 외부 Plug–in 사용해보기134

그럼 이제 만들어진 부분을 재생해보면 카운터 레이어의 숫자 100의 자간이 너무 붙어 있는 것을 볼 수 있는데 이 부분을 수정해주도록 하겠습니다.

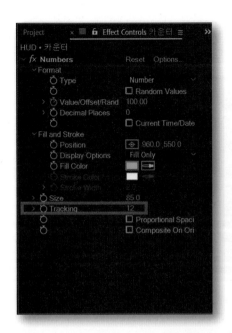

다시 Effect Controls 부분으로 돌아와 Tracking
부분에 12를 입력하여 자간을 늘려주도록 합니다.

▲ 그림 IV- 135 외부 Plug-in 사용해보기135

▲ 그림 IV- 136 외부 Plug-in 사용해보기136

그럼 이제 다음 작업을 진행하기 전에 타임라인을 단축키 U로 깔끔하게 정리하고 Effects
Controls 부분을 원래의 프로젝트 패널로 돌려주도록 합니다.

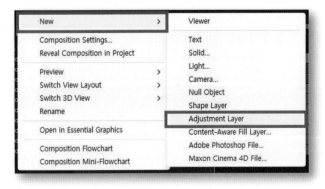

▲ 그림 IV- 137 외부 Plug-in 사용해보기137

다음 작업은 사이버틱한 느낌이 나도록 보정을 해주기 위해 타임라인의 빈 공간을 우클릭하여 New → Adjustment Layer를 만들어주도록 합니다.

▲ 그림 IV- 138 외부 Plug-in 사용해보기138

먼저 Adjustment Layer에서 Enter를 눌러 레이어 이름을 보정레이어로 바꿔줍니다.

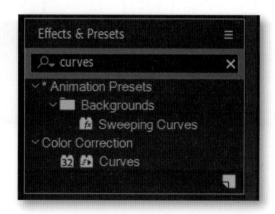

▲ 그림 IV- 139 외부 Plug-in 사용해보기139

다음으로 타임라인에서 보정레이어를 선택하고 Effects & Presets 탭에서 Curves를 검색한 후 더블클릭하여 효과를 적용시켜주도록 합니다.

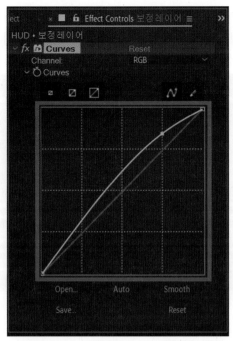

▲ 그림 IV– 140 외부 Plug-in 사용해보기140

Curves의 곡선을 이용해 색을 1차적으로 다듬어주도록 합니다.

▲ 그림 IV– 141 외부 Plug-in 사용해보기141

이번에는 Effects & Presets에서 Glow를 검색한 후 타임라인에서 보정레이어를 선택하고 Glow Plug-in을 더블클릭하여 보정레이어에 적용시켜주도록 합니다.

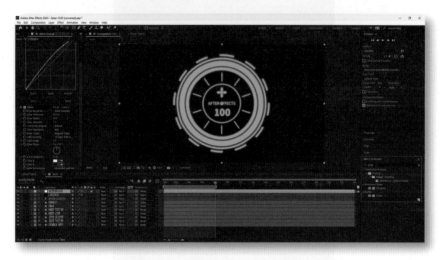

▲ 그림 IV- 142 외부 Plug-in 사용해보기142

Glow Plug-in을 적용시키면 빛나는 효과가 적용되는데 이어서 디테일하게 값을 수정하여 은은하게 빛나는 효과를 만들어주도록 하겠습니다.

▲ 그림 IV- 143 외부 Plug-in 사용해보기143

먼저 Glow에서 주로 사용되는 효과들을 살펴보도록 하겠습니다. Glow Threshold는 빛의 임계점으로 낮으면 낮을수록 어두워지며 높으면 높을수록 밝아지는 기능이며, Glow Radius는 빛 번짐, Glow Intensity는 빛의 밝기로 이렇게 3개의 효과가 주로 사용됩니다.

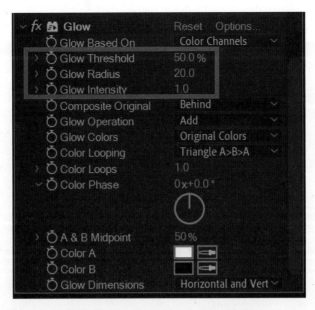

▲ 그림 IV- 144 외부 Plug-in 사용해보기144

Glow Threshold의 임계점은 50%, Glow Radius의 빛 번짐은 20%, Glow Intensity의 밝기는 1.0을 적용해주도록 합니다. 만약 내가 선택한 색상에 과한 효과가 들어가면 임계값을 높여주고 빛 번짐은 반대로 낮춰주도록 합니다.

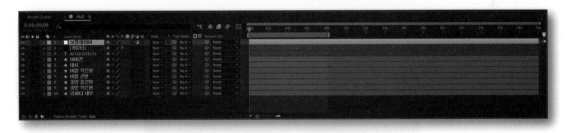

▲ 그림 IV- 145 외부 Plug-in 사용해보기145

그럼 이제 다음 작업을 진행하기 전에 타임라인을 단축키 U로 깔끔하게 정리하고 Effects Controls 부분을 원래의 프로젝트 패널로 돌려주도록 합니다.

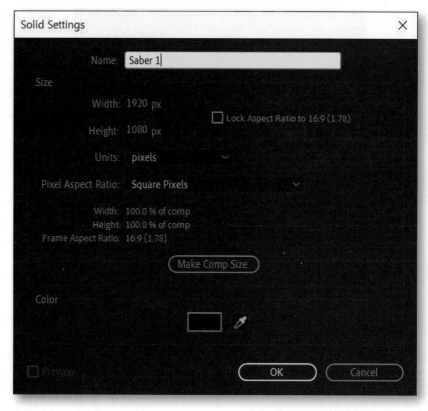

▲ 그림 IV- 146 외부 Plug-in 사용해보기146

다음 과정은 Saber를 이용한 추가적인 퀄리티 업 작업을 진행해보도록 하겠습니다. 단축키 Ctrl+Y를 눌러 새로운 솔리드 이름을 Saber 1로 바꿔주고 생성하여 줍니다.

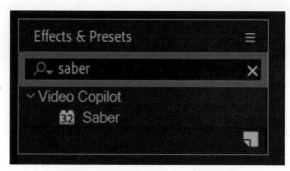

▲ 그림 IV- 147 외부 Plug-in 사용해보기147

그 다음으로 Effects & Presets에서 Saber를 검색 후 타임라인의 Saber 1솔리드를 선택하고 Saber Plug-in을 적용시켜주도록 합니다.

▲ 그림 Ⅳ- 148 외부 Plug-in 사용해보기148

타임라인에서 Saber 1 레이어를 선택하고 단축키 T를 눌러 Opacity를 50%로 수정해주도록 합니다.

▲ 그림 Ⅳ- 149 외부 Plug-in 사용해보기149

다음으로 단축키 Ctrl+R 버튼을 눌러 커스텀 그리드 기능을 실행시켜 빨간 표시 부분처럼 대시 바깥 작은원 레이어에 맞춰 그려주도록 합니다. 커스텀 그리드는 상단과 왼쪽 부분에서 마우스를 왼쪽에서 오른쪽으로, 위에서 아래로 드래그하면 선이 생기는 걸 볼 수 있습니다.

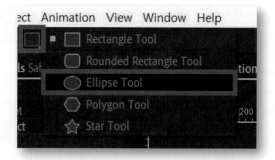

▲ 그림 IV- 150 외부 Plug-in 사용해보기150

상단 툴바에서 동그라미 모양의 쉐이프 레이어를 선택하여 줍니다.

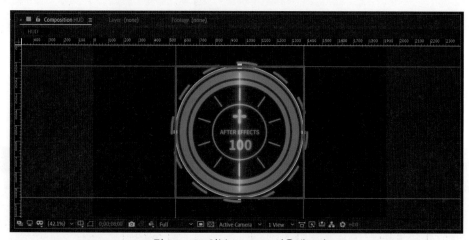

▲ 그림 IV- 151 외부 Plug-in 사용해보기151

타임라인에 Saber 1 레이어를 선택한 후 정확하게 커스텀 그리드의 왼쪽 모서리 끝부터 아래 오른쪽 모서리로 드래그하여 마스크를 적용하도록 합니다.

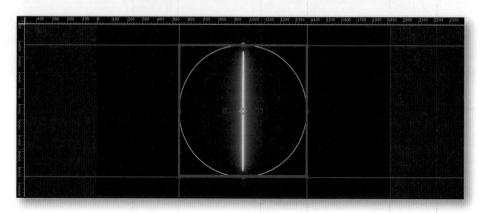

▲ 그림 IV- 152 외부 Plug-in 사용해보기152

▲ 그림 IV- 153 외부 Plug-in 사용해보기153

다시 Saber 1 레이어를 선택하고 단축키 T버튼을 눌러 Opacity를 100%로 조절해주도록 합니다.

▲ 그림 IV- 154 외부 Plug-in 사용해보기154

Saber 1 레이어 선택 후 Effect Controls 패널에 Saber Plug-in의 프리셋 부분을 클릭하여 Electric으로 변경해주도록 합니다.

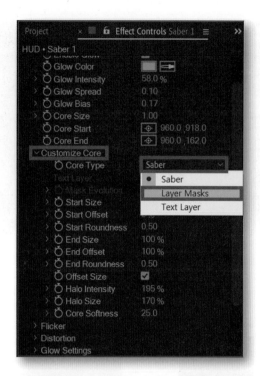

▲ 그림 IV− 155 외부 Plug-in 사용해보기155

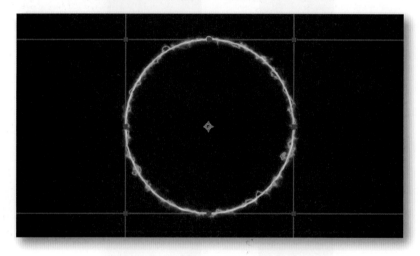

▲ 그림 IV− 156 외부 Plug-in 사용해보기156

다음은 Saber의 Customize Core 옵션으로 들어가 Core Type을 Layer Masks로 변경해주도록 합니다.

Quick Tip

Customize Core에서 Layer Masks 기능을 설정하면 마스크에서만 Saber 효과가 적용됩니다.

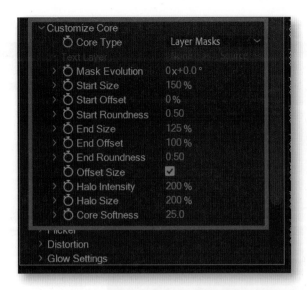

▲ 그림 IV− 157 외부 Plug−in 사용해보기157

이제 Customize Core 옵션의 메뉴들을 통하여 나의 디자인에 어울리게 값들을 수정해주도록 합니다.

❶ Mask Evolution : Saber의 코어를 안쪽에서 연속적인 동작을 줄 수 있는 기능입니다. (0x는 바퀴 수를 뜻 함)

❷ Start Size : 코어의 시작 부분의 크기를 조절합니다.

❸ Start Offset : 시작 부분부터 코어를 그려주는 기능입니다.

❹ Start Roundness : 시작 부분 코어의 부분을 라운드 처리를 해주는 기능입니다.

❺ End Size : 코어의 끝 부분의 크기를 조절합니다.

❻ End Offset : 끝 부분부터 코어를 그려주는 기능입니다.

❼ End Roundness : 끝 부분 코어의 부분을 라운드 처리해주는 기능입니다.

❽ Halo Intensity : 후광 부분의 밝기 조절이 가능합니다.

❾ Halo Size : 후광의 범위를 지정합니다.

❿ Core Softness : 코어의 선명도를 조절 할 수 있습니다.

▲ 그림 IV- 159 외부 Plug-in 사용해보기159

Saber 1 레이어를 선택하여 Mode 부분의 Normal을 클릭
하여 Add로 변경해주도록 합니다.

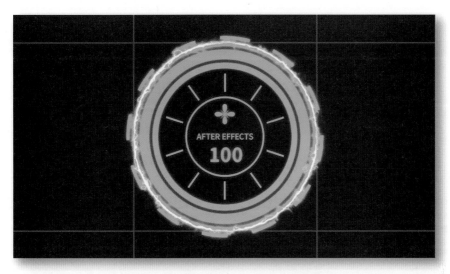

▲ 그림 Ⅳ- 160 외부 Plug-in 사용해보기160

Saber 1 레이어의 Mode 부분을 적용시키면 이제 위 이미지처럼 검은색 화면의 Saber가 아닌 HUD와 함께 적용되는 모습을 볼 수 있습니다.

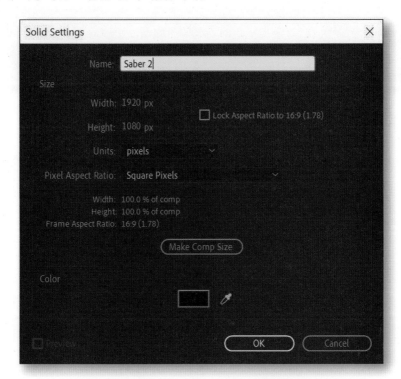

▲ 그림 Ⅳ- 161 외부 Plug-in 사용해보기161

이번에는 단축키 Ctrl+Y를 눌러 새로운 Saber 2 솔리드를 만들어주도록 합니다.

▲ 그림 IV– 162 외부 Plug–in 사용해보기162

타임라인에서 Saber 2를 선택 후 Effects & Presets에서 Saber를 검색 후 더블클릭하여 Plug–in을 적용시켜줍니다.

▲ 그림 IV– 163 외부 Plug–in 사용해보기163

타임라인에서 Saber 2 레이어를 선택 후 단축키 T를 눌러 Opacity를 50%로 수정해주도록 합니다.

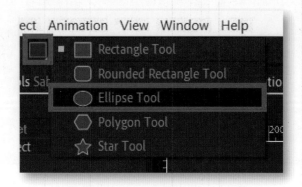

▲ 그림 IV– 164 외부 Plug–in 사용해보기164

상단 툴바에서 동그라미 모양 쉐이프 레이어를 선택하여 줍니다.

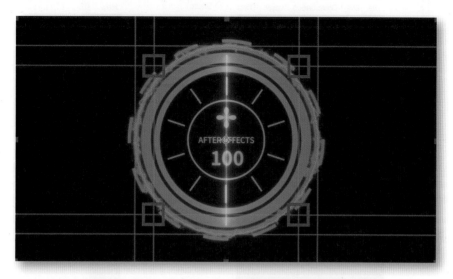

▲ 그림 IV- 165 외부 Plug-in 사용해보기165

다음으로 단축키 Ctrl+R 버튼을 눌러서 커스텀 그리드 기능을 실행시켜 빨간 표시 부분처럼 대
시 중앙 중간원 레이어에 맞춰 그려주도록 합니다. 커스텀 그리드는 상단과 왼쪽 부분에서 마우
스를 왼쪽에서 오른쪽으로 위에서 아래로 드래그하면 선이 생기는 걸 볼 수 있습니다.

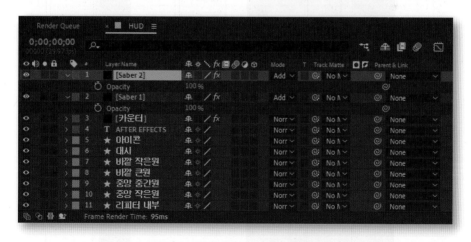

▲ 그림 IV- 166 외부 Plug-in 사용해보기166

다시 Saber 2 레이어를 선택 후 단축키 T 버튼을 눌러 Opacity를 100%로 조절해주도록 합니다.

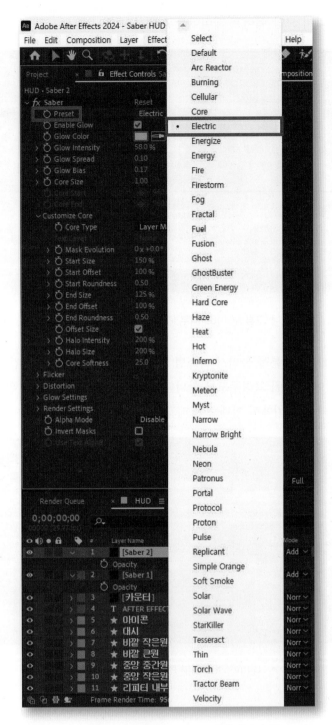

▲ 그림 IV- 167 외부 Plug-in 사용해보기167

Saber 1 레이어 선택 후 Saber Plug-in의 프리셋 부분을 클릭하여 Electric으로 변경해주도록
합니다.

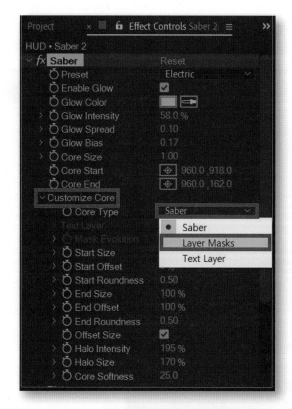

▲ 그림 IV- 168 외부 Plug-in 사용해보기168

다음은 Saber의 Customize Core 옵션으로 들어가 Core Type을 Layer Masks로 변경해주도
록 합니다.

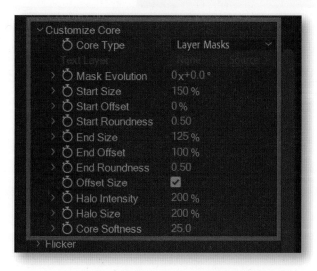

▲ 그림 IV- 169 외부 Plug-in 사용해보기169

이제 Customize Core 옵션의 메뉴들을 통하여 나의 디자인과 어울리게 수정해주도록 합니다.

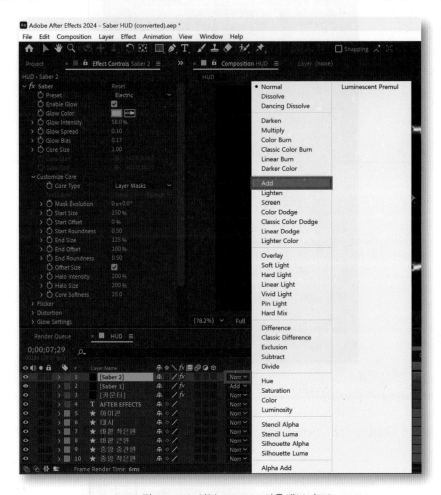

▲ 그림 IV– 170 외부 Plug–in 사용해보기170

Saber 2 레이어를 선택하여 Mode 부분의 Normal을 클릭하여 Add로 변경해주도록 합니다.

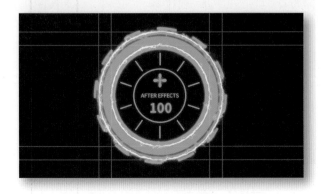

▲ 그림 IV– 171 외부 Plug–in 사용해보기171

Saber 2 레이어의 Mode 부분을 적용시키면 이제 위 이미지처럼 검은색 화면의 Saber가 아닌 HUD와 함께 적용되는 모습을 볼 수 있습니다.

▲ 그림 IV– 172 외부 Plug–in 사용해보기|172

그럼 이제 다음 작업을 진행하기 전에 타임라인을 단축키 U로 깔끔하게 정리하고 Effects Controls 부분을 원래의 프로젝트 패널로 변경, 그리고 마지막으로 커스텀 그리드를 꺼낸 반대 방향으로 넣어준 후 Ctrl + R를 눌러서 꺼주도록 합니다.

▲ 그림 IV– 173 외부 Plug–in 사용해보기|173

Saber 1 레이어를 클릭하여 Customize Core 메뉴로 들어가 Start Size 값은 50%, Start Offset 값을 80%로 변경해줍니다.

Quick Tip

Start Size 기능은 시작지점의 두께를 조절하는 기능이며, Start Offset은 시작지점의 길이를 조절할 수 있습니다.

▲ 그림 IV– 174 외부 Plug-in 사용해보기174

적용되면 바깥에 있는 Saber가 살짝 비어 있는 걸 확인 할 수 있으며 이제 추가로 애니메이션을 적용시켜 보겠습니다.

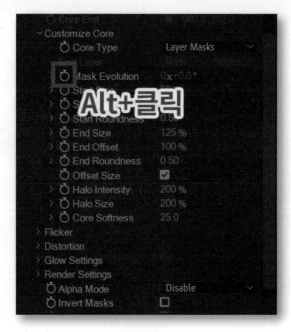

▲ 그림 IV– 175 외부 Plug-in 사용해보기175

다음으로 Mask Evolution 옵션을 Alt + 클릭하여 익스프레이션 명령어를 입력할 수 있게 설정합니다.

▲ 그림 IV- 176 외부 Plug-in 사용해보기176

익스프레이션 기본 명령어는 지우고 그 자리에 time*250을 입력해주도록 합니다. 여기서 time* 명령어는 1초당 곱해지는 값이 250이라는 함수입니다. 입력이 완료되면 타임라인 빈 공간을 클릭하여 완성시켜주도록 합니다.

▲ 그림 IV- 177 외부 Plug-in 사용해보기177

이제 명령어가 잘 인식이 되었는지 재생해보면 바깥에 있는 Saber 1의 꼬리가 계속 도는 애니메이션이 완성되며, 만약 여기서 화면 중앙에 노란색 경고가 뜬다면 명령어에 문제가 생겼거나 오타가 있을 경우를 표기해줍니다.

▲ 그림 IV- 178 외부 Plug-in 사용해보기|178

추가로 선이 그려지는 애니메이션을 만들어 보겠습니다. Saber 2 레이어를 클릭하여 Customize Core 메뉴로 들어가 0;00;00;00 시작지점에 Start Offset 값이 100%인 key frame을 만들어주도록 합니다.

▲ 그림 IV- 179 외부 Plug-in 사용해보기|179

그런 다음 0;00;08;00로 마커를 이동하여 Start Offset 0%를 입력해줍니다.

▲ 그림 IV- 180 외부 Plug-in 사용해보기180

그런 다음 Saber 2 레이어를 선택하여 단축키 U 버튼을 눌러 key frame을 표시하고 key frame을 모두 선택하여 F9을 눌러 Easy Ease를 적용 후 마무리 짓도록 하겠습니다.

▲ 그림 IV- 181 외부 Plug-in 사용해보기181

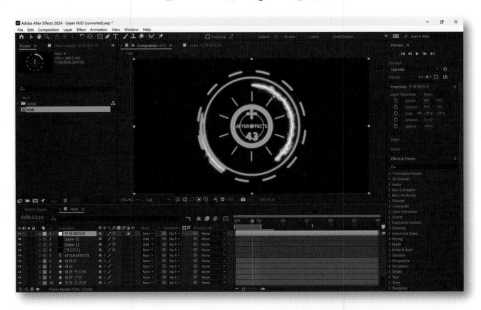

▲ 그림 IV- 182 외부 Plug-in 사용해보기182

이제 마지막으로 Saber 1, 2 레이어를 선택하여 보정레이어 밑으로 내려준 후 재생하여 완성본을 확인합니다.

Quick Tip

과하다 싶은 효과들은 여러분들이 상황에 맞춰 조절 또는 변경 지우기 등 다양하게 활용해주면 됩니다.